伊藤塾 編

第3版

うかる！司法書士

必出
3300③選
全11科目

会社法・商法・
商業登記法

JN017598

日本経済新聞出版

第3版 はしがき

　私がこの本に込めた一番のメッセージは、**基礎の徹底こそが合格への一番の近道である**ということです。問われる知識が膨大な司法書士試験だからこそ大事なのが**基礎の積み重ね**です。単に「知っている」で済まさず、何度も繰り返し基礎を固めることが、実は合格への一番の近道であるということが、約10年の受験指導の経験の中で私が感じているところです。

　そして、この『うかる！司法書士 必出3300選』シリーズは、まさに**基礎の徹底**を具現化した教材となっており、司法書士試験の合格を目指す受験生のみなさんにとって、合格への一番の近道を示しているものと自負しています。

　さて、当シリーズが刊行されてから7年が経ちました。その間、本書の最大の特長であるインプット（知識の習得）とアウトプット（問題演習）の同時学習形式が好評を得、大変多くの受験生にご利用いただきました。また、第2版においては、理解を促すコメントやイメージをつかみやすくするための図を入れるなど、よりわかりやすさを向上させる内容へと改訂を行いました。

　近年は、民法の債権法及び相続法改正のほか、民法の物権法・不動産登記法の改正や、令和元年会社法改正など、社会の変化に伴い、**規模の大きな改正**が絶え間なく行われています。

　また、**司法書士試験の傾向**も初版、第2版が出版されてから少なからず変化がありました。

　そこで、このような最新の法改正及び試験傾向の変化に対応すべく版を改めることとしました。

　今後も、当シリーズを効果的に利用し、合格に向けて効率のよい学習を進めていただければ幸いです。

2022年7月

伊藤塾司法書士試験科講師

髙橋　智宏

目　次

第Ⅰ部　登記を前提とした商事手続

第1編　会社に共通の商事手続

第2編　株式会社特有の商事手続

第3編　各主体による商事手続

第Ⅱ部　実体上の商事手続

第1編　会社法特有の商事手続

・本書は2022年7月1日までに成立した法令に準じて作成されています。
・法改正・判例変更等の新情報は、軽微なものを除き、改訂時に対応いたします。
・刊行後の法改正などの新情報は、伊藤塾ホームページ上に掲載します。
https://www.itojuku.co.jp/shiken/shihoshoshi/index.html

本書の特長

最強の情報集約ツール

　司法書士試験は問われる知識量が膨大であるため、いかに細かいことを多く知っているかの勝負であると思われがちですが、実は違います。重要かつ基礎的な知識（＝Ａランクの知識）を正確に押さえることが合格の必須条件であり、これこそが合否を分けるポイントになります。

　もちろん最終的には、試験範囲全体を網羅して学習することも必要ですが、網羅することに気をとられてしまい、Ａランクの知識がおろそかになってしまうのが司法書士試験の落とし穴といえるでしょう。そうならないためにも、Ａランクの知識に絞った学習を行い、盤石な基礎を固めることが何よりも重要です。

　しかし、ただ重要知識に絞ったテキストを繰り返し読めばよいというわけでもありません。知識は単に吸収（インプット）するだけでは本試験で使えず、どのように本試験で問われるかを、問題演習（アウトプット）を通して同時に把握していく必要があります。

　本書は、司法書士試験の合格に必要なＡランクの知識を効率的に習得するための、ドリルとテキストが一体となった最強の情報集約ツールです。

　見開きページで構成し、左側に演習用の問題、右側に知識整理用のまとめ表を配置することで、インプットとアウトプットを同時に行うことができ、知識の吸収力が高まるのはもちろん、テキストと問題集の２冊を持ち歩く必要がないため、利便性にも優れています。また、基礎固め用の教材としても、直前期の知識の総まとめ用の教材としても活用することができるため、初学者から中上級者まで、幅広い層の受験生に適した教材となっています。

時間のない受験生の強い味方

　試験範囲全体を網羅した教材は、ページ数が多いため、時間のない受験生にとって繰り返し取り組むのが難しく、また、通勤時間などのスキマ時間を活用した学習にも扱いにくいことでしょう。

　本書は、司法書士受験用の教材の中で最もコンパクトにまとまっているため、繰り返し取り組みやすく、かつスキマ時間の活用に適した教材となっています。「繰り返し取り組んで知識の定着を図りたい」、「通勤時間を活用して知識の整理を行いたい」といった時間のない受験生の強い味方となる教材です。

　なお、本書は択一式問題に特化した教材であり、法律を学ぶ上において重要な項目に絞っているため、司法書士試験対策に限らず、司法試験予備試験、司法試験、行政書士試験、公務員試験、大学の試験等の択一(短答)式試験の対策にも使用することができます。

髙橋智宏講師

本 書 の 使 い 方

　本書は、「本書の特長」にもあるように、司法書士試験合格に必要なＡランクの知識を効率的に習得するために情報を集約したツールですが、使い方の工夫次第で、単に繰り返すよりも何倍にも増して効果を上げることができます。本書の構造と利用法を正しく把握し、学習効果を一層上げていきましょう。

　なお、本書の問題については、問題文に明記されている場合を除き、**定款に法令の規定と異なる別段の定めがないもの**として解答してください。

① 本書の構造

❶ 体系MAP

　各編の扉に学習する科目の全体像を地図として示した「体系MAP」を掲載しています。ここで、全体の中のどこを学習するのかを把握した上で学習を進めることで、体系的な理解がしやすくなります。

❷ 見開きページ

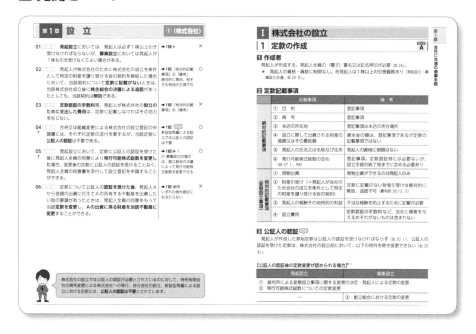

　見開きページの左側は問題と解答、右側は知識を整理したテキストという構成です。

　問題を解く際は、テキストの抽象的な記載を、具体的な問題 (事例問題など条文や判例の文言とは異なる表現によるもの) に当てはめる、いわば知識の応用力が必要となります。この知識の応用力を身に付けるためには、左側の問題を解いて正誤を確認して終わりにするのではなく、右側のテキストの記載と結びつけるプロセスをしっかり踏むことが必要です。どのような手順で取り組むかに関しては、次のようなやり方があります。

❹ 左側の問題・解説ページを先に取り組み、答え合わせの際に右側のテキストページを参照する。その後、右側のテキストページを通しで確認する

　一番スタンダードな方法で、知識の確認と整理を同時に行うことができます。講義等を受講した後の整理教材として使用するのであれば、このやり方がお勧めです。

❺ 右側のテキストページを通しで確認した上で、左側の問題・解答ページに取り組み、答え合わせの際に右側のテキストページを再度参照する

　先に知識整理を行うため、問題とのリンクがしやすいという利点があります。❹のやり方を試したが問題が解けない、あるいは、まだ知識のインプットがしっかりできていないという場合にお勧めです。

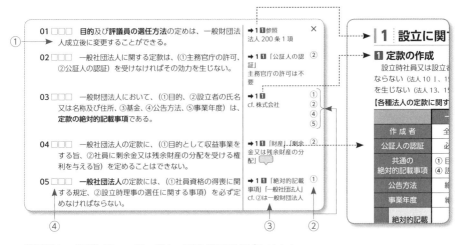

①問題文：問題には、一問一答と一問多答の形式があります。

②解答：一問一答においては、問題文どおり正しいときは○、誤っているときは×と表示して
あります。一問多答においては、一問につき複数の解答を表示しています。

③解説：右ページ（テキスト）のリンク先を➡以降に表示してあります。正解した場合でも、
怠らず確認しましょう。

　　問題で問われている知識が他の知識との関係でどの部分に位置づけられているかも意
識しましょう。また、比較事項や関連事項等の記載があれば、併せて何度も確認しなが
ら学習しましょう。

　　判例や条文の知識が必要な場合は、該当する判例・条文を提示しました。

④チェック欄：3回分用意しました。1回毎にチェックするだけでなく、自分の正誤を○×等
の記号を用いて記録すると、更にメリハリがつき記憶を助けます。

❸ 左側の問題・解答ページを中心に取り組み、解答を間違えた箇所だけ右側のテキストページを参照する

　問題を中心に取り組むため、知識の抜けを点検したいときにお勧めです。これは、直前
期に適した方法です。

　❶から❸までのいずれかにするかは、学習状況や時期によって適宜合ったものを採用す
るとよいでしょう。

　なお、本シリーズの最大の特長である見開きのレイアウトは、解答が見えやすいのが唯
一の難点です。そこで、目隠しとして利用可能なしおりを付けました。伊藤塾講師からみな
さんへのメッセージも入っています。合格までは辛いことも多いですが、しおりにあるメッ
セージのとおり、がんばっていきましょう。

3 講師コメント・図解

　理解しづらいところや必ず押さえてほしいところに講師からのコメント・アドバイスや関係図・イラストを置きました。これを通して、理解を深め、次の項目へ進みましょう。

4 重要度ランク

　学習の優先順位の目安として、各単元にランクを付しました。重要度が高いほうから、ＡＢＣの順に示しています。これによりメリハリが付いた学習が可能となります。

2 よくある質問

　各編の最後に「よくある質問Q＆A」と題し、伊藤塾に受験生からよく寄せられる質問をQ＆A形式でまとめています。これを通して、理解を深めておきましょう。

3 学習開始にあたり

　本書を徹底的に活用すれば、合格の土台となる盤石な基礎を確立することができます。実際に多くの受験生が本書に何度も繰り返し取り組み、合格を果たしています。迷うことなく本書を活用してください。

　本書を糧として、着実に一歩一歩前へ進み、合格をつかみ取ることを祈っています。

凡　例

1　法令名の表記

根拠条文や参照条文を表すカッコ内の法令名は、以下のとおり略記しました。

一般社団法人及び一般財団法人に関する
　法律……法人

一般社団法人及び一般財団法人に関する
　法律施行規則……法人施規

一般社団法人等登記規則……法登規

会社計算規則……会計規

会社法……会

会社法施行規則……会施規

会社法の施行に伴う
　関係法律の整備等に関する法律……整備

国税通則法……国税通則

商業登記規則……商登規

商業登記法……商登

商　法……商

登録免許税法……登免税

破産法……破産

民　法……民

民事訴訟法……民訴

公益社団法人及び公益財団法人の
　認定等に関する法律……認定

なお、参考文献として、「登記研究……登研」、「商業登記ハンドブック……ハンドブック」と略記し、後に記載号を記しました。

2　条文の表記

法令名に続くアラビア数字は、条文（番号）を表します。また、必要に応じ、各項に対応してⅠⅡⅢ……（ローマ数字）を、各号に対応して①②③……を付しました。その他、以下のとおり略記しました。

括弧書……括、前段・後段……前・後、ただし書……但、柱書……柱、本文……本

例えば、「74Ⅰ①前」は、「○法第74条第1項第1号前段」を意味します。また、条文を併記するときは〈、〉で、準用を表すときは〈・〉で区切ってあります。

3　判例・先例の表記

判例については、①最高裁を「最」、大審院を「大」、②判決を「判」、決定を「決」、③元号及び年月日については、元号の明治・大正・昭和・平成・令和をそれぞれ「明・大・昭・平・令」、年月日を「○.○.○」と略記しました。例えば、「最判昭32.11.14」は、「昭和32年11月14日最高裁判決」を意味します。

先例については、発出年月日・発出機関・先例番号・先例の種類で表記しました。先例の種類は、回答を「回」、通達及び通知を「通」と略記しました。したがって、「昭34.12.18民甲2842回」は「昭和34年12月18日民事甲第2842号民事局長回答」を意味します。

4　その他の表記

⑴　項　目

本書は、部、編、章、節に分かれています。さらに、各章の項目として、大きい順に、**1**・**2**……、**❶**・**❷**……、**ⓐ**・**ⓑ**……、ア・イ……が続きます。

部と節にはローマ数字を使用し、その他はアラビア数字を使用しています。

⑵　記号の説明

† ……商業登記に関する問題　　　＊……補足事項

ex.……具体例　　　　　　　　　cf.……比較しておさえるべき事項

∵ ……趣旨や理由。理解、記憶する際の補助として活用しましょう

▶ ……表中や文中の事項につき、更に詳しい説明や注意事項を指示

💡 ……受験生が間違いやすい知識、意識して学習してほしいポイントを指摘

💬 ……講師からのコメント　　　✎ ……添付書面となるものを指示（ex. 定款 ）

なお、監査等委員会設置会社については「⑱委会社」と、指名委員会等設置会社については「⑱会社」と、表記する場合があります。

5　参考文献

本書を作成するにあたり、以下の文献・資料を参考にさせていただきました。

●会社法

- 相澤哲「一問一答　新・会社法［改訂版］」（商事法務・2009）
- 坂本三郎「一問一答　平成26年改正会社法［第2版］」（商事法務・2015）
- 相澤哲＝葉玉匡美＝郡谷大輔「論点解説　新・会社法－千問の道標」（商事法務・2006）
- 江頭憲治郎「株式会社法［第8版］」（有斐閣・2021）
- 葉玉匡美編著「新・会社法100問［第2版］」（ダイヤモンド社・2006）
- 岩崎友彦＝西村修一＝濱口耕輔編著「令和元年改正会社法ポイント解説Q＆A」（日本経済新聞出版社・2020）
- 竹林俊憲「一問一答　令和元年改正会社法」（商事法務・2020）

●商業登記法

- 小川秀樹＝相澤哲編著「通達準拠　会社法と商業登記」（金融財政事情研究会・2008）
- 登記研究編集室編「商業登記書式精義［全訂第6版］」（テイハン・2019）
- 松井信憲「商業登記ハンドブック［第4版］」（商事法務・2021）
- 味村治「詳解商業登記［新訂版］」（民事法情報センター・1996）

●一般社団法人及び一般財団法人に関する法律

- 新公益法人制度研究会編著「一問一答　公益法人関連三法」（商事法務・2006）
- 江原健志編「一般社団・財団法人法の法人登記実務」（テイハン・2009）

一歩進んだ効果的活用法

1 確かな最新情報を入手する!

　伊藤塾では、司法書士試験に役立つ情報を、ホームページやSNS（YouTube、Twitter、Facebook）等で定期的にお届けしています。より効率的な学習ができるように最新情報を取得して、合格を目指しましょう。

　試験情報や法改正情報、合格者の学習法、無料イベント司法書士実務家無料講演会など、受験生に有益で正確な最新情報をホームページで発信しています。定期的にチェックして、受験勉強に役立てましょう!

[1] 伊藤塾司法書士ホームページから
── Web体験講義・無料公開講座・ガイダンス

最新のガイダンス・無料講義を
自分の都合のつく時間に見たい!

Webで

伊藤塾校舎が遠い方やご都合が合わない方は、伊藤塾の無料ストリーミングでガイダンスや体験講義にご参加ください。

伊藤塾　🔍検索

講師や伊藤塾合格者スタッフの話を
直接聞きたい、相談したい!

伊藤塾校舎で

入門講座担当講師等が試験の制度から講座の特長、合格の秘訣をお伝えします。日程は伊藤塾ホームページでご確認ください。

ガイダンス内容

- ●司法書士の魅力　　●カリキュラム・日程 など
- ●司法書士試験
　合格の秘訣
- ●司法書士試験
　の概要
- ●受講料に
　関する相談

伊藤塾 司法書士試験ホームページ
https://www.itojuku.co.jp/shiken/shihoshoshi/index.html

[2] SNS から —— YouTube、Twitter、Facebook

伊藤塾チャンネル
公式 `YouTube`

伊藤塾 司法書士試験科
公式 `Twitter`

伊藤塾 司法書士試験科
公式 `Facebook`

伊藤塾講師・伊藤塾出身合格者・司法書士実務家による、学習方法をはじめ、司法書士業務に関する動画を配信しています。

2 無料公開講座を活用する！

　伊藤塾には、合格に役立つ最新情報を提供している無料で受講できる公開講座があります。伊藤塾生でなくても、どなたでもご参加いただけます。これらは無料ストリーミングで配信もしていますので、来校の難しい場合でも、講義を視聴することができます。

　また、既刊講座等の講義内容のイントロダクションになっている無料公開講座もありますので、講座を受講する予定の方、受講を迷われている方、初めて伊藤塾を利用する方も、ぜひご活用ください。

3 無料カウンセリングで学習相談をする！

　伊藤塾では、勉強方法や受講相談など、試験に関連する質問を、講師に直接マンツーマンで相談できる「パーソナルカウンセリング制度」を用意しています。

　「どのように勉強をすればよいのか？」
　「どのように学習スケジュールを組み立てればよいのか？」etc

　学習を進めていくと湧いてくる疑問や悩みに、伊藤塾講師陣が丁寧に対応しますので、ぜひご活用ください。

第 I 部

登記を前提とした商事手続

第1編

会社に共通の商事手続

●体系MAP

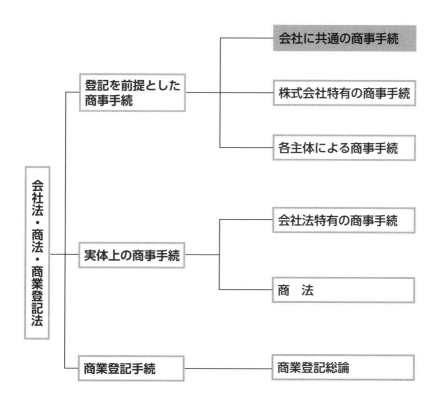

序　章	各種法人の比較
第1章	設　立
第2章	計　算
第3章	解散・清算・継続
第4章	組織再編行為等
第5章	本店・支店・支配人に関する登記

1 各会社類型・法人の基本的特質 ランク B

1 営利法人と非営利法人

　営利性とは、対外的な企業活動で利益をあげ、それを構成員（出資者）に分配すること
をいう。会社は、その構成員（出資者）に、剰余金の配当を受ける権利、残余財産の分配
を受ける権利が与えられている営利法人である（会105 Ⅰ①、②、621 Ⅰ）。
　一方、一般法人は、事業によって利益を得たとしてもそれを構成員に分配することがで
きない非営利法人である（法人11 Ⅱ参照）。ただし、収益事業を目的とすることは問題ない。

2 社員の責任
ⓐ 無限責任と有限責任

無限責任	社員は会社の債務に関し、無限に責任を負う（会580 Ⅰ）
有限責任	社員は会社の債務に関し、一定の限度で責任を負う（会104、580 Ⅱ）

ⓑ 直接責任と間接責任

直接責任	社員は会社債権者の請求に直接応じなければならない
間接責任	社員は会社に対する出資行為を通じてのみ責任を負い、会社債権者が社員に請求してきても、直接それに応じる必要はない

3 社員と会社の関係

	一　　致	分　　離
所有と経営	社員が業務執行権を持ち経営に深く関与 　→　構成員相互の人的関係が強い（同族会社）	社員としての地位と業務執行権が分離 社員は会社経営に直接の影響を及ぼさない 　→　構成員相互の人的関係が希薄 　→　迅速な意思決定が可能
社員の責任	大きい	小さい
会社規模	小規模閉鎖的な会社を想定	大規模な会社を想定 （大量の資金が集まる）

4 各会社の比較

	持分会社			株式会社	
	合名会社	合資会社	合同会社	非公開会社	公開会社
所有と経営	一 致	一 致	一 致	制度的分離	
社員の責任	直接無限	直接無限・有限	間接有限	間接有限	
人的関係	強い ←				→ 弱い
債権者保護手続規制	弱い ←				→ 強い

5 各種法人の特徴

ⓐ 持分会社

ア 合名会社

合名会社とは、会社債権者に対して直接かつ無限責任を連帯して負う直接無限責任社員のみをもって組織される持分会社である（会576Ⅱ、580Ⅰ）。合名会社においては、各構成員の負う責任が重いため、家族等小規模で強い人的なつながりがある者同士で構成されることが一般的であり、資本の集中は図りにくいという特徴がある。債権者の保護に関しては、債権者の自己責任に委ねられているところが大きい。

直接無限
責任社員

イ 合資会社

合資会社とは、直接無限責任社員と直接有限責任社員とをもって組織される二元的な持分会社である（会576Ⅲ）。直接有限責任社員は、定款記載の出資の価額を限度として責任を負い（会580Ⅱ）、未履行の出資額については会社債権者に対し直接に責任を負う。合資会社は、直接有限責任社員が含まれているが、原則として各社員に業務執行権があり、重要事項の決定について全員一致の原則があるため、少人数の共同企業に適している。なお、債権者保護の規制に関しては、合名会社とほぼ同様である。

直接無限
責任社員

直接有限
責任社員

ウ 合同会社

合同会社とは、間接有限責任社員のみをもって組織される持分会社である（会576Ⅳ）。すべての構成員が間接有限責任社員であるため、出資者にとってはリスクが少ない。株式会社と同様、全額払込規制が採用されている（会578）。一方で、原則として社員に業務執行権があるという点は、合名会社、合資会社と同様である。

間接有限
責任社員

社員が無限責任を負う場合は、会社が倒産等をして債務を支払いきれないときに、全額の支払を終えるまで社員がその責任を負わされます。**無限責任を負う社員は、会社の保証人になっているようなもの**とイメージするとわかりやすいでしょう。

❺ 株式会社

　株式会社とは、すべての構成員が間接有限責任を負う株主によって組織される会社である（会104）。株式とは、細分化された均等かつ平等な割合的単位の形をとる株式会社の社員たる地位であり、出資者は株式の払込みという形で会社に出資して社員の地位を取得する。株式会社では、出資者が業務執行者を選任し、原則として、当該業務執行者が事業経営の意思決定を執行することにより、所有と経営の制度的分離が図られている。さらに、退社制度を設けない代わりに、株主は原則として株式を譲渡することができ（会127）、出資者は投下資本を容易に回収することができる。株式会社は、こうした制度により、不特定多数の者から幅広く資金の提供を受け、大規模な事業を実施することが可能である。

❻ 一般法人

　一般法人とは、営利を目的としない法人である。一般社団法人及び一般財団法人に関する法律は、剰余金の分配を目的としない社団又は財団について、その行う事業の公益性の有無にかかわらず、準則主義（登記）によって法人格を取得することができる一般的な法人を認めるものである。

　なお、一般社団法人・一般財団法人のうち、公益認定を受けた法人は、公益社団法人・公益財団法人となる（認定5）。

　つまり、法人格の取得と事業の公益性の判断は分離されている。

ア　一般社団法人

　社団法人とは、共同の目的をもった人（自然人に限られない）の集団に対して法人格が与えられたものをいう。社団法人には、法人の構成員である社員が存在する。

イ　一般財団法人

　財団法人とは、一定の目的に供される財産に対して法人格が与えられたものをいう。財団法人には、社員が存在しない。

一般社団法人	一般財団法人
人の集まりに法人格が認められる	財産の集まりに法人格が認められる

　簡単にいえば、**人の集まり**に法人格を持たせるのが一般社団法人であり、**財産の集まり**に法人格を持たせるのが一般財団法人です。一般社団法人と一般財団法人は、法人としての性格が大きく異なるため、機関設計や採用される制度にも違いが生じます。

⑥ 各種会社における社員の地位

	合名会社	合資会社	合同会社	株式会社
業務執行権	あり	あり	あり	なし ▶1
地位の譲渡	他の社員全員の同意	他の社員全員の同意（例外あり ▶2）	他の社員全員の同意（例外あり ▶2）	自由（譲渡制限可）
社員への払戻し	可能	可能	可能（規制あり）	不可 cf. 自己株式の取得
剰余金の配当	規制なし	規制なし	規制あり	規制あり
定款変更	全員の同意	全員の同意	全員の同意	株主総会決議

▶1　非公開会社においては、取締役が株主でなければならない旨を定款で定めることができる（会331Ⅱ但）。

▶2　業務を執行しない有限責任社員の持分の譲渡に関しては、業務執行社員の全員の同意で足りる（会585Ⅱ、Ⅲ）。無限責任社員及び業務執行者の変更に比べ、簡易な手続が認められている。

⑦ 各種会社における債権者保護

		合名会社	合資会社	合同会社	株式会社
会社財産の開示規制	計算書類等の作成・保存義務	あり（会617）	あり（会617）	あり（会617）	あり（会435）
	債権者の閲覧権	なし	なし	あり（会625）	あり（会442Ⅲ）
	計算書類等の備置義務	なし	なし	なし	あり（会442Ⅰ、Ⅱ）
	貸借対照表等の公告義務	なし	なし	なし	あり（会440）
	資本金の額	非登記事項	非登記事項	登記事項	登記事項
資本金の額の減少		規制なし	規制なし	債権者保護手続を要する	債権者保護手続を要する

2 定款の絶対的記載事項の比較

1 株式会社と持分会社

	株式会社 (会 27)	持分会社 (会 576 Ⅰ)		
		合名会社	合資会社	合同会社
目 的 等	① 目 的　　② 商 号　　③ 本店の所在地			
構 成 員	発起人の氏名又は名称及び住所	社員の氏名又は名称及び住所		
会社財産	設立に際して出資される財産の価額又はその最低額	社員の出資の目的及びその価額又は評価の標準	社員の出資の目的（有限責任社員にあっては、金銭等に限る）及びその価額又は評価の標準	社員の出資の目的（金銭等に限る）及びその価額又は評価の標準
そ の 他	発行可能株式総数 (会 37 Ⅰ)	社員の全部を無限責任社員とする旨 (会 576 Ⅱ)	社員の一部を無限責任社員とし、その他の社員を有限責任社員とする旨 (会 576 Ⅲ)	社員の全部を有限責任社員とする旨 (会 576 Ⅳ)

2 一般社団法人と一般財団法人

	一般社団法人 (法人 11 Ⅰ)	一般財団法人 (法人 153 Ⅰ)
目 的 等	① 目 的　　② 名 称　　③ 主たる事務所の所在地　　④ 公告方法 ⑤ 設立時社員（設立者）の氏名又は名称及び住所　　⑥ 事業年度	
構 成 員	社員の資格の得喪に関する規定	―
会社財産	―	設立に際して設立者（設立者が 2 人以上あるときは、各設立者）が拠出をする財産及びその価額
そ の 他	―	・設立時評議員、設立時理事、設立時監事、設立時会計監査人（会計監査人設置一般財団法人を設立する場合のみ）の選任に関する事項 ・評議員の選任及び解任の方法

3 登記事項の比較

ランク **A**

1 株式会社と持分会社の登記事項

○：登記事項となる　×：ならない

	株式会社 (会911 Ⅲ)	合名会社 (会912)	合資会社 (会913)	合同会社 (会914)
目 的 等	① 目的 ② 商号 ③ 本店及び支店の所在場所 ④ 存続期間又は解散の事由についての定款の定めがあるときは、その定め ⑤ 公告方法			
代 表 者	氏名 及び住所	氏名（又は名称） **（代表しない社員がある場合のみ）**		氏名（又は名称） 及び住所
代表社員が 法人である場合	－	当該社員の職務を行うべき者の氏名及び住所		
業 務 執 行 者	(取締役の) 氏 名	×		氏 名 (又は名称)
構 成 員	×	氏名（又は名称）**及び住所**		×
社員が有限責任 社員又は無限責 任社員のいずれ であるかの別	－	×	○	×
社員の出資の目 的及びその価額 並びに既に履行 した出資の価額	－	×	有限責任社員の 出資の目的及び その価額並びに 既に履行した出 資の価額	×
資 本 金 の 額	○	×	×	○

❷ 株式会社と一般法人の登記事項

	株式会社 （会911Ⅲ）	一般法人 （法人301Ⅱ、302Ⅱ）	
		一般社団法人	一般財団法人
目的等	① 目的 ② 商号 ③ 本店及び支店の所在場所 ④ 存続期間又は解散の事由についての定款の定めがあるときは、その定め	① 目的 ② 名称 ③ 主たる事務所及び従たる事務所の所在場所 ④ 存続期間又は解散の事由についての定款の定めがあるときは、その定め	
出資に関する事項	資本金の額 株式・新株予約権に関する事項	—	
業務執行者	取締役の氏名	理事の氏名	
評議員	—	—	評議員の氏名
代表者	代表取締役の氏名及び住所	代表理事の氏名及び住所	
取締役会・理事会	取締役会設置会社である旨	理事会設置一般社団法人である旨	—
会計参与	会計参与設置会社である旨並びに会計参与の氏名又は名称及び計算書類等の備置きの場所	—	
監査役・監事	監査役設置会社である旨及び監査役の氏名 ▶3 **監査の範囲を会計に限定する旨の定款規定がある会社であるときは、その旨**	監事設置一般社団法人である旨及び監事の氏名	監事の氏名
監査役会	監査役会設置会社である旨及び監査役のうち社外監査役であるものについて社外監査役である旨	—	
会計監査人	会計監査人設置会社である旨及び会計監査人の氏名又は名称	会計監査人設置一般社団（財団）法人である旨及び会計監査人の氏名又は名称	
一時職務を行うべき者	一時会計監査人の職務を行うべき者の氏名又は名称	一時会計監査人の職務を行うべき者の氏名又は名称	
委員会	指名委員会等設置会社である旨及び次に掲げる事項 イ 取締役のうち社外取締役であるものについて、社外取締役である旨 ロ 各委員会の委員及び執行役の氏名 ハ 代表執行役の氏名及び住所	—	

▶3　監査の範囲を会計に関するものに限定する旨の定款の定めがある会社を含む。

	株式会社（会911Ⅲ）	一般法人（法人301Ⅱ、302Ⅱ）	
		一般社団法人	一般財団法人
特別取締役	特別取締役による議決の定め（会373Ⅰ）に関する事項	―	
責任免除	取締役、会計参与、監査役、執行役又は会計監査人の責任の免除についての定款の定め（会426Ⅰ）	役員等の責任の免除についての定款の定め	
責任限定	取締役、会計参与、監査役又は会計監査人（非業務執行取締役等）が負う責任の限度に関する契約の締結についての定款の定め（会427Ⅰ）	理事、監事、会計監査人（非業務執行理事等）が負う責任の限度に関する契約の締結についての定款の定め	
社外役員	監査役会設置会社である会社の社外監査役について社外監査役である旨、指名委員会等設置会社、監査等委員会設置会社及び特別取締役の議決の定めがある会社の社外取締役である場合、社外取締役である旨	―	
貸借対照表	貸借対照表の公告に代えて電磁的方法による場合（会440Ⅲ）には、貸借対照表の内容である情報について不特定多数の者がその提供を受けるために必要な事項であって法務省令で定めるもの	貸借対照表の公告に代えて電磁的方法による場合（法人199・128Ⅲ）には、貸借対照表の内容である情報について不特定多数の者がその提供を受けるために必要な事項であって法務省令で定めるもの	
公告方法	・会社の公告方法についての定款の定め（会939Ⅰ）があるときは、その定め ・上記の定款の定めが電子公告を公告方法とする旨のものであるときは、次に掲げる事項 　イ　電子公告により公告すべき内容である情報について不特定多数の者がその提供を受けるために必要な事項であって法務省令で定めるもの 　ロ　電子公告ができない場合の公告方法についての定款の定め（会939Ⅲ後）があるときは、その定め ・上記定款の定めがないときは、官報に掲載する方法を公告方法とする旨（会939Ⅳ）	・公告方法 ・公告方法が電子公告であるときは、次に掲げる事項 　イ　電子公告により公告すべき内容である情報について不特定多数の者がその提供を受けるために必要な事項であって法務省令で定めるもの 　ロ　電子公告ができない場合の公告方法についての定款の定め（法人331Ⅱ後）があるときは、その定め	

4 機関設計の比較

1 株式会社と一般法人

◎：必要的機関　△：任意的機関

株式会社			一般法人			
	公開	非公開	一般社団法人		一般財団法人	
株主総会	◎	◎	社員総会	◎	—	—
—	—	—	—	—	評議員・評議員会	◎
取締役	◎	◎	理事	◎	理事	◎
取締役会	◎	△	理事会	△	理事会	◎
会計参与	△	△	—	—	—	—
監査役	◎	△	監事	△	監事	◎
監査役会	△	△	—	—	—	—
会計監査人	△	△	会計監査人	△	会計監査人	△
㊵ 会社	△	△	—	—	—	—
㊙ 委会社	△	△	—	—	—	—

2 機関の設置義務がある株式会社・一般法人のまとめ

	株式会社	一般法人
取締役会 (理事会)	**公開会社**（会 327 Ⅰ①） **監査役会設置会社**（会 327 Ⅰ②） 監査等委員会設置会社（会 327 Ⅰ③） 指名委員会等設置会社（会 327 Ⅰ④）	一般財団法人（法人 170 Ⅰ）
監査役 (監事)	**取締役会設置会社** （㊙委会社及び㊵会社を除く）（会 327 Ⅱ） ▶4 会計監査人設置会社 （㊙委会社及び㊵会社を除く）（会 327 Ⅲ）	理事会設置一般社団法人 会計監査人設置一般社団法人 （法人 61） 一般財団法人（法人 170 Ⅰ）
監査役会	**公開大会社**（㊙委会社及び㊵会社を除く） （会 328 Ⅰ）	—
会計監査人	監査等委員会設置会社（会 327 Ⅴ） 指名委員会等設置会社（会 327 Ⅴ） **大会社**（会 328 Ⅱ）	大規模一般社団法人（法人 62） 大規模一般財団法人（法人 171）

▶4　ただし、**公開会社**でない**会計参与設置会社**については、取締役会設置会社であっても監査役の設置義務はない（会 327 Ⅱ但）。

3 非公開会社と公開会社

ⓐ 非公開会社の機関設計（㊙委会社及び㊙会社を除く）

◎：必要的機関　△：任意的機関

	取締役会	監査役	監査役会	会計監査人
非取締役会設置会社	—	△	—	△
取締役会設置会社	◎	◎ ▶5	△	△
大　会　社	△	◎	△	◎

▶5　ただし、会計参与を設置していれば、監査役の設置は不要。

ⓑ 公開会社の機関設計（㊙委会社及び㊙会社を除く）

◎：必要的機関　△：任意的機関

	取締役会	監査役	監査役会	会計監査人
大会社以外	◎	◎	△	△
大　会　社	◎	◎	◎	◎

非公開会社においては、監査役の権限を会計監査に限定することができます（会389 I）。この場合に、会計のプロである会計参与を置けば、監査役の代わりを十分に果たしているといえます。▶4で説明した例外が定められているのはこのためです。

01 □□□ **発起設立**においては、発起人は必ず1株以上引き受けなければならないが、**募集設立**においては発起人が1株も引き受けなくてよい場合がある。

→1**1** * ✕

02 □□□ 発起人が株式会社のために株式会社の成立を条件として特定の財産を譲り受ける旨の契約を締結した場合において、当該契約について**定款に記載がない**ときは、当該株式会社成立後に**株主総会の決議による追認**があったとしても、当該契約は**無効**である。

→1**2** 「相対的記載事項」② 「備考」
絶対的に無効。相手方も有効の主張不可 ○

03 □□□ **定款認証の手数料**等、発起人が株式会社の**設立のために支出した費用**は、定款に記載しなければその効力を生じない。

→1**2** 「相対的記載事項」④ 「備考」 ✕

04 □□□ 合併又は組織変更による株式会社の設立登記の申請書には、それぞれ定款の添付を要するが、当該定款に**公証人の認証**は不要である。

†

→1**3** 💬
新設型再編による設立では公証人の認証は不要 ○

05 □□□ 発起設立において、定款に公証人の認証を受けた後に発起人全員の同意により**発行可能株式総数を変更した**場合、変更後の定款に公証人の認証を受けることなく、発起人全員の同意書を添付して設立登記を申請することができる。

†

→1**3** ▶1
cf. 募集設立の場合は、創立総会の決議によって発行可能株式総数を変更できる ○

06 □□□ 定款について公証人の**認証を受けた後**、発起人Aから金銭の出資に代えてAの所有する不動産を出資したい旨の要請があったときは、発起人全員の同意をもって当該**定款を変更**し、**Aの出資に係る財産を当該不動産に変更**することができる。

→1**3** 参照
いずれの例外規定にも当たらない ✕

株式会社の設立では公証人の認証が必要とされているのに対して、特例有限会社の商号変更による株式会社への移行、持分会社の設立、新設型再編による設立における定款には、**公証人の認証は不要**とされています。

Ⅰ 株式会社の設立

1 定款の作成 ランク A

1 作成者

発起人が作成する。発起人全員の（電子）署名又は記名押印が必要（会 26）。

* 発起人の資格・員数に制限なし。各発起人は**1 株以上の引受義務**あり（発起設立・募集設立共通、会 25 Ⅱ）。

2 定款記載事項

		記載事項	備　考
絶対的記載事項	①	目　的	登記事項
	②	商　号	登記事項
	③	本店の所在地	登記事項は本店の所在場所
	④	設立に際して出資される財産の価額又はその最低額	資本金の額は、登記事項であるが定款の記載事項ではない
	⑤	発起人の氏名又は名称及び住所	発起人の**資格に制限はない**
	⑥	発行可能株式総数の定め（会 37 Ⅰ、98）	登記事項。定款認証時には必要ないが、設立手続の終了時までに定める必要あり
相対的記載事項（変態設立事項）	①	現物出資	現物出資ができるのは**発起人のみ**
	②	財産引受け（＝発起人が会社のため会社の成立を条件として特定の財産を譲り受ける旨の契約）	定款に記載のない財産引受けは絶対的に**無効**、追認不可（最判昭 28.12. 3）
	③	発起人の報酬その他特別の利益	不当な報酬を防止するために記載が必要
	④	設立費用	**定款認証の手数料**など、会社に損害を与えるおそれがないものは含まれない

3 公証人の認証 💬

　発起人が作成した原始定款は公証人の認証を受けなければならず（会 30 Ⅰ）、公証人の認証を受けた定款は、株式会社の設立前において、以下の例外を除き変更できない（会 30 Ⅱ）。

【公証人の認証後の定款変更が認められる場合】[1]

発起設立	募集設立
① 裁判所による変態設立事項に関する変更の決定・発起人による定款の変更 ② 発行可能株式総数についての定款変更	
—	③ 創立総会における定款の変更

[1]　当該変更後の定款について、公証人の再度の認証は不要。

07 □□□　定款に記載された出資の目的物である金銭以外の
† 　　財産の価額の総額が **500万円** とされている場合には、申
　　請書には、**設立時取締役**（設立しようとする株式会社が
　　監査役設置会社である場合にあっては、設立時取締役及
　　び設立時監査役）の **調査報告** を記載した書面及びその附
　　属書類の添付を要しない。

➡1 4 「調査不要の
例外」
×

08 □□□　定款にいわゆる **変態設立事項の記載又は記録がな**
† 　　**いとき** は、申請書には、設立時取締役の調査報告を記載
　　した書面及びその附属書面を添付することを要しない。

➡1 4
変態設立事項の記載
がなければ調査報告
書は不要
○

09 □□□　現物出資の目的である財産が **土地** であり、定款に
† 　　定められた価額が 2,000万円 である場合において、当該
　　価額が相当であることにつき **不動産鑑定士** による鑑定評
　　価証明を受け、申請書に当該証明書を添付すれば、検査
　　役の調査報告を記載した書面及びその附属書類を添付す
　　ることを要しない。

➡1 4 「調査不要の
例外」3段目
この場合は弁護士等
の証明書等も必要
×

10 □□□　**現物出資財産等につき** 定款に記載された価額が相
† 　　当であることについて **税理士による** 証明を受けた場合に
　　は、当該証明を記載した書面及びその附属書類に加え、
　　税理士の資格を証する書面 を添付することを要する。

➡1 4 「調査不要の
例外」3段目
資格証明書は不要
×

11 □□□　株式会社の設立をする際の定款に、株式会社の成
† 　　立により **発起人が400万円の報酬を受ける旨** 及び当該発
　　起人の氏名が記載されている場合には、設立の登記の申
　　請書に、検査役の調査報告書等を添付しなければならな
　　い。

➡1 4
検査役の調査の省略
不可
○

12 □□□　設立しようとする株式会社の定款に現物出資に関
　　する定めがある場合において、裁判所は、検査役からの
　　報告を受け、**当該現物出資に係る事項を不当と認めたと**
　　き は、当該現物出資に係る事項を **変更する決定** をしなけ
　　ればならない。

➡1 5 ①
○

▲ 変態設立事項（検査役の調査の要否）

	実　体（会33）	添付書面（商登47Ⅱ③）	
原則	①　検査役の調査及び裁判所への報告 ②　裁判所が①の報告内容を不当と認めた場合は、変更の決定をする	①　検査役の調査報告書及びその附属書類 ②　裁判所による変更決定があった場合は、その謄本	
調査不要の例外	**現物出資財産等が** 総額 500 万円を超えない場合	—	設立時取締役（及び設立時監査役）の調査報告書及びその附属書類
	市場価格のある有価証券の場合	有価証券の市場価格を証する書面（会施規6参照）	
	価額の相当性につき**弁護士等の証明**を受けた場合	証明を記載した書面及びその附属書類 （現物出資財産等が不動産である場合は、不動産鑑定士の鑑定評価を記載した書面）	

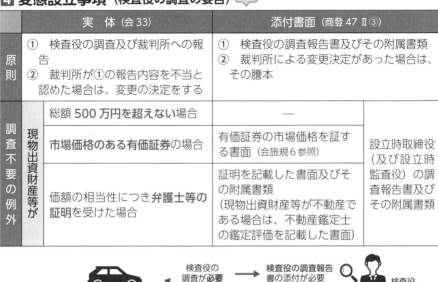

⑤ 裁判所による変更決定があった場合

①　検査役の調査報告の結果、裁判所が変態設立事項を不当と認めたときは、裁判所はこれを**変更する決定**をしなければならない（会33Ⅶ）。

②　裁判所による変更の決定がされた場合、発起人は、その設立時発行株式の引受けの意思表示を取り消すことができる（会33Ⅷ）。

③　②の場合、発起人全員の同意により、裁判所の決定により変更された変態設立事項についての定めを**廃止する定款の変更**をすることができる（会33Ⅸ）。

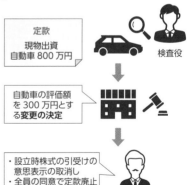

▲の「原則」の部分は、すべての変態設立事項（会28）に適用されます。一方、「調査不要の例外」の部分は、変態設立事項のうち、**現物出資**（会28①）と**財産引受け**（会28②）にのみ適用されます（会33Ⅹ①参照）。したがって、設立時取締役の調査報告を記載した書面は、①現物出資又は財産引受があり、かつ②検査役の調査が不要の場合にのみ、添付書面となります。

13 □□□　株式会社の設立の登記を申請する場合において、
† 　定款に**設立時発行株式**に関する事項の記載がないときは、
　当該事項の決定を証する書面として**発起人全員の同意**を
　証する書面の添付を要する。

→ 2 ❶「発起設立・
募集設立に共通」
設立時募集株式に関
する事項の決定も同
様

○

14 □□□　設立しようとする株式会社が公開会社である場合、
　設立時発行株式の総数は、発行可能株式総数の**4分の1**
　以下になってはならない。

→ 2 ❶「発起設立・
募集設立に共通」
4分の1「未満」に
なってはならない（会
37 Ⅲ）

×

15 □□□　募集設立の方法により株式会社を設立する場合は、
† 　設立時発行株式に関する事項の決定に加え、**設立時募集**
　株式に関する事項の決定を行うことを要し、申請書には
　当該事項に関する決定を証する書面として**発起人の過半**
　数の一致を証する書面を添付しなければならない。

→ 2 ❶「募集設立に
固有」
cf. 本店の所在場所の
決定や、株主名簿管
理人の決定等は、発
起人の過半数の一致
を要する事項

×

16 □□□　**募集設立**の手続において、発起人は、設立時募集
　株式の引受人に**割り当てる設立時募集株式の数**を、申込
　者が**引き受けようとする数よりも少なく定める**ことがで
　きる。

→ 2 ❶「募集設立に
固有」参照
割当て自由の原則（会
60 Ⅰ）
cf. 募集株式の発行手
続における割当ても
同様

○

17 □□□　募集設立の方法により株式会社を設立する場合、
† 　**発起人が設立時発行株式を引き受けていなくても**、その
　他の設立の手続がすべて完了すれば、設立の登記を申請
　することができる。

→ 2 ❶ ▶3
1株以上引き受ける
必要あり

×

18 □□□　**発起設立**においても**募集設立**においても、定款に
　定めがない場合、発起人は**資本金及び資本準備金の額に**
　関する事項について決定しなければならない。

→ 2 ❶ ▶3

○

19 □□□　**募集設立**において、発起人は、その**過半数の同意**
　により**設立時募集株式の数**を定めることを要する。

→ 2 ❶
発起人全員の同意が
必要

×

20 □□□　申請書には、当該設立が発起設立である場合にあっ
† 　ては**設立時発行株式の引受けの申込みを証する書面**を、
　当該設立が募集設立である場合にあっては**設立時募集株**
　式の引受けの申込みを証する書面を、それぞれ添付しな
　ければならない。

→ 2 ❶ 〰

×

2 社員の確定

1 設立時に発行する株式に関する事項の決定

	実 体	添付書面
発起設立・募集設立に共通 ▶2	発起人全員の同意で設立時発行株式に関する事項 ▶3 を決定（会32Ⅰ）	発起人全員の同意を証する書面（商登47Ⅲ）
	公開会社では、設立時発行株式の総数は、発行可能株式総数の**4分の1以上**でなければならない	—
募集設立に固有	《設立時募集株式に関する事項の決定》	
	発起人全員の同意で設立時募集株式に関する事項を決定（会58Ⅱ）	発起人全員の同意を証する書面（商登47Ⅲ）
	《設立時募集株式の引受け・割当ての方法》	
	① 募集への**申込み**に対して**割当て**がされることにより、**引受け**が確定する方法（会59、60）	引受けの申込みを証する書面（商登47Ⅱ②） 📝
	② 設立時募集株式の総数を引き受ける旨の契約を締結する方法（会61）	総数引受契約を証する書面（商登47Ⅱ②）

▶2 定款に定めがある場合を除く（会32Ⅰ柱括）。

▶3 **《設立時発行株式に関する事項》**

① 発起人が割当てを受ける設立時発行株式の数

＊ 発起人は、設立時発行株式を1株以上引き受けなければならない（会25Ⅱ）。

② ①の設立時発行株式と引換えに払い込む金銭の額

③ 成立後の株式会社の**資本金及び資本準備金**の額に関する事項

発起設立では、✎ 引受けの申込みを証する書面 の添付は**不要**です。なぜなら、**発起人が割当てを受ける設立時発行株式の数**は、定款に定めがある場合を除き、設立時発行株式に関する事項として発起人全員の同意を要し（会32Ⅰ①）、✎ 発起人全員の同意を証する書面 の添付により引受けの事実も立証されるためです。

21 □□□　**発起設立**において、発起人は**適宜の方法**で払込みをすることができるが、**募集設立**において、設立時募集株式の引受人は、**払込取扱機関**において払込みをすることを要する。

→ 2**2**「出資の履行」　✕
発起設立の場合も払込取扱機関に払い込む必要あり

22 □□□　**募集設立**において払込取扱機関に払込みがされたときは、発起人は、当該払込取扱機関に対し、**払込金保管証明書の交付を請求**することができる。

→ 2**2**「出資の履行」　◯
「募集設立」＊
cf. 発起設立、募集株式の発行

23 □□□　設立の手続において、**払込期日に払込みをしない発起人及び設立時募集株式の引受人**は、**当然に設立時株式の株主となる権利を失う。**

→ 2**2**「失権手続」　✕
発起人には失権手続あり
cf. 募集株式の発行

24 □□□　発行可能株式総数は、会社の成立の時より前であればいつでも**発起人全員の同意により設定又は変更**することができる。

→ 2**3**「決議要件」　✕
▶ 4

25 □□□　発起設立において設立時取締役を定款に定めていない場合、設立時取締役を選任するためには、**発起人の頭数の過半数の同意**が必要である。

→ 3「選任方法」　✕
発起人の議決権の過半数の同意

26 □□□　発起設立の場合、設立時取締役の解任は、**発起人全員の同意**によってしなければならない。

→ 3「解任方法」　✕

発起設立の場合に添付する 払込みがあったことを証する書面 としては、具体的には、①払込取扱機関の作成した払込金受入証明書、又は②設立時代表取締役作成の証明書に口座の預金通帳の写し等を合てつしたものがこれに当たります（平18. 3.31民商782通）。

❷ 出資の履行等

	発起設立	募集設立
出資の履行	引受け後遅滞なく、**銀行等の払込取扱機関において、全額の払込みをしなければならない**（会34） → ✎ 払込みがあったことを証する書面	引受け後遅滞なく、**銀行等の払込取扱機関において、払込期日又は期間内に、全額の払込みをしなければならない**（会63Ⅰ） → ✎ 払込金保管証明書 　＊　発起人は払込取扱機関に対し、払込金保管証明書の交付請求可（会64Ⅰ）
失権手続	発起人には**失権手続あり** →　2週間以上の期間を定め払込催告の通知後、**失権**（会36）	
	—	設立時募集株式の引受人は、払込みをしないときは当然に失権（会63Ⅲ）。**失権手続なし**

❸ 発行可能株式総数の決定・変更（会37条、98条）

	発起設立	募集設立
時　期	会社成立の時まで	
決議要件	発起人全員の同意	発起人全員の同意▶4又は創立総会の決議

▶4　払込期日又は期間の初日以後は不可（会95）。

3 設立時役員等の選任・解任

	発起設立	募集設立
選任方法 （取締役等選解任権付株式を発行している場合を除く）	発起人の議決権の過半数の同意（会40Ⅰ） 　＊　発起人は1株1議決権（会40Ⅱ） cf. 定款で設立時役員等と定められた者は、出資の履行完了時に、設立時役員等に選任されたものとみなされる（会38Ⅳ）	創立総会の決議（会88） 　＊　設立時取締役について累積投票制度あり（会89）
解任方法 （会43Ⅰ、91）	原則：発起人の議決権の過半数の同意 設立時監査役、監査等委員である取締役の解任：3分の2以上	創立総会の決議
設立時代表取締役の選定	設立しようとする株式会社が取締役会設置会社（㊕会社を除く）である場合は、設立時代表取締役の選定が必須（会47Ⅰ） 　＊　設立時代表取締役の選定及び解職は、定款に別段の定めがない限り、**設立時取締役の過半数をもって決定**（会47Ⅲ）	

27 □□□　**創立総会**において**発行可能株式総数の変更の決議**
　　　をすることができるが、そのためには発起人が**招集の際**
　　　に創立総会の目的である事項として**あらかじめ定めてお**
　　　くことが必要である。
→ **4 ①** ▶5　　×

28 □□□　**募集設立**において、定款に公証人の認証を受けた
　　　後に**創立総会で定款の変更決議**を行った場合、当該**変更**
　　　後の定款には**公証人の認証は不要**である。
→ **4 ①** ▶5　　○

29 □□□　当該設立が募集設立である場合において、定款に
　† 設立時役員の定めがないときは、設立の登記の申請書に
　　　は、議決権を行使することができる設立時株主の議決権
　　　の過半数を有する設立時株主が**出席**し、出席した当該設
　　　立時株主の議決権の３分の２以上の賛成により設立時役
　　　員が選任された旨の記載がある**創立総会の議事録**を添付
　　　しなければならない。
→ **4 ②**　　×
「議決権の過半数」は
定定数ではない

30 □□□　設立時取締役が設立過程の調査をした結果、**法令**
　　　若しくは定款に違反し、又は不当な事項があると認める
　　　ときは、発起設立においては**発起人に通知**し、**募集設立**
　　　においては**創立総会に報告**しなければならない。
→ **5** 「通知・報告先」　○
cf. 不当事項等がない
ときも募集設立の場
合は報告必要

31 □□□　**発起設立の方法**により株式会社を設立する場合に
　† おいて、**公証人の定款の認証後に公告方法を変更**したと
　　　きは、当該株式会社の設立の登記の申請書には、当該**変**
　　　更部分を明らかにした書面に公証人の認証を受けたもの
　　　を添付しなければならない。
→ **6 ①**　　○

32 □□□　**発起設立**によって株式会社を設立する場合におい
　† て、設立しようとする会社の**定款**に、**発起人のうち特定**
　　　の者を設立時取締役とする旨の定めがあるときは、当該
　　　株式会社の設立の登記の申請書には、当該設立時取締役
　　　が**就任を承諾したことを証する書面**を添付しなければな
　　　らない。
→ **6** 💬　　×

定款において発起人が設立時取締役に定められている場合に、当該設立時取締
役が発起人として定款に署名又は記名押印しているときは、設立の登記の申請
書には、当該定款を当該設立時取締役の**就任を承諾したことを証する書面とし**
て援用すれば、別途、当該設立時取締役の就任承諾書を添付する必要はありま
せん（昭 39. 8.22 民甲 2875 回）。発起人は定款に署名又は記名押印しなければ
ならず（会 26 Ⅰ）、これにより設立時役員への就任承諾の意思は明確であると
考えられるからです。この先例も併せて押さえておきましょう。

4 創立総会（募集設立のみ） ランク B

1 創立総会の決議事項

①　定款の変更 ▶5　　②　設立時取締役等の選解任　　③　設立手続の調査
④　設立の廃止 ▶5　　⑤　その他株式会社の設立に関する事項　　　　　　　　等

▶5　創立総会の決議事項は、原則、招集通知において目的として定めた事項に限定されるが、**定款の変更又は設立の廃止**については通知の有無にかかわらず決議可能（会73Ⅳ）。また、創立総会で定款変更がされた場合、当該変更後の定款には公証人の認証は不要（会96参照）。

2 決議方法

　創立総会の決議は、当該創立総会において議決権を行使することができる設立時株主の議決権の**過半数**であって、出席した当該設立時株主の議決権の**3分の2以上**に当たる多数をもって行う（会73Ⅰ）。

5 設立過程の調査 ランク B

　設立時取締役（監査役設置会社では、設立時取締役及び設立時監査役）は、設立経過を調査しなければならない（会46Ⅰ、93Ⅰ）。

	発起設立	募集設立
調査事項	①　会社法33条10項1号、2号に掲げる場合における現物出資財産等について、定款に記載又は記録された価額が相当であること ②　会社法33条10項3号に規定する証明が相当であること ③　出資の履行が完了していること ④　株式会社の設立手続が法令又は定款に違反していないこと	
通知・報告先	法令・定款に違反し、又は不当な事項があると認めるときに**発起人に通知**（会46Ⅱ）	不当な事項の有無を問わず、常に調査結果を**創立総会に報告**（会93Ⅱ）

6 重要先例等 ランク B

①　**発起設立**の場合に、変更に係る事項を明らかにし、発起人が記名押印した書面に**公証人の認証**を受けたときは、**変更後の定款**を添付して、設立の登記を申請することができる（昭32.8.30民甲1661回、平18.3.31民商782通）。
②　設立の登記申請書の添付書面から、申請に係る会社設立の発起人として行う行為が明らかにその法人の目的の範囲外のものと認められない限り、その設立の登記は受理される（昭56.4.15民四3087回）。▶6

▶6　発起人が法人である場合であっても、その法人の定款の添付は不要である。

33 ☐☐☐　合名会社の代表社員の氏名は、当該合名会社を**代**　　➡1「社員等」「代表　○
† 　**表しない社員がいる場合に限り**登記事項となる。　　　　者」

34 ☐☐☐　合同会社の業務執行社員の**氏名又は名称及び住所**　➡1「社員等」　　　×
† 　は登記事項となるが、代表社員については**氏名又は名称**
　のみが登記事項となる。

35 ☐☐☐　株式会社の**株主の氏名及び住所**は登記事項ではな　➡1「社員等」「構成　×
† 　いが、持分会社の**各社員の氏名及び住所**は登記しなけれ　員」
　ばならない。

36 ☐☐☐　**合名会社**においては社員の全部を無限責任社員と　➡1「社員が有限責　×
† 　する旨が、**合資会社**においては社員の一部を無限責任社　任社員又は無限責任
　員とし、その他の社員を有限責任社員とする旨が、登記　社員のいずれである
　事項となる。　　　　　　　　　　　　　　　　　　　かの別」
　　　　　　　　　　　　　　　　　　　　　　　　　　cf. 定款の記載事項

37 ☐☐☐　合資会社においては、社員が無限責任社員又は有　➡1「社員が有限責
† 　限責任社員の**いずれであるかの別**を登記することを要す　任社員又は無限責任　○
　る。　　　　　　　　　　　　　　　　　　　　　　　社員のいずれである
　　　　　　　　　　　　　　　　　　　　　　　　　　かの別」
　　　　　　　　　　　　　　　　　　　　　　　　　　この登記事項は合資
　　　　　　　　　　　　　　　　　　　　　　　　　　会社特有

38 ☐☐☐　合同会社においては**資本金の額**が登記事項となり、➡1「社員の出資の　○
† 　合資会社においては**有限**責任社員の**既に履行した出資の**　目的及びその価額並
　価額が登記事項となる。　　　　　　　　　　　　　　びに既に履行した出
　　　　　　　　　　　　　　　　　　　　　　　　　　資の価額」「資本金の
　　　　　　　　　　　　　　　　　　　　　　　　　　額」

39 ☐☐☐　合名会社においても合資会社においても、社員の　➡1「資本金の額」　×
† 　出資した財産が**金銭のみ**である場合には、**資本金の額**が
　登記事項となる。

Ⅱ 持分会社の設立

1 登記事項

ランク **A**

【登記事項——株式会社との比較】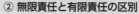　　　　　○：登記事項となる　×：ならない

		合名会社 (会912)	合資会社 (会913)	合同会社 (会914)	株式会社 (会911Ⅲ)
共　通		① 目　的　　② 商　号 ③ 本店及び支店の所在場所　　④ 公告方法 ⑤ 存続期間又は解散の事由についての定款の定めがあるとき 　は、その定め			
社員等	代表者▶7	氏名（又は名称） （代表しない社員がある場合のみ）		氏名（又は名称） 及び住所	氏名 及び住所
	業務執行者	×		氏名（又は名称）	氏名
	構成員	氏名（又は名称）及び住所		×	×
社員が有限責任社員 又は無限責任社員の いずれであるかの別		×	○	×	
社員の出資の目的及 びその価額並びに既 に履行した出資の価 額		×	有限責任社員の出 資の目的及びその 価額並びに既に履 行した出資の価額	×	―
資本金の額		×	×	○	○

▶7　代表社員が法人であるときは、当該社員の職務を行うべき者の氏名及び住所も登記
　事項となる。

> 持分会社の登記事項は、社員の責任の性質から次のように押さえるとよいで
> しょう。
> **① 直接責任と間接責任の区別**
> 　合名会社と合資会社の社員は直接責任を負うため、債権者に責任の追及先が
> わかるように、社員の全員について氏名及び住所を登記しなければなりません。
> これに対して、合同会社の社員の責任は間接責任にとどまるため、社員の全員
> の氏名及び住所を登記する必要はありません。
> **② 無限責任と有限責任の区別**
> 　合資会社の有限責任社員は出資の価額の限度で責任を負うことになるため、
> 出資の目的及び価額並びに既に履行した出資の価額を登記しなければなりませ
> んが、これは無限責任社員しかいない合名会社においては登記事項になりませ
> ん。また、合同会社の社員は全員が有限責任社員であるため、債権者にとって
> 会社財産が唯一の引当財産になることから、株式会社と同様に**資本金の額**が登
> 記事項になります。

40 □□□　**合名会社**及び**合資会社**の設立手続においては、**出**　→ **2**「履行の時期・　○
　資の履行の時期を**自由に定めることができる**が、**合同会**　　　程度」
　社の社員になろうとする者は、**定款の作成後設立の登記**
　をするまでに出資の全額の払込み又は全部の給付をしな
　ければならない。

41 □□□　**合同会社**の設立の手続において**金銭以外の財産**が　→ **2**「出資履行証明　○
† 　給付された場合には、設立登記の申請書に当該事実を証　　　書」
　する書面の添付を要する。

42 □□□　設立の手続において、出資に係る財産が**金銭のみ**　→ **2** 💬　　　　　×
† 　である場合、**株式会社**及び**合同会社**の設立の登記の申請
　書には、資本金の額が会社法及び会社計算規則に従って
　計上されたことを証する書面を添付しなければならない。

43 □□□　持分会社の設立の登記を申請する場合、株式会社　→ **3**【すべての持分　×
† 　の設立登記の場合とは異なり、申請書に**定款の添付は不**　　　会社に共通】①
　要である。　　　　　　　　　　　　　　　　　　　　　　　cf. 公証人の認証は不
　　　　　　　　　　　　　　　　　　　　　　　　　　　　　　要

44 □□□　持分会社を設立する場合において、当該登記所の　→ **3**【すべての持分　○
† 　管轄区域内に本店又は主たる事務所のない法人が社員に　　　会社に共通】②
　なるときは、**当該法人の登記事項証明書**を当該持分会社　cf. 株式会社の発起人
　の設立の登記の申請書に添付しなければならない。　　　　が法人でも、当該法
　　　　　　　　　　　　　　　　　　　　　　　　　　　　　　人の定款や登記事項
　　　　　　　　　　　　　　　　　　　　　　　　　　　　　　証明書は添付不要

45 □□□　持分会社の設立登記の申請は、**社員が**法人である　→ **3**【すべての持分　×
† 　場合には、申請書に当該法人の職務を行うべき者の選任　　　会社に共通】③イ参
　に関する書面及び就任承諾書を添付してすることを要す　　　照
　る。　　　　　　　　　　　　　　　　　　　　　　　　　　代表社員が法人であ
　　　　　　　　　　　　　　　　　　　　　　　　　　　　　　る場合のみ

46 □□□　**合名会社**の設立の登記の申請書には、出資の履行　→ **3**参照　　　　　○
† 　を証する書面を添付することを要しない。　　　　　　　　cf. 合資会社、合同会
　　　　　　　　　　　　　　　　　　　　　　　　　　　　　　社

47 □□□　合資会社の設立の登記の申請書には、**有限責任社**　→ **3**【合資会社に固有】　○
† 　**員が既に履行した出資の価額**を証する書面を添付する必
　要がある。

48 □□□　株式会社の設立の登記の申請書には、成立後の会　→ **3**【合同会社に固有】　×
† 　社の資本金に関する事項の決定を証する書面として**発起**　②
　人全員の同意書を添付することを要するが、合同会社の
　設立の登記の申請書には、会社の資本金の額の決定を証
　する**業務執行社員全員の同意書**を添付することを要する。

2 「出資」に関する株式会社との比較

直接責任 ⟷ 間接責任

	合名会社	合資会社		合同会社	株式会社
		無限責任社員	有限責任社員		
履行の時期・程度	自由に定めることが可能			定款の作成後、**設立の登記をする時まで**に、全額の払込み又は全部の給付	払込期日又は期間内に、全額の払込み又は全部の給付
出資の目的	金銭だけでなく、**労務や信用も可能**	金銭 又は その他価額の評価が可能な財産		金銭 又は 現物出資	
出資履行証明書	不 要	**有限責任社員が既に履**行した出資の価額を証する書面 (商登110)		払込み又は**給付**があったことを証する書面 (商登117)	払込みがあったことを証する書面 (商登47Ⅱ⑤)
資本金計上証明書	不 要			必 要 (商登規92・61Ⅸ)	必 要 (商登規61Ⅸ)

無限責任 ⟷ 有限責任

3 添付書面

【すべての持分会社に共通】 (商登93、94、111、118)
① 定 款　　② 社員が法人である場合 → 登記事項証明書 ▶8
③ 《代表社員に関するもの》 ▶9
　ア 定款の定めに基づく社員の互選によって代表社員を定めた場合
　　→ ①その互選を証する書面、②代表社員の就任承諾書、
　イ 代表社員が法人である場合
　　→ ①登記事項証明書 ▶8、②社員の職務を行うべき者の選任に関する書面、③社員の職務を行うべき者の就任承諾書

【合資会社に固有】 有限責任社員が既に履行した出資の価額を証する書面 (商登110)

【合同会社に固有】
① 出資に係る払込み又は給付があったことを証する書面 (商登117)
② 設立時の資本金の額につき業務執行社員の過半数の一致があったことを証する書面
③ 資本金の額の計上に関する証明書 (商登規92・61Ⅸ)

▶8　管轄区域内に当該法人の本店又は主たる事務所がある場合を除く。
▶9　就任承諾書に係る印鑑証明書の添付は不要 (商登規89、90、92参照)。

出資に係る財産が**金銭のみである場合**には、株式会社、合同会社のいずれにおいても、資本金の額の計上に関する証明書 の添付は**不要**とされています (平19.1.17民商91通)。

01 □□□　**株式会社**及び**合同会社**は、**貸借対照表を作成**しな ➡1「作成義務」　✕
ければならないが、合名会社及び合資会社は貸借対照表
を作成する必要はない。

02 □□□　**株式会社**及び**合同会社**においては事業年度ごとに ➡1「公告義務」　✕
貸借対照表を公告する必要があるが、**合名会社**及び**合資**
会社においてはその**必要はない**。

03 □□□　株式会社が**募集新株予約権の発行手続**により**新株** ➡2**1**「資本金の額」　○
予約権を発行した場合には、資本金の額は増加しないが、 参照
新株予約権の行使により**新たに株式を発行**して交付した 新株予約権発行時に
場合には、資本金の額は増加する。 払込みがある場合で
も、資本金の額は増
加しない

04 □□□　株式会社が**株式の発行と同時に資本金の額を減少** ➡2**2❸**「決議機関」　○
†　する場合において、減少の効力発生日後の資本金の額が 効力発生日後の資本
それ以前の資本金の額を下回るときは、当該資本金の額 金の額がそれ以前の
の減少による変更の登記の申請書には、**株主総会議事録** 額を下回らなけれ
を添付しなければならない。 ば、取締役の決定又
は取締役会決議でよ
い（例外②）

05 □□□　**資本金の額を減少**するには債権者保護手続をとる ➡2**2❸**「債権者保　○
必要があるが、**資本準備金の額の減少**については債権者 護手続」
保護手続をとる必要がない場合がある。

06 □□□　株式会社が**資本金の額の減少**による変更の登記を ➡2**2❸** ▶3　○
†　申請する場合には、申請書に**資本金の額が会社法及び会**
社計算規則の規定に従って計上されたことを証する書面
を添付することを要しない。

欠損てん補とは、会社財産が資本金及び準備金の合計額に満たない状態（欠損）
の場合に、これを補填するために、資本金・準備金の額を減少させて穴埋めを
することをいいます。例えば、資本金の額が100万円で、会社財産が80万円
（欠損が20万円）の場合に、資本金を80万円（100万円－20万円）とする
ことで欠損の穴埋めをすることができます（下図参照）。

欠損 20 万

| 会社財産 80 万円 | ➡ 資本金の額の減少（欠損てん補） | 会社財産 80 万円 |

資本金 100 万円　　　　　　　　　　　資本金 80 万円

1 計算書類等

【貸借対照表】

作成義務	株式会社、持分会社	公告義務 ▶1	株式会社（大会社は損益計算書も含む）

▶1　公告時期：定時株主総会の終結後遅滞なく（会 440 I）。
　　要旨のみの公告で足りる場合：公告方法が電子公告以外の方法である場合（会 440 II）。

2 資本金の額等

1 資本金の額及び準備金の額

資本金の額 ▶2	設立又は株式の発行に際し、株主となる者から会社に対して払込み又は給付された財産の全部又は一部（会 445 I、II）
準備金の額を計上すべき場合	・設立又は株式の発行に際し払込み又は給付された財産のうち、資本金として計上しない額がある場合（会 445 III） ・剰余金の配当をする場合（会 445 IV、会計規 22） ・組織再編を行う場合（会 445 V、会計規 35 〜 52）

▶2　資本金と株式の関係は切断
　→　発行済株式の総数・発行可能株式総数の変動と資本金の額の増減は無関係。

2 資本金の額の減少・準備金の額の減少

ⓐ 決議機関と債権者保護手続の要否

		資本金の額の減少（会 447）▶3	準備金の額の減少（会 448）
決議機関	原則	株主総会議事録（特別決議）（会 309 II ⑨）	株主総会議事録（普通決議）
	例外	① 定時株主総会での欠損てん補の場合 💬 　→ 株主総会議事録（普通決議）一定の欠損の額が存することを証する書面	―
		② 株式の発行と同時に資本金（準備金）を減少し、減少の効力発生日後の資本金（準備金）の額がそれ以前の資本金（準備金）の額を下回らない場合 　→ 取締役の決定書 又は 取締役会議事録	
債権者保護手続	通常	必 要（会 449） 　→ 債権者保護手続関係書面（ⓑ 参照）	必 要（会 449）
	不要場面	な し	① 減少する準備金の額の全部を資本金とする場合 ② 定時株主総会における欠損てん補の場合

▶3　資本金の額の計上に関する証明書 は添付不要。

07 □□□　資本金の額の減少による変更の登記の申請書には、
†　債権者保護手続を行ったことを証する書面として、**常に**
官報による公告を行ったことを証する書面を添付しなけ
ればならない。

➡ 2 **2** ⓑ
官報公告は常に必要

○

08 □□□　**資本金の額の減少**による変更の登記の申請書には、
†　官報によって公告をしたことを証する書面に加えて、定
款に定められた公告方法である電子公告によって公告を
したことを証する書面を添付すれば、知れている債権者
に対して各別に催告をしたことを証する書面を添付する
必要はない。

➡ 2 **2** ⓑ
二重公告をすれば債
権者への個別催告を
省略できる
cf. 会社分割

○

09 □□□　**資本金の額を減少**した場合において、**債権者を害**
†　**するおそれがない**ときは、資本金の額の減少による変更
の登記の申請書には、債権者を害するおそれがない旨を
記載すれば、その旨を証する書面を添付する必要はない。

➡ 2 **2** ⓑ「債権者が
異議を述べた場合」

×

10 □□□　資本金の額の減少による変更の登記を申請する場
†　合において、当該資本金の額の減少について**異議を述べ**
た債権者が一人も存在しなかったときは、当該登記の申
請書に**異議を述べた債権者が存在しない旨の証明書を添**
付しなければならない。

➡ 2 **2** ⓑ「異議を述
べた債権者がいない
場合」

×

11 □□□　持分会社は、損失をてん補するために**資本金の額**
†　**を減少**することができるが、当該**持分会社の債権者**は、
当該持分会社に対し、資本金の額の減少について異議を
述べることができる。

➡ 2 **2** ⓑ cf.「債権者
保護手続」

×

12 □□□　株式会社が資本金の額を減少した場合において、
†　当該資本金の額の減少の**効力発生日までに債権者保護手**
続が終了しないため、当該効力発生日の前日までに**効力**
発生日を債権者保護手続終了後の日に変更したときは、
資本金の額の減少による変更の登記を**申請することがで**
きる。

➡ 2 **2** ⓒ
cf. 合同会社の資本金
の額の減少

○

資本金の額の減少を例に実体上の手続を説明すると、**①債権者が異議を述べな**
かった場合、債権者は、資本金の額の減少について承認したものとみなされます
（会 449 Ⅳ）。また、**②債権者が異議を述べた場合**、株式会社は、その**債権者のた**
めに弁済・担保提供・信託をします（会 449 Ⅴ本）。なお、**③債権者が異議を述べ**
た場合であっても、資本金の額を減少しても**債権者を害するおそれがない**ときは、
弁済等をする必要はありません（会 449 Ⅴ但）。これを踏まえて具体的な添付書面
を理解しましょう。

❺ 債権者保護手続の方法と登記手続

官報で公告することに加え、以下の①又は②の手続が必要。

	公告方法（会449Ⅱ、Ⅲ）▶4	添付書面（商登70）
①	知れている債権者に対し各別に催告	公告及び催告をしたことを証する書面
②	会社が定款に定める方法（時事に関する事項を掲載する日刊新聞紙に掲載する方法又は電子公告の方法）による公告	官報及び定款に定める時事に関する事項を掲載する日刊新聞紙（又は電子公告）により公告をしたことを証する書面

▶4 当該公告及び催告の期間は、1か月以上でなければならない。

⬇

異議の有無 💬	登記手続
債権者が異議を述べた場合	✄ 異議を述べた債権者に対し弁済等をしたことを証する書面　又は ✄ 異議を述べた債権者を害するおそれがないことを証する書面 を添付
異議を述べた債権者がいない場合	「異議を述べた債権者はいない」旨を登記申請書に記載する　又は ✄ 代表者がその旨を証明した上申書 を添付すれば足りる

cf. 【持分会社の資本金の額の減少】

	合名会社・合資会社	合同会社
減少できる場合	—	損失てん補（会620Ⅰ） 出資の払戻し又は持分の払戻し（会626Ⅰ） ＊　財源規制あり（会626Ⅱ、Ⅲ）
債権者保護手続	不　要	**必要**（会627）　＊　株式会社と同様の手続
登 記 申 請	不　要	必　要

❻ 資本金の額の減少の効力発生等

　株式会社において効力発生日までに債権者保護手続が終了していない場合、資本金の額の減少の効力は生じない（会449Ⅵ柱但）。この場合、事前に定めた効力発生日の到来前に、効力発生日を変更する必要がある（会449Ⅶ）。

❸ 剰余金の組入れによる資本金・準備金の額の増加

　株主総会の普通決議による（会450、451、309Ⅰ）。

13 □□□　株式会社が準備金の額を減少して、その減少した額の**一部を資本金**とした場合には、準備金の資本組入れに係る登記の申請書に、**債権者保護手続を行ったことを証する書面**を添付しなければならない。

➡ 2 **4**「債権者保護手続」「添付書面」
実体上債権者保護手続は必要であるが、添付書面としては不要
×

14 □□□　**準備金の資本金への組入れ**による変更の登記の申請書には、資本金の額が会社法及び会社計算規則の規定に従って計上されたことを証する書面を添付しなければならない。

➡ 2 **4**「添付書面」参照
減少に係る準備金計上証明書の添付で足りる
×

15 □□□　株式会社が**剰余金の額を減少して資本金の額を増加**した場合には、資本金の額の変更の登記の申請書には、**株主総会の特別決議**に係る議事録を添付しなければならない。

➡ 2 **4** cf.
普通決議で足りる
×

16 □□□　株式会社が資本金の額の全部又は一部を減少して準備金とした場合、**準備金の額の変更の登記**を申請しなければならない。

➡ 2 **4**参照
準備金の額は登記事項ではない
×

17 □□□　剰余金の配当により株主に交付される金銭等の帳簿価額の総額は、剰余金の配当が**効力を生ずる日における分配可能額**を超えてはならない。

➡ 3 **1**①
○

18 □□□　**純資産の額が 300 万円を下回る場合**には、剰余金の配当をすることができない。

➡ 3 **1**②
○

19 □□□　株式会社が自己株式を有する場合には、株主とともに**当該株式会社も剰余金の配当を受けることができる**が、配当財産の額は利益準備金に計上しなければならない。

➡ 3 **1**③
自己株式には剰余金の配当不可
×

20 □□□　取締役会設置会社が剰余金の配当に際し、株主に対して**金銭以外の財産を配当**する場合において、株主に**金銭分配請求権を与えるとき**は、**株主総会の普通決議**により、当該剰余金の配当の決定をすることができる。

➡ 3 **2**❸「決議要件」
cf. 金銭分配請求権を与えない場合は、株主総会特別決議
○

準備金の減少があった場合には、**実体上**、原則として債権者保護手続が必要ですが（会 449 Ⅰ柱本、Ⅱ）、その場合でも、準備金の資本組入れの登記の申請書には、✎ 債権者保護手続を証する書面 を添付することを要しないことに注意しましょう（ハンドブック p226）。準備金の額は登記事項とされない以上、準備金の減少に関する立証は不要です。

---

4 準備金の資本組入れ

		実　体 （会448、449）	添付書面
決議機関	原則	株主総会の普通決議	株主総会議事録
	例外	株式の発行と同時に準備金を減少し、効力発生日後の準備金の額がそれ以前の準備金の額を下回らない場合	・取締役会議事録又は取締役の決定書 ・会社法448条3項該当証明書
債権者保護手続		原　則：必　要 例　外：減少する準備金の額の全部を資本金とする場合	不　要
その他		減少に係る準備金の額が計上されていることが必要	減少に係る準備金計上証明書

cf. 《剰余金の資本組入れによる登記》

　🖎 株主総会議事録（普通決議）　及び 🖎 減少に係る剰余金の額が計上されていたことを証する書面 を添付して申請する。債権者保護手続は不要である。

　＊　利益準備金又は利益剰余金も資本金に組み入れることができる（会計規25 I）。

3 剰余金の配当
ランク B

1 制　限 （剰余金の配当ができない場合）

①　分配可能額を超える配当（会461 I ⑧）
②　純資産額が300万円を下回る場合の配当（会458）
③　自己株式への配当（会453括）

　＊　上記制限に従う限り、株式会社は一事業年度中に何回でも剰余金の配当可（会454 I 柱参照）。

2 手　続

ⓐ 原　則――株主総会の決議

場　面		決議要件
金銭の配当		普通決議
金銭以外の財産の配当（現物配当 ▶5）	金銭分配請求権 ▶6 あり	普通決議
	金銭分配請求権 ▶6 なし	特別決議

▶5　株式、社債、新株予約権の交付は含まれない（会454 I ①括、107 II ②ホ）。
▶6　現物配当財産に代えて金銭を交付することを会社に請求する権利（会454 IV ①括）。

21 ☐☐☐　会計監査人を設置していない株式会社であっても、**定款**で定めることにより、**取締役会の決議**によって剰余金の配当をすることができる場合がある。

➡3❷C ○

22 ☐☐☐　**取締役会設置会社**は、**中間配当**により**金銭以外の財産**も配当することができる旨を定款で定めることができる。

➡3❷C ✕
中間配当の配当財産は金銭のみ

23 ☐☐☐　持分会社の社員は、**いつでも**、持分会社に対し**出資の払戻し**を請求することができる。

➡3❸ ✕

24 ☐☐☐　合資会社が社員の退社に伴い**剰余金額を超えて持分の払戻し**をする場合であっても、当該合資会社の債権者は、当該合資会社に対し、持分の払戻しについて**異議を述べることができない**。

➡3❸ cf. ○
合同会社の場合には
債権者保護手続必要
（会635）

ⓑ 例外① ── 取締役会の決議 (会459条1項4号)

会社形態	定款の定め	備　考
会計監査人設置会社かつ監査役会設置会社・監査等委員会設置会社 ▶7	必　要	**現物配当で、かつ、金銭分配請求権を与えない場合**は、原則どおり株主総会の決議が必要
指名委員会等設置会社		

▶7　取締役の任期の末日が、選任後1年以内に終了する事業年度のうち最終のものに関する定時株主総会の終結の日後の日である場合を除く。

ⓒ 例外② ── 取締役会の決議 (中間配当、会454条5項)

会社形態	定款の定め	備　考
取締役会設置会社	必　要	・一事業年度の途中で1回に限る ・配当財産は金銭のみ

ⓓ 準備金の計上 💬

　剰余金の配当をする場合には、減少する剰余金の額に10分の1を乗じて得た額を準備金として計上する必要がある (会445 Ⅳ)。

❸ 持分会社の出資の払戻し

	合名会社	合資会社	合同会社
出資の払戻しの可否	可　能 (会624)		**原則**：不　可 (会632 Ⅰ) **例外**：定款を変更して出資の価額を減少する場合は可能

cf. **退社に伴う持分の払戻し**はすべての持分会社で可能 (会611)。

　＊　合同会社は債権者保護手続が必要 (持分払戻額が払戻日における剰余金額を超える場合、会635)。

準備金とは、資本金の額に相当する会社財産に加えて確保するべき金額をいいます。すなわち、準備金とは、資本金にプラスして準備しておくべき金額です。準備金として一定の財産を確保しない限り、剰余金の配当に制限を加えることにして会社債権者の保護を図っているのです。

01 □□□　株主総会の決議により解散するには、その**特殊決議**を経なければならない。

➡1**1**「株式会社」③　✕
特別決議で足りる

02 □□□　吸収合併消滅会社は、吸収合併の効力発生日に解散するので、遅滞なく**清算手続に入らなければならない。**

➡1**1** ▶1　✕
清算手続は不要

03 □□□†　吸収合併による解散の登記の申請は、**存続会社の代表者**が消滅会社を代表して行う。

➡1**2ⓐ**「吸収合併　○
存続会社、新設合併
設立会社による申請」

04 □□□†　解散の登記の申請書には、**定款で解散事由を定めていた場合**には、**解散事由が発生したことを証する書面**を添付しなければならないが、**定款で存続期間を定めていた場合**には、**存続期間が満了したことを証する書面**を添付することを要しない。

➡1**2ⓑ**ア「定款で　○
定めた存続期間の満
了」「定款で定めた解
散事由の発生」

05 □□□†　代表取締役を定めていた株式会社が株主総会の決議により解散した場合において、当該株式会社の定款では清算人を定めておらず、株主総会の決議においても清算人が選任されていないときは、代表清算人の申請に係る解散の登記の申請書には、**代表清算人の資格を証する書面**を添付することを要しない。

➡1**2ⓑ**イ「例外」①　○

①は代表取締役である法定の代表清算人が申請権限を有することは登記官から明らかであり、②は代表清算人が解散の登記を申請していることが、代表清算人の就任の登記から明らかであるため、会社を代表する清算人の資格証明書は不要です。

1 解 散

ランク **B**

1 解散事由

株式会社（会471、472）	持分会社（会641）
① 定款で定めた存続期間の満了 ② 定款で定めた解散の事由の発生 ③ 株主総会の特別決議 ④ 合併（合併により当該株式会社が消滅する場合に限る）▶1 ⑤ 破産手続開始の決定 ⑥ 解散命令又は解散判決（会824Ⅰ、833Ⅰ） ⑦ 休眠会社のみなし解散	① 定款で定めた存続期間の満了 ② 定款で定めた解散の事由の発生 ③ 総社員の同意 ④ 社員が欠けたこと ⑤ 合併（合併により当該持分会社が消滅する場合に限る）▶1 ⑥ 破産手続開始の決定 ⑦ 解散命令又は解散判決（会824Ⅰ、833Ⅱ）

▶1 合併による解散の場合には、清算手続が行われない（会475①括、644①括）。

2 解散の登記
ⓐ 株式会社及び持分会社の申請、嘱託、職権の区別

解散した会社による申請 （会926）	① 定款で定めた存続期間の満了 ② 定款で定めた解散事由の発生 ③ 株主総会の決議・総社員の同意 ④ 社員が欠けたこと（持分会社のみ）
吸収合併存続会社、新設合併設立会社による申請	合併による解散（商登82Ⅰ）
裁判所書記官の嘱託	① 破産手続開始の決定（破産257） ② 解散命令・解散判決（会937Ⅰ①リ、③ロ）
登記官の職権	休眠会社のみなし解散（商登72・会472Ⅰ）

ⓑ 添付書面（株式会社・持分会社比較）
ア　会社が解散したことを証する書面

	添付書面	
	株式会社	持分会社
定款で定めた存続期間の満了	不 要 ∵ 存続期間は登記事項	
定款で定めた解散事由の発生	解散事由の発生を証する書面	
株主総会の決議・総社員の同意	株主総会議事録（商登46Ⅱ）	総社員の同意書

イ　会社を代表する清算人の資格証明書（商登71条3項、98条3項、111条、118条）

原 則	必 要
例 外	① 法定清算人が代表清算人として申請する場合 ② 解散の登記と代表清算人の登記とを同時に申請する場合 } は不要

06 □□□　監査役設置会社である株式会社の解散の登記がさ　→1②⑥「機関」　①
†　　れたときは、**登記官の職権により**（①取締役、②監査役）
　　の登記が抹消される。

07 □□□　会社を**代表する清算人**が**印鑑を提出**する場合にお　→1②⑥「印鑑の提　×
†　　いて、当該清算人と解散時の**代表取締役**とが同一人であ　出」
　　り、かつ、当該清算人の印鑑と登記所に提出してある代
　　表取締役の印鑑とが**同一**であるときは、印鑑届書には、
　　清算人の市区町村長の作成した印鑑証明書を添付するこ
　　とを要しない。

08 □□□　清算株式会社は、**募集株式の発行**による変更の登　→2②　×
†　　記及び**資本金の額の減少**による変更の登記を申請するこ
　　とができない。

09 □□□　清算株式会社は、**支配人を選任**して、その登記を　→2④　×
†　　することはできない。

10 □□□　会計参与は株式会社が解散したときに退任するが、　→3❶参照　×
　　清算株式会社は**会計参与を選任**することができる。

11 □□□　**監査役会設置会社**である清算株式会社は、**清算人**　→3❶「設置義務」　○
　　を3人以上としなければならない。　監査役会設置→清算
　　　　　　　　　　　　　　　　　　　　　　　　　　　　人会必置→清算人3
　　　　　　　　　　　　　　　　　　　　　　　　　　　　人以上

12 □□□　清算株式会社（解散の時に会社法上の公開会社又　→3❶「設置義務」　○
†　　は大会社であったものを除く）が**監査役**を置く旨の定款　参照
　　の定めを**廃止**する旨の定款の変更をし、当該定款の変更　設置義務はないので
　　の効力が生じたときは、監査役設置会社の定めの廃止に　監査役を廃止可
　　よる変更の登記及び監査役の退任による変更の登記を申　廃止した場合は、申
　　請しなければならない。　　　　　　　　　　　　　　　請が必要

13 □□□　**公開会社である指名委員会等設置会社**は、株主総　→3❶ ▶2　×
　　会の決議によって解散した場合には、解散を決議した株　監査委員が監査役と
　　主総会において**監査役を選任**しなければならない。　　なる

❻ 解散登記の効果（株式会社）

機　関 （商登規 59、 72Ⅰ）	取締役関係、会計参与関係、会計監査人関係、指名委員会等設置会社関係、監査等委員会設置会社関係、支配人関係 　→　登記官の職権抹消 cf. **監査役**に関する登記は抹消されない
印鑑の提出	会社の解散により清算人を選任して、同人の印鑑を提出する場合、当該清算人と解散時までの会社の代表者が同一人であり、かつ、当該清算人の印鑑と既に登記所に提出している会社の代表者の印鑑が同一であっても、印鑑届書には、清算人の市区町村長作成の**印鑑証明書**を添付しなければならない（登研 338）

2 ┃ 清　算　　

【清算株式会社のできること】

可	不　可
① 自己株式の無償取得	❶ 自己株式の有償取得
② **募集株式の発行**	❷ 剰余金の配当
③ 社債の発行	❸ **資本金**・準備金の増加・減少
④ **支配人の選任・解任**	❹ 清算株式会社を**存続会社**とする合併
	❺ 清算株式会社を**承継会社**とする吸収分割
	❻ 株式交換・株式移転

3 ┃ 通常清算　　

1 機　関

	清算株式会社	清算持分会社
必要的機関	株主総会、清算人、代表清算人（会 477Ⅰ）	清算人（会 646）
任意的機関	清算人会、監査役、監査役会（会 477Ⅱ）	―
設置義務	**監査役会設置会社である場合** 　→　清算人会（会 477Ⅲ） **清算開始時公開又は大会社であった場合** 　→　監査役（会 477Ⅳ）▶2	―

▶2　監査等委員会設置会社であった場合には、**監査等委員である取締役**が（会 477Ⅴ）、指名委員会等設置会社であった場合には、**監査委員**が監査役となる（会 477Ⅵ）。

> 清算株式会社は、清算の目的の範囲内でのみ存続するものとみなされ、事業活動は清算目的のために行われるものに限られるため、**株式の残余権的性質に反する行為（❶❷）** や継続企業を前提とした行為（❸❹❺❻）はできません。

14 □□□　株式会社が**裁判によらずに**解散した場合には、**裁判所が清算人を選任**することはない。

→ **3 2 ❸** 「清算株式会社」④　×

15 □□□　株主総会による解散の決議と同時に取締役全員を †　清算人に選任した場合には、当該解散及び清算人の登記申請書には、**定款**を添付することを要しない。

→ **3 2 ❺**ア「清算株式会社」「定款」　×
株式会社は常に定款の添付が必要

16 □□□　持分会社が解散し、**業務を執行する社員が清算人** †　になった場合には、清算人の登記の申請書には、**定款**を添付しなければならない。

→ **3 2 ❺**ア「清算持分会社」「定款」　○
法定清算人のケース

17 □□□　**持分会社が解散**し、定款の定め以外の方法によっ †　て清算人が就任した場合において、清算人の登記の申請書に定款を添付することを要しないときがある。

→ **3 2 ❺**ア「清算持分会社」「定款」　○

18 □□□　解散の登記と同時に申請する**法定清算人**の就任の †　登記の申請書には、**清算人が就任を承諾したことを証する書面**を添付しなければならないが、**定款で定めた者が清算人**となったことによる清算人の就任の登記の申請書には、**清算人が就任を承諾したことを証する書面**を添付することを要しない。

→ **3 2 ❺**ア「就任承諾書」　×
法定清算人は不要
定款で定めた者は必要

19 □□□　**裁判所が清算人を選任**したことによる清算人の就 †　任の登記の申請書には、当該**清算人が就任を承諾したことを証する書面**を添付しなければならない。

→ **3 2 ❺**ア「就任承諾書」　×

20 □□□　合資会社が総社員の同意により解散し、定款に定 †　められた方法により会社財産の処分をする場合の解散の登記の申請書には、**総社員の同意があったことを証する書面**及び**清算人の資格を証する書面**を添付しなければならない。

→ **3 2 ❺**ア ▶3参照　×
任意清算には清算人不存在→清算人の資格を証する書面は不要

21 □□□　利害関係人の請求により裁判所が選任した清算人の就任の登記は、**裁判所書記官の嘱託**によってする。

→ **3 2 ❺**ア ▶4　×
申請する

2 清算人

ⓐ 就任パターン

清算株式会社 （会478）	清算持分会社 （会647）
① 定款 ② 株主総会決議 ③ ①②の定めなし 　→ 取締役（法定） ④ ①②③で清算人が定まらない 　→ 利害関係人の申立てにより裁判所選任	① 定款 ② 社員（業務執行社員を定めた場合、その社員）の過半数の同意 ③ ①②の定めなし 　→ 業務執行社員（法定） ④ ①②③で清算人が定まらない 　→ 利害関係人の申立てにより裁判所選任

ⓑ 就任の登記手続 💬

ア 注意すべき添付書面

○：必要　✕：不要

	清算株式会社		清算持分会社 ▶3	
	定款	就任承諾書	定款	就任承諾書
定款で定める者 （会478 I ②、647 I ②）		○	○	○
株主総会の決議により選任された者 社員の過半数の同意により選任された者 （会478 I ③、647 I ③）	○	○	✕	○
法定清算人 （会478 I ①、647 I ①）		✕	○	✕
裁判所が選任した者 （会478 II～IV、647 II～IV） ▶4、5		✕	✕	✕

▶3　合名会社・合資会社は任意清算（＝定款又は総社員の同意をもって定める清算の方法）も可能（会668～671）。
　＊　任意清算の場合、清算人が就任しないため（会668 II）、清算人に関する登記は不要。

▶4　裁判所が利害関係人の申立てにより清算人を選任した場合、清算人選任の登記は会社を代表すべき清算人からの申請による（商登73 III参照）。

▶5　重要な事由があるときは、裁判所は、一定の株主（社員）の申立てにより、清算人を解任することができる（会479 II、III、648 III）。
　💡登記は裁判所書記官の嘱託（会937 I ②ホ）。

最初の清算人・代表清算人は、解散と同時に就任するところ、就任年月日は明らかで、登記をする実益がないため、登記すべき事項に就任年月日は記載しません。しかし、登記期間を明らかにするために、**登記の事由に就任年月日を記載**します。

22 □□□　**清算人会を置く旨の定款の定め**がある株式会社が解散したときにする清算人の登記においては、清算人の氏名並びに代表清算人の氏名及び住所のほか、**清算人会設置会社である旨も登記**しなければならない。

➡**3❷❻**イ　〇

23 □□□　清算株式会社における**最初の清算人**及び**代表清算人の就任の登記**と**清算人会設置会社の定めの設定の登記を一の申請書で申請する場合**の登録免許税の額は、金3万9000円である。

➡**3❷❻**イ＊　✕
金9,000円

24 □□□　清算人会の決議により代表清算人を選定したこと
†　による変更の登記の申請書には、**清算人会議事録の印鑑につき市区町村長の作成した証明書**を添付しなければならない。

➡**3❷❻** ✕
cf. 代表取締役の場合
は印鑑証明書必要

25 □□□　**裁判所が選任した清算人**を株主総会によって解任することができる。

➡**3❷❻**「清算株式 ✕
会社」
裁判所選任以外の清
算人は、株主総会普
通決議で解任可

イ　清算人会設置会社の定めがある場合

　清算人会設置会社の定めがある場合（会477Ⅱ）、最初の清算人の就任の登記においては、これに併せて**清算人会設置会社の定め**を登記しなければならない（会928Ⅰ、Ⅲ）。

*　最初の清算人及び代表清算人の就任の登記の登録免許税の額は、**金9,000円**であり（登免税別表第1.24.⑷イ）、清算人会設置会社の定めの登記は、この区分に含まれる（平18. 3.31民商782通参照）。

❸ 代表清算人に関する登記

	清算株式会社（会483、489Ⅲ）	清算持分会社（会655）
代表清算人 就任の要件	法定清算人が就任する場合で、かつ代表取締役（代表社員）を定めていたとき 　→　当該代表取締役（代表社員）が代表清算人	
	裁判所が清算人を選任する場合 　→　代表清算人を定める権限は、裁判所に属する	
	その他の場合 　→　株式会社の代表取締役（持分会社の代表社員）とほぼ同じ	
登記の要否	常に必要（会928Ⅰ②）	清算持分会社を代表しない清算人がある場合のみ必要（会928Ⅱ②括）

❹ 退　任（清算人の解任）（会479条、648条）

	清算株式会社	清算持分会社
原　則	株主総会決議	社員の過半数
	*　**裁判所が選任**した清算人については解任不可	
重要な事由あり	一定の株主[▶6]の申立てにより裁判所が解任	社員その他利害関係人の申立てにより裁判所が解任

▶6　総株主の議決権の3/100以上の議決権、又は発行済株式の3/100以上の数の株式を6か月前から有する株主（各数字は定款で軽減可、非公開会社では6か月の保有期間不要）。

清算株式会社の清算人・代表清算人の就任の登記においては、選定議事録に係る印鑑証明書及び就任承諾書に係る**印鑑証明書の規定の適用はない**とされています。これは、清算株式会社は清算の目的の範囲内でしか活動できず、代表清算人は営業活動を行うことができないところ、代表清算人の就任に関する真正を担保する必要性に乏しいからです。

26 □□□　清算株式会社は、債権者に対し2か月以上の一定の期間内にその債権を申し出るべき旨を官報に公告し、かつ、**知れている債権者には各別にこれを催告しなければならず**、この**公告を官報のほか定款の定めに従って時事に関する事項を掲載する日刊新聞紙に掲載する方法により二重に行っても、知れている債権者に対する催告を省略することはできない。**

➡3 🅱🅐　💬
cf. 合併等の債権者保護手続（期間は1か月以上、二重公告可）

○

27 □□□　債権申出期間内に**申出をしなかった債権者**は、清算から除斥され、**以後清算株式会社に対して弁済を請求することができない。**

➡3 🅱🅐
会社に知れている債権者は除斥されない

×

28 □□□　清算手続中に清算株式会社の財産が債務を完済するのに足りないことが明らかになったときは、**清算人は直ちに破産手続開始の申立て**をしなければならない。

➡3 🅱🅑

○

29 □□□　清算株式会社の法人格は、**清算結了の登記がされた時**に消滅する。

➡3 🅴
実際の手続の終了時

×

30 □□□　**定款で定めた存続期間の満了により解散**した株式会社は、**株主総会の特別決議**を経ることにより、会社を継続させることができる。

➡4 🅰　「継続可能な解散事由」①「決議等の要件」

○

31 □□□　休眠会社のみなし解散により解散した株式会社は、**解散したものとみなされた後3年以内**に株主総会において会社継続の決議をすれば、会社を継続することができる。

➡4 🅰　「時期の制限」

○

3 清算事務の重要事項（債務の弁済について）

❶ 清算株式会社における債権者に対する公告等 (会499条1項)

清算株式会社は、債権者に対し2か月以上の一定の期間内にその債権を申し出るべき旨を官報に公告し、かつ、知れている債権者には各別にこれを催告しなければならない。

【申出がない場合の効果】

会社に知れている債権者 (会503 Ⅰ括)	清算から除斥されない
会社に知れていない債権者 (会503 Ⅰ、Ⅱ)	清算から除斥されるが、分配されていない残余財産に対しては弁済請求可

❷ 清算株式会社の財産が債務を完済するのに足りないことが明らかになったとき

清算人は、直ちに破産手続開始の申立てをしなければならない (会484 Ⅰ)。

4 清算の結了

清算株式会社では、株主総会による決算報告の承認の日、清算持分会社では、社員による清算に係る計算の承認の日（任意清算は財産の処分が完了した日）に清算が結了し、会社は消滅する。

→　承認の日（財産の処分が完了した日）から2週間以内に、本店の所在地において、清算結了の登記をしなければならない (会929)。

4 会社継続

ランク **B**

1 実　体 (会473条、642条)

	清算会社
継続可能な解散事由	①　定款に定めた存続期間の満了 ②　定款に定めた解散事由の発生 ③　株主総会特別決議、総社員の同意 ④　休眠会社のみなし解散（株式会社のみ）
時期の制限	休眠会社のみなし解散：解散みなし時から3年以内 それ以外：清算が結了するまでいつでも
決議等の要件	株式会社：株主総会の特別決議 (会309 Ⅱ⑪) 持分会社：社員の全部又は一部の同意 　　　　→　同意しなかった社員は、継続することとなった日に退社

3❶に関して、二重公告による個別催告の省略をすることは**できません**。確実に債権者に清算状態にあることを知らせて、債務の弁済をする必要があるからです。

32 □□□　定款で定めた存続期間の満了により解散した株式
† 　　会社が、当該存続期間の満了後直ちに当該株式会社を継
続する旨の株主総会の決議をしたときは、**解散及び清算
人の登記をすることなく**、当該株式会社の継続の登記の
申請をすることができる。

→ 4 **2**「解散及び清算人就任の登記が未了の場合」
解散及び清算人の登記を申請する必要あり　×

33 □□□　解散及び清算人の就任の登記をしている清算株式
† 　　会社が、株主総会の決議により会社を継続することとし
た場合、会社継続の登記と同時に、**清算人及び代表清算
人の退任による変更の登記を申請**しなければならない。

→ 4 **2**「解散及び清算人就任の登記が未了の場合」*
申請不要。登記官の職権により抹消される　×

34 □□□　株式会社が清算結了の登記の申請をする場合にお
† 　　いては、当該清算結了の登記の申請書には、決算報告の
承認があったことを証する書面として、当該**決算報告の
承認を受けた株主総会議事録及びその附属書類である決
算報告書**を添付しなければならない。

→ 5「清算株式会社」「添付書面」　○

35 □□□　清算人会設置会社がする清算結了の登記の申請書
† 　　には、決算報告の承認に係る**清算人会議事録**を添付しな
ければならない。

→ 5「清算株式会社」「添付書面」
清算人会議事録は不要　×

36 □□□　清算株式会社の清算結了の登記の申請書には、株
† 　　主総会議事録とともに、**「一定の期間内に債権を申し出る
べき旨」を公告した官報**を添付しなければならない。

→ 5「清算株式会社」「添付書面」▶9　×

37 □□□　**解散の登記、清算人の就任による変更の登記**及び
† 　　**清算結了の登記**は、**同一の申請書で一括して**申請するこ
とができる。

→ 5 ▶8　○

② 登記手続（株式会社）

【会社継続に伴ってしなければならない登記】

解散及び清算人就任の登記が未了の場合	解散及び清算人の就任の登記（昭39.1.29民甲206通） ＊　清算人の退任の登記を申請する必要はない ∵　株式会社の会社継続の登記が実行されると、解散の登記、清算人会設置会社である旨、清算人、代表清算人に関する登記は、登記官により職権抹消される（商登規73）
定款に定めた存続期間満了又は解散事由の発生により解散した場合	「存続期間その他定款に定めた解散事由の変更又は廃止の登記」（昭39.1.29民甲206通）
必須の登記	取締役及び代表取締役の登記 ＊　商業登記規則61条4項から6項までは、原則どおり適用される（昭43.2.16民甲303通）が、同条6項ただし書の適用はない →　代表取締役の選定書面に従前の代表清算人の届出印を押しても、選定書面に関する印鑑証明書は省略できない

5 清算結了

【登記手続（株式会社・持分会社比較）】

	清算株式会社 ▶7, 8, 9	清算持分会社	
		法定清算	任意清算
添付書面	「会社法507条3項による決算報告を承認したことを証する書面」（＝決算報告の承認決議に係る株主総会議事録・決算報告書）（商登75）	「清算に係る計算を承認したことを証する書面」（商登102、111、121）	「会社財産の処分が完了したことを証する総社員が作成した書面」（商登102括、会668Ⅰ）

▶7　清算人就任の日から2か月を経過しない日を清算結了日とする登記申請は、却下される（株式会社につき、昭33.3.18民甲572通）。

▶8　解散の登記、清算人及び代表清算人の就任の登記並びに清算結了の登記は、一括で申請することができる（登研429）。

▶9　清算手続においては、債権者に対する公告及び催告をしなければならないが（会499Ⅰ）、これを証する書面の添付は要しない。

株式会社における清算結了の登記では、清算株式会社の負担を考慮して、登録免許税が**金2,000円**とか、「債権者に公告・個別催告をしたことを証する書面」の**添付が不要**といった、かなり簡素な制度になっています。

01 □□□ **合名会社と合資会社**が合併して、**株式会社**を設立 ➡1**1**「合併」 ○
することができる。 当事会社に制約なし

02 □□□ 合同会社の事業の一部を分割して合資会社を設立 ➡1**1**「会社分割」 ○
する新設分割をすることはできるが、**合資会社の事業の** 「持分会社」
一部を分割して合同会社に承継させる吸収分割をするこ
とはできない。

03 □□□ **株式交換**は、**株式会社間においてのみ**認められる ➡1**1**「株式交換」 ×
組織再編行為である。

04 □□□ 株式交換の効力は、**株式交換契約で定めた効力発** ➡1**2**「吸収型再編」 ○
生日に生じるが、株式移転の効力は、**株式移転設立完全** 「新設型再編」
親会社の設立登記の日に発生する。

05 □□□ 吸収合併消滅会社の吸収合併による解散は、**吸収** ➡1**2** ▶2 ○
合併の登記の後でなければ、これをもって第三者に対抗
することができない。

06 □□□ 組織再編行為の無効の訴えは、効力発生日から**1** ➡1**4** ×
年以内に提起することを要する。 6か月以内

07 □□□ 吸収合併を無効とする判決が確定した場合には、 ➡1**4** ×
吸収合併の効力発生後当該判決の確定前に吸収合併存続 将来効
会社がした剰余金の配当も、**無効**となる。

08 □□□ Ａ株式会社（以下「Ａ社」という。）がその事業に ➡1**3**「新設型再編」 ○
関して有する権利義務を**新設分割により設立**するＢ株式 ①
会社（以下「Ｂ社」という。）に承継させる場合において、
Ｂ社は、対価として、**Ｂ社が発行する株式を必ずＡ社に**
対して交付しなければならない。

新設型再編の①は、株式会社を新設するために株式を発行する必要があるからで
あり、②は、金銭を対価として交付すると設立する会社の財産的基盤が最初から
崩れてしまうからです。

1 総 論

ランク **B**

1 組織再編の当事会社

○：当事会社となることができる　×：できない

組織再編行為	会社の別	株式会社	持分会社
合　併	消滅会社	○	○
	存続会社（新設会社）	○	○
会社分割	分割会社	○	合同会社のみ
	承継会社（新設会社）	○	○
株式交換	完全子会社	○	×
	完全親会社	○	合同会社のみ
株式移転	完全子会社	○	×
	完全親会社	○	×

＊　組織変更は、株式会社を持分会社、持分会社を株式会社とする手続である（会2㉖）。

2 効力発生日

	事業譲渡	組織変更	吸収型再編	新設型再編
効力の発生日	契約法の一般原則	効力発生日と定めた日▶1	効力発生日と定めた日▶1、2	設立登記の日

▶1　効力発生日は、変更することができる（会780Ⅰ、790Ⅰ）。この場合、変更前の効力発生日（変更後の効力発生日が変更前の効力発生日前の日であるときは、当該変更後の効力発生日）の前日までに、変更後の効力発生日を公告しなければならない（会780Ⅱ、790Ⅱ）。

▶2　吸収合併消滅会社の**吸収合併による解散**は、吸収合併の登記の後でなければ、これをもって、第三者に対抗することができない（会750Ⅱ、752Ⅱ）。

3 消滅会社等に対する対価の内容

吸収型再編	新設型再編
株式その他の財産	①　株式会社を設立する場合は、**株式を対価**として必ず交付する必要がある ②　金銭を対価とすることはできない

4 訴 訟

　組織再編行為（組織変更、合併、分割、株式交換、株式移転）の無効は、訴えをもってのみ主張することができる（会828Ⅰ柱）。当該訴えは、効力発生日から**6か月**以内に提起することを要する（会828Ⅰ⑥〜⑫）。当該無効の訴えの認容判決は**将来効**である（会839）。

09 □□□　A株式会社を吸収分割承継会社とし、**B株式会社を吸収分割会社**として吸収分割をする場合において、B株式会社が**現に株券を発行している株券発行会社**であるときは、A株式会社についてする吸収分割による変更の登記の申請書には、**B株式会社において株券提供公告をしたことを証する書面**を添付しなければならない。

➡2**1** ▶3「株券提供公告」参照　✕

10 □□□　株式移転は会社の設立の一態様であるが、株式移転設立完全親会社の定款については、**公証人の認証を得る必要はない**。

➡2**1** 　会814条1項、30条1項　○

11 □□□　新設分割において、分割の効力の発生後遅滞なく、**分割会社**と**設立会社**は、設立会社が承継した分割会社の権利義務その他法務省令に定める事項について、共同して、書面又は電磁的記録を作成し、それぞれの本店に備え置かなければならない。

➡2**2**「会社分割」「新設」　○

12 □□□　組織変更をする**株式会社**及び**持分会社**は、**組織変更計画備置開始日から効力発生日**までの間、組織変更計画の内容等を記載又は記録した書面又は電磁的記録をその本店に備え置かなければならない。

➡2**2** cf. 持分会社は開示不要　✕

13 □□□　**株式会社から持分会社**へ組織変更をする場合、原則として、総株主の同意が必要であるが、**定款に別段の定め**があれば、総株主の同意は要しない。

➡2**3ⓐ** cf. 持分会社　✕

2 手　続（株式会社の場合）

1 組織再編の主な流れ 💬

（　　）内は順不同

契約書（計画書）の作成　→　事前開示　→（ ✎ 承認決議 ・株式買取請求（組織変更は除く）・ ✎ 債権者保護手続 ・ ✎ 株券提供公告 ▶3 → ✎ 新株予約権証券提供公告 ▶3）→　事後開示

▶3　【各証券提供公告が必要となる場合】

株券提供公告	組織変更をする会社、合併の消滅会社、株式交換・株式移転の完全子会社が、株券発行会社である場合に必要となる
新株予約権証券提供公告	組織変更する会社、組織再編の消滅会社等が新株予約権証券発行会社である場合に必要となる

2 組織再編に関する書面等の開示の要否　○：事前開示　●：事後開示 ▶4

	合　併		会社分割		株式交換	株式移転
	吸収	新設	吸収	新設		
消滅会社等	○	○	○●	○●	○●	○●
存続会社等	○●	●	○●	●	○●	●

＊　事前開示・事後開示は、株式会社のみ必要。

cf.　組織変更では、**株式会社から持分会社へ変更する場合の事前開示のみ必要**（会775参照）。

▶4　組織再編（組織変更を除く）の効力が生じたときに、現存する株式会社は備置きが必要。

3 契約等の承認

ⓐ 組織変更

株式会社から持分会社へ組織変更（会776 I）	✎ 総株主の同意
持分会社から株式会社へ組織変更（会781 I）	✎ 総社員の同意 ＊　定款に別段の定めがある場合を除く

新設型再編において新たに株式会社を設立する場合であっても、新設会社の定款について**公証人の認証は不要**です。公証人による定款認証の制度の趣旨は、会社設立時の定款作成は監督機関がない状態で発起人が自由に行うことから、公証人に監督機能を担わせて不健全な会社の設立を防止することにあるところ、監督制度が整備されている設立後の会社が定款を作成した場合には、公証人が監督機能を果たす必要はないからです。

14 □□□　Ａ株式会社を**消滅**会社とし、Ｂ株式会社を存続会社とする吸収合併を行う場合、Ａ株式会社が公開会社で、合併対価の全部又は一部が譲渡制限株式のときは、**Ｂ株式会社**において**株主総会の特殊決議**を要する。

→ **2 3 ⓑ**「例外（厳格）」
Ａ株式会社においては特殊決議が必要
×

15 □□□　公開会社であるＡ株式会社を分割会社とし、公開会社でないＢ株式会社を承継会社とする吸収分割を行う場合において、分割対価がＢ株式会社の株式であるときは、**Ａ株式会社**において**株主総会の特殊決議**を要する。

→ **2 3 ⓑ**「例外（厳格）」
分割会社には、例外（厳格）はない
×

16 □□□　**非公開会社**であるＡ社（吸収分割承継会社）が、吸収分割の対価としてＡ社の**譲渡制限株式のみを交付**する場合において、交付するＡ社の株式の価額の合計額がＡ社の純資産額として法務省令により定まる額の５分の１を超えないときは、Ａ社の吸収分割による変更の登記の申請書に、吸収分割契約を承認した**Ａ社の株主総会議事録**を添付しなければならない。

→ **2 3 ⓑ**「存続会社等」「簡易」「再例外」
〇

17 □□□　吸収合併消滅会社が種類株式発行会社である場合において、合併対価の一部が吸収合併存続持分会社の持分であるときは、合併による変更の登記の申請書には、**持分の割当てを受ける種類の株式の種類株主全員の同意を証する書面**を添付しなければならない。
†

→ **2 3 ⓑ**「種類株式発行会社」「対価が持分」「消滅会社・完全子会社」
〇

18 □□□　公開会社でないＡ株式会社を消滅会社とし、公開会社であるＢ株式会社を存続会社とする吸収合併をする場合において、**Ａ株式会社がＢ株式会社の特別支配会社**であるときは、**Ｂ株式会社**において株主総会決議による**承認を得ることを要しない。**

→ **2 3 ⓑ**「例外（緩和）」「略式 ▶6」
存続会社側の略式手続
〇

19 □□□　Ａ株式会社を消滅会社とし、Ｂ株式会社を存続会社とする吸収合併手続において、合併によってＡ株式会社の株主に対して交付される対価の合計額が、Ｂ株式会社の純資産額として法務省令で定める方法により算定される額の５分の１を超えない場合は、**Ａ株式会社において株主総会の決議を省略することができる。**

→ **2 3 ⓑ**「例外（緩和）」「簡易 ▶7」
Ｂ株式会社側の簡易手続
×

20 □□□　Ａ株式会社を承継会社、Ｂ株式会社を分割会社とする吸収分割の手続において、Ａ株式会社に承継させる資産の帳簿価額の合計額がＢ株式会社の総資産額として法務省令で定める方法により算定される額の５分の１を超えない場合は、**Ｂ株式会社の株主総会の承認決議を要しない。**

→ **2 3 ⓑ**「例外（緩和）」「簡易 ▶8」
消滅会社側での簡易手続は、会社分割においてのみ可能
〇

❻ 吸収合併・吸収分割・株式交換 [5]

		存続会社等			消滅会社・完全子会社	分割会社	
原　則		株主総会の特別決議					
例　外 （緩和）		取締役会の決議（取締役の決定）					
		略式 [6]	簡易 [7]		略式 [6]	略式 [6]	簡易 [8]
再例外		存続会社等が非公開会社で対価が譲渡制限株式	①　合併等の差損 ②　存続会社等が非公開会社で、対価が譲渡制限株式 ③　株主の反対一定数		消滅会社が単一株式発行会社の公開会社で、対価の全部又は一部が譲渡制限株式	な　し	
例外（厳格）	対価が譲渡制限株式	な　し			株主総会の**特殊決議**（公開会社であるとき）	な　し	
	対価が持分				**総株主の同意**		
種類株式発行会社	対価が譲渡制限株式	**種類株主総会の特別決議**（割り当てる株式が譲渡制限株式で、会社法199条4項の定めがない場合のみ）（会795Ⅳ）			種類株主総会の特殊決議（割当てを受ける株式が譲渡制限株式の場合を除く）	—	
	対価が持分	—			種類株主全員の同意	—	
	損害を及ぼすおそれあり	種類株主総会の特別決議（会322Ⅰ⑦～⑬）					

▶5　新設型組織再編の消滅会社等は、吸収型組織再編の消滅会社等に従う。新設合併消滅会社は吸収合併消滅会社に、株式移転完全子会社は株式交換完全子会社に、新設分割会社は吸収分割会社に対応。ただし、**新設型組織再編**には、**略式手続は存在しない**。

▶6　**《略式手続》**
　　組織再編行為の当事会社がＡ会社及びＢ会社である場合において、Ａ株式会社の総株主の議決権の90％（定款で厳格化できる）以上をＢ会社が有しているときは（会468）、被特別支配会社であるＡ株式会社において組織再編行為についての株主総会の承認決議を省略することができる（会784Ⅰ、796Ⅰ）。

▶7　**《存続会社等の簡易手続》**
　　合併（分割、株式交換）対価の額が存続会社（承継会社、完全親会社）の純資産額（会施規196）の20％以下の場合（定款で厳格化できる）には、株主総会の決議を要しない（会796Ⅱ）。

▶8　**《分割会社の簡易手続》**
　　吸収分割承継会社（新設分割設立会社）に承継させる資産の帳簿価額の合計額が吸収分割会社（新設分割会社）の総資産額として法務省令（会施規187）で定める方法により算定される額の20％以下の場合（定款で厳格化できる）には、株主総会の決議を要しない（会784Ⅱ、805）。

💡略式・簡易手続である場合、当該組織再編行為に係る登記の申請書には 📎略式・簡易手続の要件を満たすことを証する書面 、📎取締役会議事録（取締役の過半数の一致を証する書面） の添付が必要。

21 ☐☐☐　株式会社が組織変更をする際に、株主による**株式買取請求は認められない**が、新株予約権者による**新株予約権買取請求は認められる**。

→ **2 4**②、**5**「組織変更」
組織変更は総株主の同意必要→反対株主なし

○

22 ☐☐☐　吸収合併消滅会社の株主に対し**株式買取請求権の**
†　　**行使の機会を与えるための公告**をした場合には、吸収合併による変更の登記の申請書には、当該**公告をしたことを証する書面を添付**しなければならない。

添付書面を必要とする旨の規定なし

×

23 ☐☐☐　吸収分割により吸収分割承継会社が承継した債務
†　　の全部につき、**吸収分割会社が吸収分割承継会社との間で併存的債務引受契約を締結した場合**には、吸収分割承継会社についてする吸収分割による変更の登記の申請書には、吸収分割会社において**その知れている債権者に対して各別の催告をしたことを証する書面**を添付する必要はない。

→ **2 6 a**「会社分割」
「分割会社」参照

○

24 ☐☐☐　**株式交換完全子会社が新株予約権付社債を発行していない場合**でも、株式交換完全親株式会社がする株式
†　　交換による変更の登記の申請書に、**株式交換完全親株式会社が債権者保護手続を行ったことを証する書面**を添付しなければならないときがある。

→ **2 6 a**「株式交換」
「完全親会社」

○

25 ☐☐☐　株式移転の手続において、株式移転完全子会社における債権者保護手続は、**株式移転により完全親会社に承継される新株予約権が新株予約権付社債に付された新株予約権である場合**における、当該新株予約権付社債についての**社債権者に対してのみ**行う。

→ **2 6 a**「株式移転」
社債に係る債務者が変更するのと同じ状況となるため

○

26 ☐☐☐　吸収分割の手続において、**分割会社が取得した吸収分割の対価である株式を剰余金の配当として株主に交付**する場合、分割会社においてすべての債権者に対し**債権者保護手続をとることを要する**。

→ **2 6 a** ▶9
いわゆる人的分割

○

人的分割とは、分割会社が会社分割の効力発生日に剰余金の配当として承継会社の株式・持分を分割会社の株主に交付することをいいます（会758⑧）。通常、会社分割の対価は分割会社に対して分配しますが、更に株主（人）に対して分配するのです。このような人的分割により、株主に対価を渡してしまうと、会社分割により移転させる権利の分の穴埋めとなるはずの対価が株主に交付され、結果的に会社財産が減少してしまうため、**債権者保護手続がすべての債権者に対して必要**とされています。

4 株式買取請求

次の①〜⑤を除いて、反対株主は株式買取請求をすることができる。

① 事業の全部を譲渡する場合において、事業譲渡を承認する特別決議と**同時に解散の特別決議**（会 471 ③）がされたとき（会 469 Ⅰ①）。

② **株主全員の同意**が必要となる場合。　∵　反対する株主は存在しない。

③ 会社分割において、**分割会社にとって簡易分割**となる場合の当該分割会社の株主（会 785 Ⅰ②、806 Ⅰ②）。

④ 簡易組織再編又は簡易事業譲渡をする場合の、存続株式会社等又は譲受会社の株主（会 469 Ⅰ②、797 Ⅰ但）。

⑤ 略式組織再編又は略式事業譲渡をする場合の、特別支配株主（会 469 Ⅱ②括、797 Ⅱ②括）。

5 新株予約権買取請求が認められる場合

組織変更	株式会社が持分会社となる場合に認められる（会 777 Ⅰ）
組織再編	吸収型・新設型共に**消滅株式会社等**において**一定の場合**に認められる（会 787 Ⅰ、808 Ⅰ）

6 債権者保護手続
ⓐ 債権者保護手続の要否

組織変更・合併		必　要
	承継会社	必　要
会社分割	分割会社	分割後、分割会社に対して**債務の履行を請求することができない**分割会社の債権者に対してのみ必要（会 789 Ⅰ②、810 Ⅰ②）▶9
株式交換	完全親会社	以下の場合**のみ**、必要（会 799 Ⅰ③） ① 株式交換の対価が株式会社の株式その他これに準ずるものとして法務省令（会施規 198）で定めるもの**のみではない**場合 ② 株式交換契約新株予約権が新株予約権付社債に付された新株予約権である場合（新株予約権付社債の承継がある場合）
株式移転	完全子会社	株式交換契約（移転計画）新株予約権が新株予約権付社債に付された新株予約権である場合における、当該新株予約権付社債についての**社債権者**に対してのみ必要（会 789 Ⅰ③、810 Ⅰ③）

cf. 事業譲渡では、債権者保護手続をとる必要はない。

▶9　いわゆる**人的分割**の場合（分割会社が会社分割の効力発生日に剰余金の配当等として承継会社（設立会社）の株式又は持分を当該分割会社の株主に交付する旨を契約書（計画書）に定めている場合）には、**すべての債権者**に対して必要となる（会 789 Ⅰ②括、810 Ⅰ②括）。

27 □□□　吸収分割の手続において、**分割会社が債権者保護手続をとる場合**、官報及び定款の定めに従い時事に関する事項を掲載する日刊新聞紙によって公告をすれば、**知れている債権者に対し各別に催告することを要しない。**

➡ **2 ⑥ ⑩ 💡①**
不法行為債権者がいる場合は各別の催告の省略は不可

×

28 □□□　**合名会社が組織変更**をする場合において、債権者に対し一定の期間内に異議を述べることができる旨の公告を、**官報のほか定款の定めに従い電子公告の方法により行う**ときは、知れている債権者に対して**各別に催告することを要しない。**

➡ **2 ⑥ ⑩ 💡②**
この場合は各別の催告省略不可

×

29 □□□†　A株式会社（甲法務局管轄）を吸収分割会社とし、B株式会社（乙法務局管轄）を吸収分割承継会社として吸収分割をする場合には、乙法務局において、B株式会社に係る吸収分割による変更の登記、及び**A株式会社に係る吸収分割による変更の登記**の申請をしなければならない。

➡ **3 ❶ ⓐ**「会社分割」参照
分割会社で変更登記をすることに注意

○

30 □□□†　株式交換がされた場合、株式交換完全子会社において株式交換による変更の登記を**申請しなければならない。**

➡ **3 ❶ ⓑ**「完全子会社」
一定の場合に必要

×

31 □□□†　株式交換完全親株式会社が株式交換に際して株式交換**完全子会社の新株予約権者に**対して当該新株予約権に代わる株式交換**完全親株式会社の新株予約権を交付する場合**には、**株式交換完全子会社において変更の登記**を申請しなければならない。

➡ **3 ❶ ⓑ**「完全子会社」

○

❺ 手続の簡略化（二重公告）

公告を、官報のほか、定款の定めに従い、時事に関する事項を掲載する日刊新聞紙又は電子公告によってする場合には、各別の催告は不要となる。

💡【各別の催告が省略できない場合】

①　分割会社の不法行為債権者がいる場合の分割会社における手続（会789Ⅲ、810Ⅲ括）

②　合名会社又は合資会社が組織変更をする場合の合名会社又は合資会社における手続（会781Ⅱ・779Ⅱ、Ⅲ参照）

3 登記手続

ランク A

1 登記申請の要否

❶ 組織変更・合併・会社分割の場合

組織変更 （会920）	組織変更前の会社	解散登記
	組織変更後の会社	設立登記
合　併 （会921、922）	消滅会社	解散登記
	存続（設立）会社	変更（設立）登記
会社分割 （会923、924）	分割会社	変更登記
	承継（設立）会社	変更（設立）登記

❷ 株式交換・株式移転の場合

株式交換 株式移転	完全親会社	資本金の額の増加がある場合、株式や新株予約権を発行した場合 →　登記事項に変更が生じるため変更登記が必要（会911Ⅲ、915Ⅰ）
	完全子会社	完全親会社が株式交換（移転）に際して完全子会社の新株予約権者に対し当該新株予約権に代わる**完全親株式会社の新株予約権**を交付した場合 →　登記事項に変更が生じるため変更登記が必要（会911Ⅲ⑫、915Ⅰ）
	設立完全 親会社	常に設立の登記を申請しなければならない（会925）

> **合名会社**又は**合資会社**が行う組織変更では二重公告による個別催告の省略は認められません。**無限責任社員が存在しなくなる組織変更**では、債権者への影響が大きいため、各別の催告を省略できないようにすることで債権者の保護を手厚くしているのです。

32 □□□ 吸収合併存続会社の合併に関する登記は吸収合併存続会社の代表者が、吸収合併消滅会社の合併に関する登記は**吸収合併消滅会社の代表者**が、それぞれ申請しなければならない。

➡ 3 3 「例外」
いずれも吸収合併存続会社の代表者が申請する ✕

33 □□□ 新設分割による**変更の登記**は、**新設分割設立株式会社の設立時代表取締役**が申請することができる。

➡ 3 3 「原則」
cf. 合併による解散登記 ✕

34 □□□ 組織変更による解散の登記は、**組織変更をする会社の代表者**又は**組織変更により設立する会社の代表者**が申請することができる。

➡ 3 3 「例外」
前者は申請不可 ✕

35 □□□ Ａ株式会社（甲法務局管轄）を吸収分割会社とし、Ｂ株式会社（乙法務局管轄）を吸収分割承継会社として吸収分割をする場合には、Ａ株式会社に係る吸収分割による変更の登記の申請書には、**添付書面を要しない**。

➡ 3 4 「消滅株式会社等の登記の申請書」 ✕

36 □□□ 株式移転設立完全親会社の本店の所在地を管轄する登記所の管轄区域内に株式移転完全子会社の本店がない場合、**株式移転設立完全親会社の設立の登記の申請書**には、株式移転完全子会社の登記事項証明書及び**代表者の印鑑証明書**を添付しなければならない。

➡ 3 4 「消滅会社等の登記の申請書」
印鑑証明書は完全子会社の申請書にも添付しない ✕

37 □□□ 吸収分割株式会社が**新株予約権証券を発行**している場合の吸収分割承継株式会社がする吸収分割による変更の登記の申請書には、**新株予約権証券提供公告をしたことを証する書面**を添付しなくてもよい場合がある。

➡ 4 💡 1段目 ◯

38 □□□ **新設合併設立株式会社**が取締役会設置会社（指名委員会等設置会社を除く。）である場合における新設合併による設立の登記の申請書には、当該新設合併設立株式会社の設立時代表取締役の**就任承諾書に押印した印鑑につき市区町村長の作成した証明書**を添付しなければならない。

➡ 4 💡 2段目 ✕

💡の表は一見覚えにくいですが、左側２つ（組織変更、吸収合併・新設合併）の**一方の会社が消滅するパターン**と右側２つ（吸収分割・新設分割、株式交換・株式移転）の**双方の会社が存続するパターン**で、グループ分けすると覚えやすくなります。

2 申請方式

ⓐ 組織再編

存続会社等と消滅会社等の申請書を**同時**に**存続会社等**の管轄登記所に提出。
💡当事会社が別管轄の場合は、経由同時申請（存続会社等の管轄登記所に提出）。

ⓑ 組織変更

解散の登記の申請書と設立の登記の申請書を**同時**に**本店所在地**の管轄登記所に提出。

3 申請人 ▶10

原 則	各当事会社の代表者が申請
例 外	組織変更・合併による解散の登記 → 組織変更後の会社・吸収合併存続会社・新設合併設立会社の代表者が申請

▶10 組織再編に関する登記における株主リストの作成者は、この申請人として挙げられている者である。

4 申請書の添付書面

消滅株式会社等の登記の申請書 ▶11	存続会社等・新設会社の登記の申請書 ▶12, 13
・委任状	・消滅会社等及び存続会社等・新設会社において実体手続を行ったことを証する書面 ・登記事項証明書 ▶14 （管轄登記所が異なる場合）

▶11 組織変更・吸収合併・新設合併の場合には、**添付書面は不要**。
▶12 新設型再編の場合には、新設会社に係る設立の登記の申請書に、定款及び新設会社の機関の具備を証する書面(ex.選任決議の議事録、就任承諾書)を加えて添付する。
▶13 吸収型再編で存続会社等の資本金の額が増加する場合及び新設型再編において新設会社に係る設立の登記では資本金の計上に関する証明書を添付する（商登80④、85④、89④、81④、86④、90④）。
▶14 登記の申請書に会社法人等番号を記載した場合には添付は不要。

💡【添付書面の比較】 ○：必要 △：不要な場合がある ✕：不要

	組織変更	吸収合併・新設合併	吸収分割・新設分割	株式交換・株式移転
新株予約権証券提供公告を証する書面	○	○	△	△
新設型再編において就任承諾書に押印した印鑑に係る印鑑証明書の添付の要否	✕	✕	○	○
登録免許税法施行規則に関する証明書	○	○	✕	✕

01 □□□　取締役会設置会社が**定款で定めた範囲内**で本店を
†　移転した場合において、取締役会の決議で定めた**本店移転の日に現実に本店を移転**したときは、本店移転の登記は、当該**決議で定めた本店移転の日**から2週間以内に申請することを要するが、当該**決議で定めた本店移転の日**の後に現実に本店を移転したときには、当該**現実に移転した日**から2週間以内に申請することを要する。

➡ 1 **2**「例外」▶2　✕
決議で定めた日の後
に現実に移転した場
合、改めて本店移転
決議をする必要があ
る

02 □□□　本店移転の登記は、**同一の登記所の管轄区域内**で
†　本店を移転した場合には、**1通の申請書**で申請することができる。

➡ 1 **3**「同一の登記　〇
所の管轄区域内での
移転」

03 □□□　本店を**他の登記所の管轄区域内**に移転した場合に
†　は、旧所在地を管轄する登記所あての申請書と新所在地を管轄する登記所あての申請書とを**同時に新所在地を管轄する登記所**に提出しなければならない。

➡ 1 **3**「他の登記所　✕
の管轄区域内への移
転」
旧所在地を管轄する
登記所に提出

04 □□□　株式会社がその本店を**他の登記所の管轄区域内**に
†　移転した場合の新所在地における登記の申請書には、代理人によって登記を申請する場合の**委任状を含め、添付書面は一切不要**である。

➡ 1 **3**「他の登記所　✕
の管轄区域内への移
転」
委任状のみ必要

05 □□□　本店を他の登記所の管轄区域内に移転した場合に
†　おいて、**新所在地を管轄する登記所に対してする本店移転の登記の申請書**には、**会社成立の年月日**並びに**本店を移転した旨及びその年月日を記載**しなければならない。

➡ 1 **3** 💬　✕

本店を他の登記所の管轄区域に移転（管轄外移転）した場合の新所在地分の登記の申請において、申請書に記載する登記すべき事項については、**本店移転の年月日及び本店移転の旨**（商登53）の記載があれば足り、その他の事項の記載は**省略**することができます（平29.7.6民商110回）。登記を申請する会社の会社法人等番号は、新所在地を管轄する登記所の登記記録から明らかです。登記官がそこから登記事項証明書に記載されている内容を確認できるため、申請人が当該会社の登記事項を書く必要がないのです。

1 ┃ 本店移転の登記

1 決議機関

移転先	添付書面
定款で定めた範囲内	取締役会議事録等（適宜の業務執行機関による決定）
定款で定めた範囲外	株主総会議事録（特別決議）　∵　定款変更手続 ▶1

▶1　変更後の定款に本店の具体的な所在場所を定めない場合、具体的な所在場所は、適宜の業務執行機関により定める。

2 効力発生日

原則	株主総会の決議、取締役会の決議又は取締役の決定等で定めた本店移転の日 　＝　会社が現実に本店を移転した日	
例外	① 現実に本店を移転した後に、本店移転に関する取締役会等の決議又は決定があった場合 ▶2	当該決議又は決定の日
	② 取締役会等の決議又は決定により本店を移転すべき期間を定め、その期間内に本店を現実に移転した場合	現実に移転した日

▶2　現実に本店を移転した日が、取締役会等の決議又は決定で定めた本店移転の日より後になった場合は、改めて本店移転決議をする必要がある。

3 登記申請手続

同一の登記所の管轄区域内での移転	当該管轄登記所に対してのみ申請すれば足りる
他の登記所の管轄区域内への移転	旧所在地の管轄登記所に経由同時申請 💡新所在地に提出する申請書には、委任状以外添付不要

【本店移転の経由同時申請の流れ】

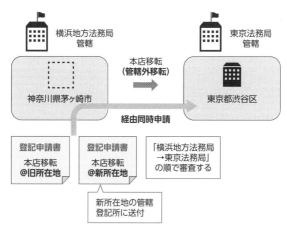

06 ☐☐☐ 他の登記所の**管轄区域内**に本店を移転したことに
† よる本店移転の登記が申請された場合において、**旧所在地**を管轄する登記所の登記官は、同時申請された各登記のいずれかに**却下事由**があると認めたときは、同時申請に係る各登記の申請を**共に却下**しなければならない。

→ **1 4**「旧所在地」　○

07 ☐☐☐ 他の登記所の**管轄区域内**に本店を移転したことに
† よる本店移転の登記が申請された場合において、**新所在地を管轄する登記所の登記官**が新所在地における登記の申請を**却下**したときは、旧所在地における登記の申請も**却下したものとみなされる**。

→ **1 4**「新所在地」 ＊　○

08 ☐☐☐ 本店を他の登記所の管轄区域内に移転したことに
† よる本店移転の登記を申請した場合において、旧所在地の管轄登記所から新所在地の管轄登記所に登記の申請書が**送付された後**に申請を**取り下げる**こととしたときは、旧所在地の管轄登記所及び新所在地の管轄登記所の**双方に各1通ずつ**申請の取下書を提出しなければならない。

→ **1 5**
新所在地管轄登記所に2通提出する　×

09 ☐☐☐ 取締役会設置会社の支店設置の登記の申請書には、
† **取締役会の議事録**を添付しなければならない。

→ **2 1**　○

10 ☐☐☐ **支店設置**の登記の登録免許税の額は、**設置する支**
† **店1か所につき6万円**であるが、**支店廃止**の登記の登録免許税の額は、**廃止する支店1か所につき3万円**である。

→ **2 2**「支店設置」「支店廃止」
支店廃止の登記は申請件数1件につき3万円　×

> 支店設置と支店移転は、支店の数により登録免許税が異なることになりますが、支店廃止の場合には、複数の支店を廃止しても、1件の申請書で申請すれば、金3万円となります。

4 同時申請された各登記のいずれかに却下事由がある場合の登記所の処理

旧所在地	新所在地
同時申請に係る各登記の申請を**共に却下**しなければならない（商登52 Ⅰ）	登記の申請を却下したときは、遅滞なく、その旨を旧所在地を管轄する登記所に通知しなければならない（商登52 Ⅲ） ＊　新所在地において申請を却下した場合には、旧所在地における登記の申請も、**却下したものとみなされる**（商登52 Ⅴ）

5 登記申請を取り下げる場合の方式 （昭39. 8. 6民甲2712通）

新所在地を管轄する登記所への送付前	新所在地を管轄する登記所への送付後
旧所在地を管轄する登記所に対して、新・旧両登記所に対する登記申請を取り下げる旨を記載した取下書を**1通提出する**	新所在地を管轄する登記所に対して、取下書を**2通提出**し、そのうち1通は、新所在地を管轄する登記所から旧所在地を管轄する登記所へ送付される

2 支店に関する登記

ランク
C

1 決議機関

　支店の設置・移転・廃止の決議[▶3]は、非取締役会設置会社では ✎ 取締役の決定 、取締役会設置会社では ✎ 取締役会の決議 で行う。

[▶3]　定款で支店の所在場所が定められている場合には、別途、定款変更の決議が必要。

2 登録免許税 （登免税別表第1.24.(1)ル、ヲ、ツ）

支店設置	支店移転	支店廃止
6万円（支店1か所につき）	3万円（支店1か所につき）	3万円（申請件数1件につき）

本店・支店・支配人に関する登記 ③

11 □□□　会社が支配人を選任した場合における支配人の選任の登記の申請書には、**支配人の選任を証する書面**を添付しなければならないが、**支配人が就任を承諾したことを証する書面**を添付することを要しない。

→ 3 「支配人選任の登記」「注意すべき添付書面」＊　〇

12 □□□　会社の支配人を選任した場合には、本店の所在地において、**選任の効力が生じた日から2週間以内**に支配人の選任の登記を申請しなければならない。

→ 3 「支配人選任の登記」「備考」
登記期間の定めなし　✕

13 □□□　株式会社が支配人を置いた支店を移転した場合、本店の所在地においてする**支店移転の登記**と**支配人を置いた営業所の移転の登記**とは、**同時に申請**することを要する。

→ 3 「支配人を置いた営業所移転又は変更の登記」　〇

14 □□□　支配人を置いている株式会社が解散した場合には、**解散の登記と同時に支配人の代理権消滅の登記**を申請しなければならない。

→ 3 「支配人の代理権消滅の登記」「支配人の代理権が消滅した場合」
登記官の職権による　✕

3 会社の支配人に関する登記

ランク **B**

第1編 会社に共通の商事手続

【支配人の登記手続のまとめ】

申請人：会社の代表者　　♡支配人自身が申請することはできない。

	注意すべき添付書面	備　考
支配人選任の登記	選任を証する書面 （商登45Ⅰ） 「取締役会議事録」等 ＊　就任承諾書は不要	登記期間の定めなし
支配人の氏名・住所の変更に関する登記	委任状（代理人により申請する場合）を除き、添付書面は不要	株式会社の役員等の氏名等の変更登記と同じ手続
支配人を置いた営業所移転又は変更の登記	移転等を決定した決議に係る議事録	本店又は支店に関する移転又は変更の登記の申請と同時申請（商登規58）
支配人の代理権消滅の登記 支配人の代理権が消滅した場合	代理権の消滅を証する書面（商登45Ⅱ） 「取締役会議事録」 「辞任届」等	会社の解散による代理権消滅の場合は、解散の登記をしたときに支配人の登記は登記官の職権で抹消される（商登規59）
支配人を置いた営業所を廃止した場合	廃止を決定した決議に係る議事録	支店に関する廃止の登記の申請と同時申請（商登規58）

代表取締役の地位と支配人の地位とを兼ねることはできないため、**代表取締役を支配人に選任することはできません**（昭40.1.19民甲104回）。これに対し、支配人を代表取締役に選定することは、代表取締役への就任の意思表示に支配人の**辞任の意思表示**が含まれると解することができるため、することができます（昭57.2.12民四1317回）。

Q 発起設立の「払込金受入証明書」と募集設立の「払込金保管証明書」はどのように違うのでしょうか？

A **発起設立の払込金受入証明書**は、払込金の受入れを証明するものであるため、入金の事実が確認できるものであれば足り、登記申請の時点でいくらの預金があるかの立証は不要です。発起設立は仲間内で資金を出し合う形の設立であるところ、発起人が会社成立前に払込金を設立費用に流用することができるため、入金の事実が確認できればそれでよいのです。また、設立時代表取締役作成の証明書に口座の預金通帳の写し等を合てつしたものを添付することもできますが、ここで添付する預金通帳の写しについても、記載された履歴から払込金額に相当する額が口座に**入金された事実を確認**することができれば足り、登記申請日においてその口座に払込金額の残高が計上されている必要はありません（ハンドブックp113）。

これに対し、**募集設立の払込金保管証明書**は、払込金の保管を証明するものであるため、単に入金があった事実を証するものではなく、現にいくらの預金があるかを証明するものです。募集設立は、発起人の他に株式引受人を募集する形の設立であるところ、設立手続に直接関与しない設立時募集株式の引受人の払い込んだ預金の保管状態を明らかにして、払込金が不当に流用されるのを防ぐため、現にいくらの預金があるかの証明が必要になるのです。

Q 創立総会の決議要件と株主総会の特別決議の決議要件の違いがわかりません。

A **創立総会の決議要件**は、①議決権を行使できる設立時株主の議決権の**過半数**（の賛成）かつ、②出席した当該設立時株主の議決権の**3分の2以上に当たる多数**（の賛成）です。この①と②の両方の要件を満たさなければならず、株主総会の特別決議の決議要件より厳しいものとなっています。以下、具体例で説明をしていきます。

①議決権を行使できる設立時株主の議決権の過半数であって
 → 株主全員の議決権を基準に過半数であり、出席している数は関係ありません。全部で100議決権あるなら51以上の賛成が必要です。

②出席した設立時株主の3分の2以上の多数
 → 出席した分の議決権の3分の2以上です。90出席なら60以上、60出席なら40以上です。

①②の両方（いずれか多いほう）を満たす必要があるので、90出席なら②の60以上の賛成が必要であり、60出席なら①の51以上の賛成が必要です。

委任状も含めて一切の添付書面が不要となるケースの判断基準はありますか?

 同時申請する場合、解散の登記の申請書には添付書面は一切不要というルールを覚えておきましょう。例えば、他の登記所の管轄内への本店移転の登記では、旧登記所にある登記記録は閉鎖しますが、解散の登記を申請するわけではないので、旧登記所宛ての申請書には、原則どおり委任状の添付が必要になります。

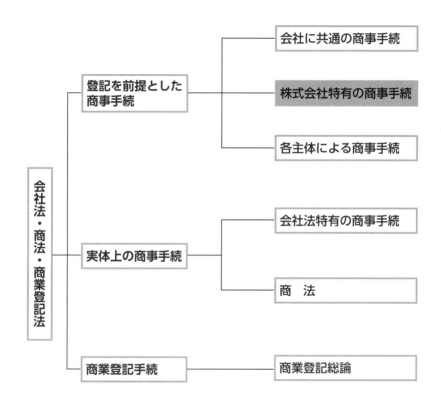

第2編
株式会社特有の商事手続

●体系MAP

会社法・商法・商業登記法

- 登記を前提とした商事手続
  - 会社に共通の商事手続
  - 株式会社特有の商事手続
  - 各主体による商事手続
- 実体上の商事手続
  - 会社法特有の商事手続
  - 商法
- 商業登記手続
  - 商業登記総論

第1章　株式

第2章　募集株式の発行・募集新株予約権の発行・新株予約権の行使

第3章　新株予約権

第4章　機関

01 □□□ 株式会社は、**株主の剰余金の配当を受ける権利又は残余財産の分配を受ける権利**を与えない旨の定款の定めを設けることができない。

➡ **1** ＊　　　　　　×
いずれか一方のみを
与えない旨の定款の
定めは有効

02 □□□ 会社法上の**公開会社でない株式会社**においては、株主総会における議決権について、**株主ごとに異なる取扱い**を行う旨を定款に定めることができる。

➡ **1** 💬　　　　　○

03 □□□ 共同相続人が株式を相続により共有しており、当該株式についての**権利を行使する者を定めていない**場合において、共同相続人全員が株主総会における議決権を共同して行使するときは、**会社の側**からその議決権の行使を認めることができる。

➡ **2**　　　　　　○
会社が権利行使に同
意している

04 □□□ 株式会社がその発行する全部の株式の内容として、譲渡による当該株式の取得につき当該株式会社の承認を要する旨の定めを設ける定款の変更をする場合、当該変更に関する株主総会において、**議決権を行使することのできない反対株主**は、自己の有する株式を買い取るよう株式会社に請求することができる。

➡ **3 1**①、**2**「株主　○
総会の決議を要する
場合」

株式会社は、株主を、株式の内容及び数に応じて平等に取り扱わなければなりません（株主平等原則　会109Ⅰ）。この例外として、非公開会社においては、①剰余金配当請求権、②残余財産分配請求権、③株主総会の議決権について、株主ごとに異なる取扱いを行う旨を定款で定めることができます（属人的定め　会109Ⅱ、105Ⅰ）。これは株主平等原則という大原則の例外に位置づけられるため、要件は厳格に定められており、会社法309条4項の特殊決議が必要となります。

I 株主の権利

1 株主の権利 (会105条)

① 剰余金の配当を受ける権利　② 残余財産分配を受ける権利　③ 株主総会における議決権
　＊　会社は営利法人であるため、①**及び**②の全部を与えない旨の定款の定めは無効

2 株式の共有 (会106条)

原　則：共有者は、当該株式についての**権利を行使する者1人**を定めて会社にその者の氏
　　　　名又は名称を通知しなければ、当該株式についての権利行使ができない。
例　外：**会社が権利行使に同意した場合**には、権利行使可（ただし、民264・252）。

3 株式買取請求権

1 株式買取請求が認められる場合

株式買取請求が認められる場合		対象となる株式
① 株式譲渡制限規定設定の場合	全部の株式の内容として（会116 I①）	全部の株式
	種類株式の内容として（会116 I②、111 II①）	当該種類の株式
② 全部取得条項付種類株式の定めを設ける場合（会111 II①）		当該種類の株式
③ 取得請求権付株式・取得条項付株式の取得の対価として交付される予定の種類株式に譲渡制限又は全部取得条項の定めを設ける場合（会116 I②、111 II②、③）		取得請求権付株式取得条項付株式
④ ❶ 株式の併合又は株式の分割、株式無償割当て ❷ 単元株式数についての定款の変更 ❸ 募集株式の発行、募集新株予約権の発行 ▶2 ❹ 新株予約権無償割当て		当該種類の株式 ▶1

▶1　上記④の変更によりある種類の株式を有する種類株主に損害を及ぼすおそれがあ
　　り、当該種類の株式につき、種類株主総会の決議を要しない旨の定款の定め（会322 II）
　　がある場合に限る。

▶2　株主割当ての場合に限る。

2 株式買取請求が認められる株主

　　株式買取請求が認められる株主は「反対株主」であるが、これは **1** の表中①〜④につい
て株主総会（種類株主総会を含む）の決議を必要とするか否かで異なっている（会116 II）。

	「反対株主」に当たる株主
株主総会の決議を要する場合	当該株主総会に先立って反対の意思を通知し、かつ、当該株主総会で**反対した株主**（会116 II①イ）
	当該株主総会において**議決権を行使できない株主**（会116 II①ロ）
上記以外の場合	すべての株主（会116 II②）

01 □□□　発行可能株式総数が **3000 株**、発行済株式の総数が **1000 株**である株式会社が会社法上の**公開会社である**場合において、当該株式会社が株式を **500 株消却した**ときには当該株式の消却は**有効**であるが、**2 株を 1 株に併合**する株式の併合の決議をしたときは、当該決議は**無効**である。

➡2❻💡❷
株式消却の場合に 4倍ルールの適用なし
○

02 □□□　発行済株式の総数が **500 株**である株式会社が会社法上の**公開会社である**場合、当該株式会社は**発行可能株式総数**を **2000 株以上**に増加する**定款の変更**をしたことによる変更の登記を申請することができない。
†

➡2❻❷
4 倍を**超えてはいけ**ない
✕

03 □□□　新株予約権を発行している会社が、当該新株予約権の行使をすることができる期間の初日が**到来する前**に募集株式を発行した場合において、当該募集株式の発行後の発行済株式総数に**新株予約権の目的である株式の数**を加えた数が当該会社の発行可能株式総数を超えるときは、当該会社の発行可能株式総数の変更の登記をしなければ、当該募集株式の発行による変更の登記を申請することはできない。
†

➡2❻❸
✕

04 □□□　種類株式発行会社において、**議決権制限株式**が発行済株式の総数の **2 分の 1 を超える**に至った場合、株式会社は**直ちに**議決権制限株式の数を発行済株式の総数の 2 分の 1 以下にするための**必要な措置**をとらなければならない。

➡❸①
非公開会社であれば当該措置は不要
なお、超過発行をしても無効となるわけではない
✕

問 03 の問題で問われている会社法 113 条 4 項がややこしいので、事例で説明します。「発行可能株式総数：1000 株、発行済株式総数：500 株、行使期間の到来した新株予約権の目的株式：100 株、行使期間の到来していない新株予約権の目的株式：100 株、自己株式：50 株」の場合、新たに株式を発行できるのは 450 株となります（下図参照）。

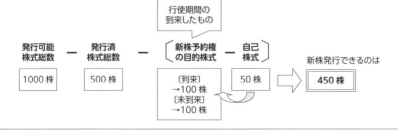

行使期間の
到来したもの

発行可能 株式総数	−	発行済 株式総数	−	新株予約権 の目的株式	−	自己 株式		新株発行できるのは
1000 株		500 株		〔到来〕 →100 株 〔未到来〕 →100 株		50 株	⇨	450 株

Ⅱ 授権資本制度

1 意義と趣旨 ㋛B

意 義	会社が、発行可能株式総数を定款で定めておき（会37Ⅰ、Ⅱ）、その授権の範囲内で取締役会決議等により適宜株式を発行することを認める制度
趣 旨	会社に機動的な株式の発行をすることを認める一方で、その濫用を防止することにより、既存株主の持株比率の維持を図ること

2 定款変更の制限 ㋛A

ⓐ 発行可能株式総数の廃止

株式会社は、定款を変更して発行可能株式総数についての定めを廃止することはできない（会113Ⅰ）。

ⓑ 他の株式数等との関係

定款変更により発行可能株式総数を変更するには、下記の範囲内である必要がある。

【発行可能株式総数と他の株式に関する数との関係】（会113条2項～114条1項）

①	減少の限界	発行可能株式総数	≧	発行済株式の総数
②	4倍ルール	発行可能株式総数　×　1/4	≦	発行済株式の総数
③	新株予約権との関係	発行可能株式総数　－ （発行済株式の総数 － 自己株式）	≧	新株予約権者が予約権行使により取得することとなる株式の数
④	種類株式との関係	ある種類の発行可能種類株式総数	≧	当該種類の株式の発行済株式の総数

💡 **上記表の注意点**（下記番号は、上記表と対応）

❷ 公開会社のみ。非公開会社に関してはこの制限はない（会113Ⅲ）。

この規制があるのは、a. 定款変更により、発行可能株式総数を増加する場合（会113Ⅲ①）、b. 公開会社でない株式会社が**公開会社となる場合**（会113Ⅲ②）、c. 公開会社が**株式の併合**をする場合（会180Ⅲ）、d. **新設合併等**（設立会社が公開会社）をする場合（会814Ⅰ）であり、株式の消却の際に4倍ルール規制はない。

❸ 行使期間（会236Ⅰ④）の初日が到来していない新株予約権を除く。💬

❹ 発行可能株式総数と発行可能種類株式総数との関係については、それぞれ独立した計数であり、また、規制がないことから、各種類株式の発行可能種類株式総数の合計数が、当該会社の発行可能株式総数を超えても（又は下回っても）差し支えない。

3 公開会社の議決権制限株式との関係

① 種類株式発行会社が公開会社である場合において

② 議決権制限株式の数が発行済株式の総数の2分の1を超えるに至ったとき

→ 当該株式会社は、**直ちに**、議決権制限株式の数を発行済株式の総数の2分の1以下にするための**必要な措置**をとらなければならない（会115）。

01 □□□　種類株式発行会社でない**株式会社**が株式の**譲渡制限に関する規定**を設定した場合の変更の登記の申請書には、議決権を有する株主の**半数以上が出席**し、**出席した当該株主の議決権の3分の2以上**に当たる多数をもって決議した株主総会の議事録を添付することを要する。

➡1 「譲渡制限株式」参照　　×

02 □□□　株式会社がその発行するすべての株式の内容として、当該株式について株主が当該株式会社に対してその**取得を請求することができる旨**を定めたときは、株主全員の同意書を添付して、発行する株式の内容の変更の登記を申請しなければならない。

➡1 「取得請求権付株式」　×
特別決議で足りる

03 □□□　株式会社が、その発行するすべての株式について、**当該株式会社が一定の事由が生じたことを条件としてこれを取得することができる**ものとする旨の定款変更を行う株主総会の決議は、**総株主の半数以上**であって、かつ、**総株主の議決権の4分の3以上**の多数をもって行う。

➡1 「取得条項付株式」　×
cf. 属人的な定めの設定要件（会309 Ⅳ）

04 □□□　株式会社が定款を変更して、種類株式として取得請求権付株式を発行する場合、**取得対価**として**当該株式会社の他の株式**を交付する旨を定めることができる。

➡2❶⑤＊　　○

05 □□□　**指名委員会等設置会社**及び**取締役会設置会社**においては、ある種類株式の種類株主を構成員とする種類株主総会において、**取締役又は監査役を選解任する旨**の定款の定めのある種類の株式を発行することはできない。

➡2❶⑨　　×

本来、取締役・監査役は全体の株主総会によって選任・解任しますが、取締役・監査役選解任権付株式を発行している場合には、種類株主総会によってこれを行うことができます。**公開会社**及び**指名委員会等設置会社**では、取締役等選解任権付株式を発行することは**できません**（会108 Ⅰ柱但）。公開会社での発行を認めると、一部の株主で取締役・監査役を選任する権利を濫用することで多数の株主に影響が及ぶおそれがあり、指名委員会等設置会社での発行を認めると、指名委員会の役割と抵触するからです。

Ⅲ 株式の内容・種類株式

1 株式の内容　ランク A

【株式の内容と設定の要件】（発行する全部の株式について設定する場合）

株式の種類	株式の内容	設定の要件
譲渡制限株式 （会 107 Ⅰ①）▶3	譲渡による当該株式の取得につき、当該株式会社の承認を要すること	株主総会**特殊**決議 （会 309 Ⅲ①）
取得請求権付株式 （会 107 Ⅰ②）	当該株式につき、株主が当該株式会社に対してその取得を請求することができること	株主総会**特別**決議 （会 309 Ⅱ⑪）
取得条項付株式 （会 107 Ⅰ③）	当該株式につき、当該株式会社が一定の事由が生じたことを条件としてこれを取得することができること	株主**全員**の同意 （会 110）

▶3　株券発行会社が株式の譲渡制限規定を**設定**する場合、原則として**株券提供公告**をしなければならない（設定の場合のみ必要）。

💡譲渡制限規定の変更・廃止の場合は、株券提供公告は不要である。

2 種類株式——総論　ランク A

1 内　容（会 108 条 1 項 1 号〜 9 号）

① **剰余金の配当について内容の異なる株式**
② **残余財産の分配について内容の異なる株式**
③ **議決権制限株式**
　株主総会において議決権を行使することができる事項について内容の異なる種類株式
④ **譲渡制限株式**
⑤ **取得請求権付株式**
⑥ **取得条項付株式**
　＊　⑤⑥は、取得対価として当該会社の他の株式を交付する旨を定めることができる
⑦ **全部取得条項付種類株式**
　当該株式会社が株主総会の決議によってその全部を取得することができる種類株式
⑧ **拒否権付株式**
　株主総会等で決議すべき事項のうち、当該決議に加え、当該種類の株式の種類株主を構成員とする種類株主総会の決議も必要とする種類株式
⑨ **取締役・監査役選解任権付株式**

06 □□□ 譲渡制限株式ではない**種類株式**を譲渡制限株式にするための定款変更をする場合には、**株主総会の特殊決議**を要する。

→ **2 2**「共通」、**3**
「譲渡制限株式」
株主総会の特別決議
（＋種類株主総会の特殊決議）

×

07 □□□ A種類株式及びB種類株式を発行している種類株式発行会社が**A種類株式の内容を変更**し、A種類株式の種類株主が当該株式会社に対してその**取得を請求することができる**ものと定めた場合には、当該変更の登記の申請書には、株主総会議事録に**加えて**、**A種類株主総会の特別決議があったことを証する書面**を添付することを要する。

→ **2 3**参照
A種類株主総会の議事録は不要

×

08 □□□ 株主総会の決議による全部取得条項付種類株式の取得が**法令又は定款に違反**する場合において、株主が**不利益**を受けるおそれがあるときは、株主は、株式会社に対し、当該全部取得条項付種類株式の**取得をやめることを請求**することができる。

→ **2 3** 💬

○

09 □□□ 発行する全部の株式の内容として株主が当該株式会社に対してその取得を請求することができる旨の登記がされている場合において、**新たに別の種類の株式の内容を定める旨**の定款の変更をしたときは、**新たに定めた別の種類の株式の内容の設定に係る登記を申請**すれば足りる。

→ **2 4**①

×

10 □□□ 株式会社が**株主総会において議決権を行使することができる事項について内容の異なる種類の株式**を発行する旨の定款変更をした場合において、当該種類株式の議決権の**行使の条件**を株主総会の決議によって定める旨を定款に定めたときは、当該変更に係る**発行可能種類株式総数及び各種類株式の内容の登記を申請**することができる。

→ **2 4**②
「行使の条件」は具体的な内容に該当する
（平 18.3.31 民商 782 通）

○

2 設定要件

共　　通 （株式の種類の追加・ 既存の種類株式の変更）	✄ 株主総会の特別決議 （会 309 Ⅱ⑪）
	種類株主について損害を及ぼすおそれがある場合には、 ✄ 種類株主総会の特別決議 （会 322 Ⅰ①、324 Ⅱ④）▶4

▶4　当該種類株主総会において議決権を行使することができる種類株主が存しない場合は不要（会 322 Ⅰ柱但）。

3 既存の種類株式を下記の内容に変更する場合 （会 111 条）

2 の手続に加えて、内容を変更する種類株式の種類株主につき、以下の手続が必要となる。▶5

譲渡制限株式	✄ 種類株主総会の特殊決議 （会 324 Ⅲ①） ▶6、7
取得条項付株式	✄ 種類株主の全員の同意
全部取得条項付種類株式	✄ 種類株主総会の特別決議 （会 324 Ⅱ①） ▶6、7

▶5　複数の種類株式を全部同じ内容に変更する場合もそれぞれに手続が必要となる。

▶6　当該種類株式を取得対価とする旨の定めがある取得請求権付株式又は取得条項付株式を有する種類株主においても、同様の決議を経る必要がある（会 111 Ⅱ②、③）。

▶7　当該種類株主総会において議決権を行使できる種類株主がいなければ不要（会 111 Ⅱ柱但）。

4 重要先例等

① 種類株式発行会社でない株式会社が新たに種類株式を発行する旨の定款の変更をした場合は、発行可能種類株式総数及び発行する各種類の株式の内容の登記を申請する必要があり（会 915 Ⅰ、911 Ⅲ⑦）、新たに定めた種類の株式の内容だけを記載しても足りない（ハンドブック p250）。▶8

② 定款で種類株式の内容の要綱のみを定め、その要綱を登記した場合、その種類株式を初めて発行する時までに種類株式の具体的な内容を定め、発行する各種類の株式の内容の変更の登記を申請しなければならない（平 18. 3. 31 民商 782 通）。

▶8　この場合、登記官の職権により、「発行する株式の内容」の欄における従前の登記事項は抹消される（商登規 69 Ⅰ）。

全部取得条項付株式は、取得条項付株式と異なり、株主総会の決議により（すなわち、**株主の意思により**）、会社が株主から株式を取得するものであるため、取得条項付株式の設定の場面よりも決議要件が緩やかになっています。また、全部取得条項付株式の取得は少数株主の締め出し（スクイーズアウト）として利用されることもあるため、この濫用を防ぐ観点から、**全部取得条項付種類株式の取得が法令又は定款に違反**する場合において、株主が不利益を受けるおそれがあるときは、株主は会社に対して、その全部取得条項付種類株式の取得をやめることを請求することができます（差止請求、会 171 の 3）。

11 □□□　取得条項付株式の取得と引換えにする新株予約権　→**3 2** 　○
† の発行による変更の登記の申請書には、**初めて新株予約権を発行する場合**であれば、当該新株予約権の内容に関する記載のある**定款**を添付しなければならない。

12 □□□　株式会社が**全部取得条項付種類株式の取得と引換えに株式を交付**したことによる変更の登記を申請するときは、登記の申請書に当該株式について**特別決議により取得を決定した旨の記載のある株主総会議事録**を添付しなければならない。　→**3 2 ⓐ**　○
† 株主総会の特別決議を経たことを証する議事録が必要

13 □□□　全部取得条項付種類株式を発行している株式会社が**現に株券を発行している株券発行会社**である場合において、当該全部取得条項付種類株式の取得と引換えにする株式の交付による変更の登記を申請するときは、登記の申請書に**株券提供公告をしたことを証する書面**の添付を要する。　→**3 2 ⓐ**　○
† cf. 取得請求権付株式の取得の場合は株券提供公告不要

14 □□□　株式会社が発行する取得条項付株式についての取得事由が発生した場合において、**取得の対価として新株予約権を発行**したときは、当該取得条項付株式の取得と引換えにする新株予約権の交付による変更の登記の申請書には、**分配可能額が存在することを証する書面**を添付しなければならない。　→**3 2 ⓑ**「添付書面」　○

15 □□□　株式会社が（①取得条項付新株予約権、②取得条項付株式）の取得と引換えに株式を交付することによる変更の登記を申請する場合、当該登記の申請書には、**資本金の額が会社法及び会社計算規則の規定に従って計上されたことを証する書面**を添付することを要しない。　①は資本金の額が増加するため、当該書面の添付が必要　②
†

16 □□□　取得請求権付株式の取得と引換えにする株式の交付による変更登記は、**取得事由が生じた毎月の末日から、**　→**3 2 ⓐ** ▶9　○
† 2週間以内に申請すれば足りる。

取得請求権付株式・取得条項付株式等の取得と引換えにする新株予約権の発行による変更の登記の申請書には、**初めて新株予約権を発行**するときは、新株予約権の内容の記載がある**定款**を添付しなければなりません（平18.3.31民商782通、商登規61 I）。

3 取得請求権付株式・取得条項付株式・全部取得条項付種類株式の取得に関する登記 ランク A

1 変更登記が必要となる場合

取得対価として株式（自己株式を除く）又は新株予約権（自己新株予約権を除く）を発行した場合は、登記事項に変更が生じるため、変更登記の申請が必要となる。

＊ 株式の取得そのものが登記原因となるわけではないことに注意

2 要件・手続

ⓐ 共 通（対価が株式又は新株予約権である場合）

	実 体（会166〜173）	添付書面（商登58〜60、66〜68）
取得請求権付株式 ▶9	当該株式を有する株主が定款で定められた期間内に取得請求をすること	取得請求があったことを証する書面
取得条項付株式	定款で定める一定の事由が生じたこと	取得事由の発生を証する書面
	株券発行会社であれば株券提供公告等	株券提供公告等に関する書面
全部取得条項付種類株式	株主総会の特別決議により、当該株式の全部を取得する旨を決定すること	株主総会議事録
	株券発行会社であれば株券提供公告等	株券提供公告等に関する書面

▶9 取得請求権付株式の取得と引換えにする株式の発行による変更の登記は、本店の所在地において、**毎月末日**から2週間以内に申請すれば足りる（会915Ⅲ②）。

ⓑ 特 有（対価が新株予約権である場合）

	実 体（会166Ⅰ、170Ⅴ、461Ⅰ④）	添付書面（商登規61 Ⅹ）
取得請求権付株式	株式以外の財産（新株予約権を含む）を対価として交付する場合において、当該財産の帳簿価額が効力発生日における分配可能額を超えてはならない	分配可能額が存在することを証する書面 cf. 取得条項付新株予約権の取得の場合は不要
取得条項付株式		
全部取得条項付種類株式		

cf.【取得条項付新株予約権の取得の要件・手続】

		実 体	添付書面
共 通（対価が株式又は新株予約権）		新株予約権の内容として定めた一定の事由が生じること（会236Ⅰ⑦）	取得事由の発生を証する書面（商登59Ⅱ①、67Ⅱ）
		予約権証券発行会社であれば新株予約権証券提供公告等（会293Ⅰ①の2）	新株予約権証券提供公告に関する書面（商登59Ⅱ②、67Ⅱ）
特 有（対価が株式）		取得条項付新株予約権を出資して株式を発行した場合と同視可 → 資本金の額が増加	資本金の額の計上に関する証明書（商登規61Ⅸ）

01 □□□　株式会社は、**定款に定めがない限り**、株券を発行
することができない。　→ 1 **1**　○

02 □□□　株式会社は、株券を発行する旨の定款の定めを設
けた場合でも、**株主から請求があるまでは**、株券を発行
しないことができる。　→ 1 **2ⓑ**「非公開会社」
公開会社…不可
非公開会社…可　×

03 □□□　株式会社は、**単元未満株式に係る株券**を発行する
ことを要せず、その旨を**定款によって定めることも要し
ない**。　→ 1 **2ⓑ**「単元未満株式に係る株券を発行しない旨の定款の定め」　×

04 □□□　**現に株券を発行している株券発行会社**がその発行
†　する全部の株式の内容として株式の**譲渡制限に関する規
定を設定**した場合、効力発生日の**2週間前までに**当該株
券発行会社に対し株券を提出しなければならない旨を公
告し、かつ、当該株券の株主及び登録株式質権者に各別
に通知することを要し、登記申請書には**株券提供公告を
したことを証する書面**を添付しなければならない。　→ 1 **3**①、「現に発行」
× 2週間→○1か月
cf. 株券廃止公告（会218）　×

05 □□□　株券発行会社が株式の内容として取得請求権付株
†　式又は取得条項付株式の定めを設けた場合の変更の登記
の申請書には、当該株券発行会社が**現に株券を発行して
いるとき**であっても、**株券提供公告**をしたことを証する
書面を添付することを要しない。　→ 1 **3**③参照
cf. 取得条項付株式の取得と引換えにする株式等の交付の登記には、株券提供公告等に関する書面の添付が必要　○

株券提供公告は、**株主全体から株券を回収する必要がある行為**をする場合に必
要となります（①は株式の譲渡制限がある旨は株券に記載する必要がある、②
は発行済株式総数が減少する関係で株券を廃棄する必要がある、③は株主が会
社に株券を渡す必要があるため、④は組織変更前の会社・消滅会社の株主が存
在しなくなる関係で株券を廃棄する必要がある）。なお、「取得請求権付株式の
取得」が挙げられていないのは、これは個々の取得請求に応じて取得するもの
であり、株主全体から株券を回収する必要があるわけではないからです。

Ⅳ 株 券

1 実 体

1 株券の発行

原 則	株券を発行しない
例 外	定款に株券を発行する旨を定めた場合に限り株券を発行する（会214）

2 株券の発行時期等

ⓐ 原 則

株式を発行した日以後、遅滞なく発行（会215 Ⅰ）。

ⓑ 例 外

非公開会社	**株主からの請求がある時までは株券を発行しない**ことができる（会215 Ⅳ）
株券不所持の申出がある場合 ▶10	株券の発行不可（会217 Ⅳ）　**4**参照
単元未満株式に係る株券を発行しない旨の定款の定め ▶10	単元未満株式につき株券発行不要（会189 Ⅲ）

▶10　公開会社、非公開会社を問わない。

3 株券提供公告 （会219条）

　株券発行会社が以下の①～④の行為をする場合、🖉 株券提供公告をしたことを証する書面 又は 🖉 株式の全部につき株券を発行していないことを証する書面 の添付が必要となる。

① 株券発行会社が株式の**譲渡制限規定を設ける**定款の変更
　＊ 譲渡制限規定の変更・廃止の場合、当該手続は不要
② 株式の併合
③ 全部取得条項付種類株式の取得・取得条項付株式の**取得**
④ 組織変更・合併（消滅会社）・株式交換（完全子会社）・株式移転（完全子会社）

	手 続	添付書面（商登59 Ⅰ②等）
現に発行	効力発生日の1か月前までに、当該株券発行会社に対し上記①～④の株式に係る株券を提出しなければならない旨を公告し、かつ、当該株券の株主及び登録株式質権者に各別に通知	会社法219条1項本文の規定による公告をしたことを証する書面（株券提供公告をしたことを証する書面）
現に不発行	不 要	株式の全部につき株券を発行していないことを証する書面

06 □□□ すべての株式について**株券不所持の申出**がなされ
ている株券発行会社において、**株主からの株券の発行請
求**により当該株式会社が**初めて**株券を発行する場合、発
行のための費用は当該**株式会社が負担**する。

➡ 1 **4**「株主からの　○
株券の発行請求」

07 □□□ **現に株券を発行している**株券発行会社において、
株主が株券を提出して**株券不所持の申出**をした場合、当
該株主は株券を**再度発行**することを請求することができ
ない。

➡ 1 **4**「株主からの　×
株券の発行請求」
いつでも発行請求で
きるが、費用は株主
が負担

08 □□□ Ａ種類株式及びＢ種類株式の２種類の株式を発行
† している**種類株式発行会社**は、**Ａ種類株式についてのみ
株券を発行する旨の定款の定め**を設け、株券を発行する
旨の定めの登記を申請することができる。

➡ 2 **1**①　　　×
全部の種類の株式に
定める必要あり

09 □□□ **現に株券を発行している**株券発行会社が株券を発
† 行する旨の定めを**廃止**する場合、その旨を効力発生日の
２週間前までに公告し、かつ株主及び登録株式質権者に
対しては各別にこれを通知することを要し、当該廃止の
登記の申請書には**公告及び通知をしたことを証する書面**
を添付する必要がある。

➡ 2 **2ⓐ**　　　×
通知をしたことを証
する書面は添付不要

10 □□□ 株券発行会社が株券を発行する旨の定めを**廃止**し
† た場合において、当該株券発行会社が**現に株券を発行し
ていない**ときは、株券を発行する旨の定めの廃止の登記
の申請書には、**株券を発行していないことを証する書面**
を添付することを要する。

➡ 2 **2ⓑ**　　　○

4 株券不所持制度 (会 217 条)

	株券が発行されていない場合	株券が発行されている場合
株券不所持の手続	① 株券不所持の申出 ② 株主名簿に記載又は記録 　→ 会社は当該株式について 　の株券発行不可	① 株券不所持の申出＋株券の提出 ② 株主名簿に記載又は記録 　→ 当該株券は無効になる
株主からの 株券の発行請求	いつでも株券の発行を請求可 ＊ 費用は会社が負担	いつでも株券の発行を請求可 ＊ 費用は株主が負担

2 ┃ 株券を発行する旨の定めに関する登記　ランク B

1 株券を発行する旨の定めの設定に関する注意点

① 株券を発行する旨の定めは、種類株式発行会社にあっては**全部の種類の株式**について定めなければならない (会 214 括)。

② 株券を発行する旨の定款の定めがある会社は、現に株券を発行しているか否かにかかわらず、**株券発行会社**である (会 117 Ⅶ参照)。

　cf.《株券発行会社において現に株券を発行しない場合》

　❶ 株券不所持の申出があるとき (会 217)

　❷ 非公開会社で株主から請求がない場合 (会 215 Ⅳ)

2 株券を発行する旨の定めの廃止

ⓐ 現に株券を発行している場合 (会 218 条 1 項)

　廃止する旨・効力発生日・当該効力発生日に当該会社の株券が無効になる旨を、効力発生日の 2 週間前までに公告かつ株主及び登録株式質権者に各別に通知しなければならない (株券廃止公告)。💬

　🗒 株券廃止**公告**をしたことを証する書面 (商登 63)

ⓑ 現に株券を発行していない場合 (会 218 条 3 項、4 項)

　株主及び登録株式質権者に対し、効力発生日の 2 週間前までに通知又は公告をしなければならない。💬

　🗒 株式の全部につき**株券を発行していないことを証する書面** (🗒 株主名簿) (商登 63)

会社法上、株主に対して**公告**及び**通知**を要する場合に限り、その公告を証する書面を添付します。ですから、公告のみ、通知のみ、公告又は通知を要する場合には、これを証する書面の添付は不要です。

公告	通知	公告 or 通知	公告 ＋ 通知
↓	↓	↓	↓
立証不要	立証不要	立証不要	🗒公告を証する書面 を添付

01 □□□ **株券発行会社以外**の株式会社の株主がする株式の譲渡は、**当事者間の意思表示のみ**によりその効力が発生する。

➡ 1 **1** 「株券発行会社でない会社」　○

02 □□□ **株券発行会社**において株主が株式の譲渡をする場合、当該株式の譲渡を当該株券発行会社以外の**第三者に対抗**するためには、**株主名簿の名義書換**が必要である。

➡ 1 **1** 「株券発行会社」　×
対抗要件は株券の占有

03 □□□ 設立時募集株式の引受人が、株式会社が**成立することにより取得することとなる株主となる地位**を第三者に譲渡した場合、当該譲渡は**無効**である。

➡ 1 **2** 「時期による制限」①　×
有効だが会社に対抗不可

04 □□□ 株券発行会社が**現に株券を発行するよりも前**に、当該株式会社の株主が株式を第三者に譲渡した場合、当該株式会社に株主名簿の**名義書換を請求**することで、当該譲渡を当該株式会社に**対抗することができる**。

➡ 1 **2** 「時期による制限」②　×
株券発行前の譲渡は会社に対抗不可

05 □□□ 子会社は、原則として親会社株式を取得してはならないが、取得した場合には**直ちに**当該親会社株式を処分しなければならない。

➡ 1 **2** 「子会社による親会社株式の取得の制限」　×
相当の時期で足りる

少し発展的な話ですが、振替株式の譲渡について説明します。株券の代わりに株式の譲渡等の管理を証券会社の口座においてデータ上で行う株式を**振替株式**といいます。振替株式の場合、株式譲渡の効力発生要件は、**株式譲渡の意思表示＋口座振替**（口座データの書換）であり、会社に対する対抗要件は、**株主名簿の名簿書換**、第三者に対する対抗要件は、**口座振替**です。上記の株券発行会社の「株券の交付（占有）」を「口座振替」に読み替えれば覚えやすいでしょう。

V 株式の流通

1 株式の譲渡

ランク A

1 株式の譲渡の方法 (会128条、130条)

	譲渡の方法	対抗要件	
		対 会社	対 第三者
株券発行会社でない会社	当事者間の意思表示	株主名簿の名義書換	
株券発行会社（時期による制限あり、2参照）	当事者間の意思表示 ＋ 株券の交付	株主名簿の名義書換	株券の占有

2 株式の譲渡の制限——時期による制限、親会社株式の取得制限

時期による制限	① 会社成立前又は募集株式発行前の株式引受人の地位（権利株）の譲渡 ② 株券発行会社における、株式発行後、株券発行前の株式の譲渡（自己株式の処分を除く） → 当事者間では有効だが、会社に対抗不可（会35、50Ⅱ、63Ⅱ、128Ⅱ、208Ⅳ）
子会社による親会社株式の取得の制限	原 則：子会社は、原則として、その親会社の株式を取得不可（会135Ⅰ） 例 外：以下の場合には、子会社による親会社株式の取得が認められる ① 事業の全部譲受け、合併、会社分割等により他の会社から親会社株式を取得する場合等（会135Ⅱ） → ただし、子会社は取得した親会社株式を**相当の時期**に処分しなければならない（会135Ⅲ） ② 組織再編行為において、消滅会社等の株主等に対し存続会社等の親会社株式を対価として交付する場合（三角合併等）（会800Ⅰ） → 吸収合併等を中止した場合を除き、効力発生日までの間は保有することができる（会800Ⅱ）

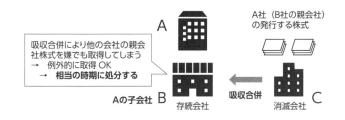

第1章 株 式 | 85

06 □□□　譲渡制限株式の株主が当該株式を譲渡しようとする場合において、株式会社が当該譲渡について**不承認の決定**をしたときは、当該株式会社は、**譲渡人の請求**により、当該株式を**買い取る**か又は**指定買取人の指定**をしなければならない。

→1 **3**チャート　　○

07 □□□　取締役会設置会社でない株式会社においては、**代表取締役を譲渡承認機関**とする内容の登記を申請することができない。

†

→1 **3** ▶11 ＊　　×

08 □□□　次の対話は、譲渡制限株式に関する教授と学生との対話である。教授の質問に対する次のアからエまでの学生の解答のうち、判例の趣旨に照らし正しいものの組合せは、後記1から4までのどれか。

教授：株式会社がその発行する全部の株式の内容として、譲渡による当該株式の取得について当該株式会社の承認を要する旨を定款で定めている場合、当該株式会社の**承認を得ないでした株式の譲渡**にはどのような効力がありますか。また、そのように考える理由は何ですか。

→1 **3**【判例】　　3
アとイのうち、判例の立場はイ
ウにつき、最判昭63.3.15

学生：ア　株式会社との関係でも、譲渡の当事者間でも、無効です。議決権の行使の指示により、株式会社にとって好ましくない者が株式会社支配に介入することを防ぐ必要があるからです。

　　　イ　株式会社との関係では無効ですが、譲渡の**当事者間では有効**です。株式会社にとって好ましくない者が株主として株式会社に対して権利行使することを防ぐ必要があるからです。

教授：株式会社は、株式会社の承認を得ずに株式が譲渡された場合、株式の譲渡人を株主として取り扱わなければならないのですか。

学生：ウ　株主権を行使する地位に空白が生じるのを避けるため、**譲渡人を株主**として取り扱わなければなりません。

　　　エ　株式の譲渡制限の制度は、株式会社の利益保護のためであり、譲渡人の利益保護のためではないので、株式会社は、譲渡人を株主として取り扱わないことができます。

1　アウ　　　2　アエ　　　3　イウ　　　4　イエ

3 株式の譲渡の制限　（譲渡制限規定）

　株式会社は、その発行する全部又は一部の株式の内容として、譲渡による当該株式の取得について当該会社の承認を要する旨の定款の定めを設けることができる（会 107 Ⅰ①、108 Ⅰ④）。

事　例　甲株式会社における譲渡制限株式の株主ＡがＢに対し、株式を譲渡しようとする場合又は譲渡した場合（会 136 ～ 145）

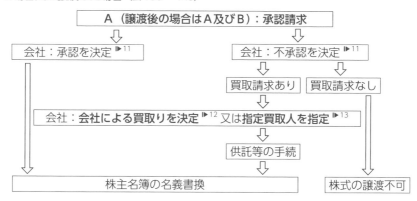

▶11	承認の決定・不承認の決定	取締役会設置会社　　：取締役会 非取締役会設置会社：株主総会（**普通決議**） ＊　定款に別段の定め可（会 139 Ⅰ但）
▶12	買取事項の決定	株主総会の特別決議（会 140 Ⅰ、Ⅱ、309 Ⅱ①）
▶13	指定買取人の指定	取締役会設置会社　　：取締役会 非取締役会設置会社：株主総会（**特別決議**） ＊　定款に別段の定め可（会 140 Ⅳ、Ⅴ）

【**判　例**】（承認機関の承認がない場合における譲渡制限株式の譲渡の効力）

> 原　則：会社との関係では無効（最判昭 63.3.15、最判平 9.9.9）、**当事者間では有効**（最判昭 48.6.15）
>
> 例　外：**一人会社**において、１人しかいない株主がその保有する株式を他に譲渡した場合には、承認機関の承認がないときでも、会社との関係でも株式譲渡は有効であると解されている（最判平 5.3.30）。

> この判例を理解しておけば、次の平成 28 年第 28 問エの問題も、この応用なので解けます。
> 　株式の譲渡につき定款による制限がある場合に、株式が**譲渡担保**に供されることにつき株式会社の承認を得ていなくとも、**当事者間**では、**有効**なものとして、株式の権利移転の効力を生じる。（〇）
> ∵　株式を譲渡担保に供することは、株式の譲渡に当たる（最判昭 48.6.15）。

09 □□□　株式会社が、（①譲渡制限株式の譲渡を承認せず、当該株式を買い取る場合、②単元未満株主の買取請求に応じて当該株式を買い取る場合、③取得請求権付株式の取得請求があり、当該株式を取得する場合、④合併の際の反対株主の買取請求に応じて当該株式を買い取る場合）には、**財源規制**は課されない。　➡2**1**　②④

10 □□□　株式会社は、その保有する自己株式について、**議決権、剰余金の配当を受ける権利、募集株式の割当てを受ける権利、株式無償割当てを受ける権利**を有しないが、**株式の分割の効力は、自己株式にも及ぶ。**　➡2**2**　○

11 □□□　株式会社は自己株式を取得することができるが、取得した株式は**相当の時期に処分**しなければならない。　➡2**2** ▶16　×

12 □□□　株式会社が株主すべてに売却の機会を与えて当該株式会社の株式を取得する場合、株主総会の決議で株式を取得することができる期間を定めることを要するが、当該**期間に制限はない。**　➡2**3**「決定事項」本問の期間は1年を超えることができない　×

13 □□□　**取締役会設置会社以外の**株式会社が**特定の株主**との合意により当該株式会社の株式を有償で取得する場合であっても、当該**特定の株主が当該株式会社の子会社であるとき**は、当該株式の取得に関する事項を定める株主総会の決議は、**普通決議**で足りる。　➡2**3**「決定機関」▶17　○

14 □□□　株式会社が子会社以外の**特定の株主との合意により**当該株式会社の株式を有償で取得する場合、株主総会の**特別決議**を経ることが必要であるが、当該**特定の株主**は、他に議決権を行使できる株主がいるときは、当該株主総会において**議決権を行使することができない。**　➡2**3**「決定機関」▶18 cf.取締役会における特別利害関係人　○

15 □□□　自己株式の有償取得について株式会社が**すべての株主**に申込みの機会を与えて行う場合には株主総会の**普通決議**で足りるが、子会社以外の**特定の株主**から取得する方法による場合には株主総会の**特別決議**を要する。　➡2**3**「決定機関」　○

2 自己株式の取得

ランク **B**

1 自己株式を取得できる場合

財源規制▶14のある自己株式の取得	財源規制のない自己株式の取得
① 譲渡制限株式の譲渡の不承認の場合の買取り（会138） ② 株主との合意による有償取得（会156〜165） ③ 全部取得条項付種類株式の取得（会173Ⅰ） ④ 譲渡制限株式の一般承継人に対する売渡しの請求に基づく自己株式の買取り（会176Ⅰ） ⑤ 所在不明株主の株式の買取り（会197Ⅲ） ⑥ 端数が生じる場合の株式の買取り（会234Ⅳ） ⑦ **取得請求権付株式の取得請求**があった場合の取得 ⑧ **取得条項付株式の取得事由**が生じた場合の取得	① 合併等により相手方の有する自己株式を取得する場合 ② **組織再編行為等の際の反対株主の買取請求**に応じて買い取る場合 ③ **単元未満株主の買取請求**に応じて買い取る場合（会192） ④ **無償で取得**する場合（会施規27①）

▶14 自己株式の取得により株主に対して交付する金銭等（自己株式を除く）の帳簿価額の総額は、取得の効力発生日における分配可能額を超えてはならない（会461Ⅰ、166Ⅰ但、170Ⅴ参照）。

2 自己株式についての権利 ▶15、16

以下については認められない。

- 議決権（会308Ⅱ）
- 剰余金の配当を受ける権利（会453括）
- 残余財産の分配を受ける権利（会504Ⅲ括）
- 募集株式（又は募集新株予約権）の割当てを受ける権利（会202Ⅱ括、241Ⅱ括）
- 株式（又は新株予約権）無償割当てを受ける権利（会186Ⅱ、278Ⅱ）

▶15 株式の併合、株式の分割の効力は、自己株式についても及ぶ（会182、184参照）。
▶16 会社が取得した自己株式は、特に期間の制限なく保有することができる。
　　cf. 親会社株式を取得した場合は、相当の時期に処分しなければならない（会135Ⅲ）。

3 株主との合意による有償取得の手続規制

【株式の取得に関する事項の決定、取得の決議、通知等の手続】

取得態様	すべての株主から取得	特定の株主から取得
決定事項	あらかじめ、取得する株式の数等、取得と引換えに交付する金銭等の内容等、株式取得可能期間（1年を超えない期間）を定める	
決定機関	株主総会の普通決議	株主総会の特別決議 ▶17、18
取得決議	取締役の決定（取締役会設置会社は取締役会決議）	
通知等	株主へ通知又は公告	特定の株主へ通知

▶17 **子会社**から株式を取得する場合は、取締役会設置会社では**取締役会**、それ以外は株主総会の普通決議によることができる（会163）。
▶18 他に議決権行使可能株主がいる場合、当該特定の株主は議決権の行使不可（会160Ⅳ）。

01 □□□　株主名簿には、株主の**氏名又は名称**及び**住所**並びに当該株主が**株式を取得した日**を記載又は記録しなければならない。

→1**1**　　　○

02 □□□　**株券発行会社でない株式会社**の株主名簿に記載又は記録されている株主は、当該株式会社に対し、株主名簿記載事項を記載した書面の交付又は記録した電磁的記録の提供を請求することができる。

→1**2**　　　○
cf. 株券発行会社の株主は当該請求不可

03 □□□　株式会社は、基準日及び基準日株主が行使できる権利についての**定款の定めがない**場合において、基準日を定めたときは、その日の**2週間前までに公告**しなければならない。

→1**3**「公告」　　　○
定款に定めていないときに公告が必要

04 □□□　株式会社がある権利について基準日を定めた場合、基準日後に当該株式会社の株式を取得した株主は当該権利を**行使することができない**が、株主が行使する権利が**議決権**である場合には、株式会社は、基準日後に株式を取得した株主について、株主総会における議決権の行使を**認めることができるときがある。**

→1**3**＊　　　○
基準日株主の権利を害することはできない

2は、株券不発行会社においては株券がないため、株券に代わって、**株主であることの証明手段**を確保する趣旨の制度です。これに対し、株券発行会社の株主は株券を用いて株主であることの証明ができるため、当該請求をすることはできません。

Ⅵ 株主名簿

1 株主名簿

ランク A

1 株主名簿の記載事項 （会 121 条）

① 株主の氏名又は名称及び住所
② ①の株主の有する株式の数（種類株式発行会社にあっては株式の種類及び種類ごとの数）
③ ①の株主が**株式を取得した日**
④ 株式会社が株券発行会社である場合には、②の株式（株券が発行されているものに限る）に係る株券の番号

* 株券不所持の申出を受けた場合には、遅滞なく、当該株式に係る株券を発行しない旨を株主名簿に記載又は記録をする（会 217 Ⅲ）。

2 株主名簿の記載事項を記載した書面の交付等の請求

株券発行会社でない会社の株主は、会社に対し、当該株主についての株主名簿に記載又は記録された株主名簿記載事項を記載した書面の交付等を請求することができる（会 122 Ⅰ、Ⅳ）。

3 基準日

株式会社は、一定の日（基準日）を定めて、その日において株主名簿に記載されている株主（基準日株主）を権利行使ができる者と定めることができる（会 124 Ⅰ）。

設定	基準日株主が行使することができる権利（基準日から 3 か月以内に行使するものに限る）の内容を定める（会 124 Ⅱ）
公告	基準日及び基準日株主が行使することができる権利の内容を**定款に定めていないとき**は、株式会社は、当該基準日の 2 週間前までに、当該基準日及び基準日株主が行使することができる権利の内容を公告しなければならない（会 124 Ⅲ）

* 基準日後に株式を取得した株主に、（種類）**株主総会における議決権行使を認める**ことができる（会 124 Ⅳ本）。ただし、基準日株主の権利を害することはできない（会 124 Ⅳ但）。

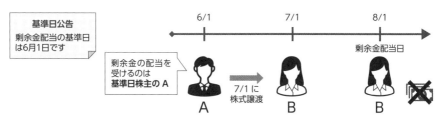

基準日公告
剰余金配当の基準日は6月1日です

剰余金の配当を受けるのは**基準日株主の A**

6/1　7/1　8/1

剰余金配当日

A　7/1に株式譲渡　B　B

05 □□□　定款で株主名簿管理人を**具体的に定めていない**株
†　　式会社が株主名簿管理人を設置した場合、当該変更の登
記の申請書には、**定款**を添付することを要しない。

→ 2 **1**①参照
定款の添付必要

×

06 □□□　株式会社が株主名簿管理人を設置する旨を定款で
†　　定めた場合において、**具体的な株主名簿管理人を定款に
定めなかったとき**は、株主名簿管理人の設置による変更
登記の申請書には、**定款**に加えて**株主名簿管理人を定め
たことを証する株主総会議事録**を添付することを要する。

→ 2 **1**①②
株主総会議事録では
なく、取締役会議事
録等を添付

×

07 □□□　株主名簿管理人を設置している株式会社が株主名
†　　簿管理人を**変更**した場合、変更の登記の申請書には**新た
な株主名簿管理人との契約を証する書面**を添付しなけれ
ばならない。

→ 2 **1**③参照
新たに株主名簿管理
人を設置している

○

08 □□□　株主名簿管理人の**氏名又は住所に変更**が生じた場
†　　合、株式会社は**変更の登記を申請**することを要し、当該
登記の申請書には**変更を証する書面**を添付することを要
する。

→ 2 **3**
委任状以外は不要

×

2 株主名簿管理人に関する登記　

1 設 置

実　体	添付書面
①　株主名簿管理人を置く旨の定款の定めを設定 （株主総会の特別決議　会 466、309 Ⅱ⑪）	**定款**（商登 64）
②　取締役会又は取締役の決定等により株主名簿管理人を定める（定款で株主名簿管理人を具体的に定めなかった場合）	**取締役会議事録**　又は 取締役の決定書　　　　　　　等
③　会社代表者と株主名簿管理人との間で委託に関する契約を締結	**株主名簿管理人との契約を証する書面**（商登 64）

2 廃 止

実　体	添付書面
株主名簿管理人を置く旨の定款規定を廃止	株主総会議事録

3 変 更

　株主名簿管理人の氏名又は名称及び住所並びに営業所に変更が生じた場合は、変更の登記を要するが、登記申請書には ~~委任状~~ 以外の添付書面は**不要**である。

1①に関しては、株主総会議事録の添付は不要です。一見、定款の定めの立証は株主総会議事録ですればよいと思えますが、株主名簿管理人を置く旨の定めが設立時から原始定款にされていた場合には、「株主名簿管理人を置く旨の定めをした株主総会議事録」が存在せず、立証に用いる添付書面を固定できずに困ってしまいます。ですから、一律に**定款**を添付するとしているのです。

01 □□□　会社法上の**公開会社でない株式会社**が株式の併合
†　　による登記を申請する場合には、申請書に**株主総会議事
　　録**を添付することを要するが、会社法上の**公開会社**が株
　　式の併合による登記を申請する場合には、申請書に**取締
　　役会議事録**を添付すれば足りる。

➡**1**「株式の併合」　　✕
公開会社も株主総会
議事録の添付が必要

02 □□□　株式の**分割**又は**自己株式の消却**による変更の登記
†　　の申請書には、取締役会設置会社であれば**取締役会議事
　　録**を、取締役会を設置していない株式会社であれば**普通
　　決議を経た株主総会議事録**を、添付しなければならない。

➡**1**「自己株式の消　✕
却」「株式の分割」
○株式の分割
✕自己株式の消却

03 □□□　株式の無償割当てに関する事項の決定は、取締役
　　会を設置していない株式会社においては**株主総会の普通
　　決議**により行うのが原則であるが、**定款**で定めれば**取締
　　役の決定**により行うこともできる。

➡**1**「株式無償割当　○
て」▶19

04 □□□　**現に株券を発行していない株券発行会社**が株式の
†　　**併合**又は株式の**分割**による変更の登記を申請する場合に
　　は、登記の申請書に**株式の全部につき株券を発行してい
　　ないことを証する書面**を添付しなければならない。

➡**2**　　　　　　　✕
商登61条、59条1
項2号
○株式の併合
✕株式の分割

05 □□□　取締役会設置会社が株式**無償割当て**による変更登
†　　記を申請する場合の申請書には、**取締役会議事録**に加え
　　て、割り当てた株式の数を株主及び登録株式質権者に**通
　　知したことを証する書面**を添付しなければならない。

通知は必要だが（会　✕
187Ⅱ）、添付書面と
しては不要

06 □□□　発行可能株式総数が1000株、発行済株式の総数
†　　が300株である会社法上の**公開会社**において、自己株式
　　100株を消却し、発行済株式の総数の変更の登記を申請
　　するときは、併せて、**発行可能株式総数を800株以下**と
　　する変更の登記を申請しなければならない。

➡**2**「自己株式の消　✕
却」

Ⅶ　株式の消却・併合・分割・無償割当て

1 決　議

ランク A

	自己株式の消却 （会178）	株式の併合 （会180～182の6）	株式の分割 （会183、184）	株式無償割当て （会185～187）
取締役会 設置会社	🖎 取締役会決議	🖎 株主総会 特別決議	🖎 取締役会決議 ▶19	🖎 取締役会決議 ▶19
取締役会 非設置会社	🖎 取締役の決定		🖎 株主総会普通決議 ▶19	🖎 株主総会普通決議 ▶19

▶19　株式無償割当ての決議機関については、定款に別段の定め可（会186Ⅲ但）。→ 🖎 定款 及び 🖎 定款に定めた決定方法により決定したことを証する書面 を添付(商登46Ⅱ、商登規61Ⅰ)。

2 効　果 ▶20

ランク B

	効　果
自己株式の消却	消却した自己株式の分だけ発行済株式の総数が減少する 💬
株式の併合	株主は、株式の併合の**効力発生日**に、その日の前日に有する株式の数に併合の割合を乗じて得た数の株式の株主となる（会182Ⅰ） また、併合決議の際に定めた発行可能株式総数の定め（会180Ⅱ④）に従い、効力発生日に発行可能株式総数の定款の変更をしたものとみなされる（会182Ⅱ） 　→　発行済株式の総数は減少 　＊　4倍ルールに注意（会180Ⅲ）
株式の分割	基準日において株主名簿に記載又は記録されている株主は、株式の分割の効力発生日に、**基準日**に有する株式の数に分割の割合を乗じて得た数の株式を取得する（会184Ⅰ） 　→　発行済株式の総数は増加
株式無償割当て	株式無償割当てを受けた株主は、特に手続をとらなくても**効力発生日**に当該株式の株主となる（会187Ⅰ） 　→　発行済株式の総数は増加の場合あり ▶21

▶20　資本金の額・発行可能株式総数（株式の併合を除く）はいずれも変化なし。

▶21　株主に対して**新たに発行する株式**を割り当てた場合にのみ、発行済株式の総数が増加し、変更登記が必要となる。自己株式のみを割り当てたときは登記事項に変更は生じない。

　4倍ルールの趣旨は、株主総会の決議等による株主の関与のない、既存株主の持株比率の低下の限界を定めることにあるところ、自己株式の消却の場面については、既存株主の持株比率は低下しないので、4倍ルールは適用されません。

07 ☐☐☐　株式会社が**株式の併合**をすることにより株式の数に**1株に満たない端数**が生ずる場合には、反対株主は、株式会社に対し、自己の有する株式のうち1株に満たない**端数となる株式**について、**買取請求**をすることができる。

→**3**「株式買取請求」　○

08 ☐☐☐　**現に2種類の株式を発行している種類株式発行会社**が、株式の**分割と同時に株式の分割の割合に応じた数の範囲内で発行可能株式総数を増加変更**した場合における当該発行可能株式総数の変更登記の申請書には、発行可能株式総数の変更の決議をした**取締役会議事録**を添付すれば足りる。

†

→**4**　×
現に2種類以上の株式を発行しているため不可

09 ☐☐☐　**現に2種類の株式**を発行している種類株式発行会社は、株式の分割と同時に**単元株式数を設定**した場合において、効力発生前後で各株主の有する議決権が減少しないときであっても、単元株式数の設定の登記の申請書に株主総会議事録を添付しなければならない。

†

→**4** cf.　×

10 ☐☐☐　株式会社が株式の**分割**をする場合には、**基準日を設定**しなければならず、当該基準日の**2週間前まで**に株式の分割に関する決定事項を**公告**しなければならない。

→**5**、会124条3項　○
cf. 株式の併合、株式無償割当て

11 ☐☐☐　**種類株式発行会社**が株式無償割当てを行う場合、ある種類の株式を有する株主に対して**別の種類の株式**を割り当てることはできない。

→**5**①　×
cf. 株式の分割は不可

12 ☐☐☐　株式会社が株式の**分割**を行った場合、**自己株式の数**も当然に**増加する**が、株式無償割当てを行った場合には**自己株式の数**は**増加しない**。

→**5**②　○
cf. 株式の併合

3 スクイーズアウトに対する対抗手段 ^{ランク}B

株式の併合により株主の地位を失う作用を利用して、株式会社から少数株主の締め出し（スクイーズアウト）の手段として株式の併合が用いられることがある。そこで、少数株主を保護する観点から、次の権利が認められている。

差止請求	株式の併合が法令又は定款に違反する場合に株主が不利益を受けるおそれがあるときは、株主は、株式会社に対し、当該株式の併合を**やめることを請求**することができる（会182の3）
株式買取請求	株式会社が株式の併合をすることにより株式の数に**1株に満たない端数**が生ずる場合には、反対株主は、**端数となる株式の全部**について、**買取請求**できる（会182の4Ⅰ）

* 上記の規定は、①単元株式数の定めがない場合、又は②単元株式数の定めがある場合であって、単元株式数に株式の併合の割合を乗じて得た数に一に満たない端数が生じる場合に適用される。

4 株式の分割と同時にする発行可能株式総数の増加変更 💬 ^{ランク}A

現に2種類以上の株式を発行していない会社が株式の分割と同時に分割の割合に応じた数の範囲内で発行可能株式総数の増加変更を行う場合においては、例外的に、株主総会決議によらないですることができる（会184Ⅱ）。

ex. 発行可能株式総数を500株と定めている公開会社（現に2種類以上の種類株式を発行している種類株式発行会社を除く）が、1株を10株とする株式の分割を取締役会決議で行った場合、それと同時に発行可能株式総数を5000株に増加する旨の定款の変更を取締役会決議により行うことができる。

cf. 株式の分割と同時にする単元株式数の設定（会191）。

5 株式の分割と株式無償割当ての比較 ○:可・あり ×:不可・なし ^{ランク}A

	株式の分割	株式の無償割当て
① 異なる種類株式の割当ての可否	×	○
② 自己株式の増加	○	×
③ 自己株式の交付	×	○

4の例を挙げると、発行可能株式総数を500株と定めている取締役会設置会社（現に2種類以上の種類株式を発行している種類株式発行会社を除く）が、1株を10株とする株式の分割を取締役会決議で行った場合、それと同時に発行可能株式総数を5000株に増加する旨の定款の変更を取締役会決議により行うことができます。この場合、株式分割と同時に発行可能株式総数を増加させるのであれば、**既存株主の持株比率に変化が生じない**ため、要件が緩和されているのです。

株 式

01 □□□ A種類株式及びB種類株式の2種類の株式を発行している種類株式発行会社の**発行済株式の総数が1000株**である場合において、単元株式数を**A種類株式につき200株、B種類株式につき1株**と定めることはできない。

→**1**　○
本問の場合の1単元は5株が上限となる

02 □□□ 単元株式数の**設定又は増加変更**を行う場合には、株主総会の**特別決議**を経ることを要しない。

→**2**　「設定・増加変更」　×

03 □□□ 単元株式数の**廃止又は減少変更**を行うためには、取締役会設置会社においては**取締役会決議**、取締役会を設置していない株式会社においては**株主総会の普通決議**を要する。

→**2**　「減少変更・廃止」　×

04 □□□ **取締役会設置会社**が**株式の分割と同時**に定款を変更して**単元株式数に関する定め**を設ける場合、単元株式数に関する登記の申請書には取締役会議事録を添付すれば足り、**株主総会議事録を添付する必要はない**。
†

→**2** Ⅰ▶22　×
効力発生後に各株主の議決権の数が減少しないことが必要

05 □□□ 単元株式数を定めている株式会社は、**単元未満株式**について、**定款**において、（①株式の無償割当てを受ける権利を与えない旨、②会社に対して自己の有する単元未満株式を買い取ることを請求する権利を与えない旨、③会社に対し、自己が有する単元未満株式の数と併せて単元株式数となる数の株式を当該単元未満株主に売り渡すように請求することができる旨）を定めることができる。

→**3ⓐ**②　③

06 □□□ 単元株式数を定めている株券発行会社は、単元未満株式につき株券を発行することを要しないが、**定款で定めた場合**には単元未満株式についても**株券を発行することができる**。

→**3ⓑ**②　×
原則として発行が必要

単元株制度の趣旨は、**株主管理コストの削減**にあります。1株しか持たないような株主にも株主総会の議決権を認めて招集通知を出すのは不合理であるため、株式の数が1単元に満たない株主に対しては議決権を認めないとしているのです。

1単元10株にします！

A　5株　→　0単元（0議決権）

B　12株　→　1単元（1議決権）

Ⅷ 単元株制度 💬

1 単元株制度の注意点 (会188条、会施規34条)

ランク A

単元株式数は **1000株を超えることができず**、かつ、**発行済株式の総数の200分の1**を超えることができない。また、種類株式発行会社においては、単元株式数は、株式の種類ごとに定めなければならない。

2 単元株式数の変更等の決議

ランク A

設定・増加変更	減少変更・廃止	
🖎 株主総会の特別決議 (会466、309 Ⅱ⑪) ▶22	取締役会設置会社 ：	🖎 取締役会決議
	非取締役会設置会社：	🖎 取締役の決定

▶22　例外：① **株式の分割と同時に**単元株式数の設定又は増加変更を行う場合で、
　　　　　　② 定款変更後において各株主がそれぞれ有する株式の数を単元株式数で
　　　　　　　除して得た数が、定款変更前において各株主がそれぞれ有する株式の数
　　　　　　　（単元株式数を定めている場合においては、当該株式の数を単元株式数で
　　　　　　　除して得た数）を下回らないとき
　　　　　　　　→ **株主総会の決議によらずに**定款変更可 (会191)。

3 単元未満株主の権利等

ランク B

ⓐ 行使不可

① 議決権　∵ 1単元につき1議決権 (会188 Ⅰ)
② **定款により制限**された権利 (会189 Ⅱ)
　＊ 以下の権利（主に株主の経済的利益に関する権利）については制限不可

【単元未満株主であっても常に行使することができる権利】 (会189条2項)

❶ 全部取得条項付種類株式の取得対価を受領する権利
❷ 取得条項付株式の取得対価を受領する権利　❸ **株式無償割当て**を受ける権利
❹ **単元未満株式の買取請求権**
　cf. 売渡請求権 (会194)：**定款で定めない限り**行使できない権利
❺ 残余財産の分配を受ける権利
❻ その他法務省令で定める権利 (会施規35)
　ex. 定款の閲覧等請求権、株主名簿記載事項を記載した書面の交付等請求権、株主
　　　名簿の閲覧等請求権など

ⓑ 株券の不発行

株券発行会社は、単元未満株式に係る株券を発行しないことができる旨を**定款**で定めることができる (会189 Ⅲ)。

01 □□□　会社法上の**公開会社**において**株主に割当て**を受け
† 　る権利を与えてする募集株式の発行の決議を**株主総会**で
　行った場合、募集株式の発行による変更の登記の申請書
　には**定款**を添付することを要する。

→ 1 **1**「公開会社」　○
参照
会295条2項

02 □□□　会社法上の**公開会社でない**取締役会設置会社におい
† 　て株主以外の**第三者**に対し募集新株予約権を発行する場合
　に、**取締役会**で募集事項の決定をしたときは、取締役会議
　事録に加えて**定款**を添付しなければ、当該募集新株予約権
　の発行による変更の登記を申請することはできない。

→ 1 **1**「非公開会社」　×
「例外」
委任の決議を行った
株主総会議事録が必
要

03 □□□　株式会社が、株主割当ての方法により募集新株予
† 　約権を発行する場合において、募集事項の決定の**決議日**
　と**申込期日**との間に**2週間**以上の期間がないときは、当
　該募集新株予約権の発行による変更登記の申請書には総
　株主の同意を証する書面を添付しなければならない。

→ 1 **2**「株主割当て」　○
公開会社・非公開会
社を問わず、添付が
必要

04 □□□　会社法上の公開会社において第三者割当ての方法
† 　により、払込金額が引受人にとって特に有利な金額でな
　い募集株式の発行の募集事項を定めた場合には、当該募
　集株式の発行による変更登記の申請書には、株主に対し
　て募集事項を**通知又は公告**をしたことを証する書面の添
　付を要する。

→ 1 **2**「第三者割当
て」　×
通知又は公告は必要
だが、添付書面とし
ては不要

05 □□□　会社法上の**公開会社でない**取締役会設置会社にお
† 　いて、株式引受人にとって特に有利な払込金額で募集株
　式を発行した場合、**募集事項の決定の期日と払込期日**と
　の間が10日間であれば、当該募集株式の発行に基づく
　変更登記の申請書には株主全員の同意を証する書面の添
　付を要する。

→ 1 **2**「第三者割当
て」　×

第三者割当てで**有利発行**のために株主総会の特別決議を要する場合、必ずし
もその 🖉 株主総会議事録 が添付されていなくても、**登記は受理**されます。
🖉 取締役会議事録 が添付されていれば足ります（昭30. 6.25民甲1333通）。
なぜなら、登記官が、有利発行かどうかを申請書から判断するのは困難だからです。

1 募集事項の決定（募集株式の発行・募集新株予約権の発行）ランク A

1 募集事項の決定機関 （会199条〜202条、238条〜241条）

		株主割当て ▶1	第三者割当て	
			通常発行	有利発行
公開会社		🖎 取締役会決議	🖎 取締役会決議	原則： 🖎 株主総会の特別決議 例外：株主総会の特別 　　　決議による 🖎 取締役会 への委任 ▶2
非公開会社	原則	🖎 株主総会の特別決議		
	例外	🖎 定款 規定による 🖎 取締役会決議（取締役の決定）	🖎 株主総会の特別決議 による 🖎 取締役会（取締役）への委任 ▶2	

▶1 　**株主全員**に対しその**持株数に応じて**募集株式の割当てを受ける権利を与えること。
　　💡「特定の株主に対する割当て」又は「持株数に応じていない割当て」は第三者割当て
▶2 　当該株主総会決議においては、委任に基づいて募集事項の決定をすることができる
　　募集株式の**数の上限**及び**払込金額の下限**を定めることを要する （会200Ⅰ）。
　　　当該株主総会決議は、**払込期日又は払込期間の末日**（新株予約権：割当日）が当該
　　決議の日から**1年以内**の日である募集についてのみその効力を有する（会200Ⅲ、239Ⅲ）。

2 株主に対する通知等

	第三者割当て （会201Ⅲ、Ⅳ、240Ⅱ、Ⅲ）	株主割当て （会202Ⅳ、241Ⅳ）
必要な場合	公開会社が取締役会の決議により募集事項を定めた場合	常に必要
通知・公告	募集事項を通知又は公告	募集事項等を通知
通知等の時期	払込等の期日（期間を定めたときは、その期間の初日）の2週間前までに ▶3	申込期日の2週間前までに
瑕疵の治癒	募集事項の決定日と**払込期日**（払込期間の初日）との間に2週間の期間がない場合 ▶4	募集事項等の決定日と**申込期日**との間に2週間の期間がない場合
	→ 🖎 期間の短縮に関する総株主の同意書 （商登46Ⅰ、昭41.10.5民甲2875回、昭54.11.6民四5692回）	

▶3 　募集新株予約権の発行の場合は、**割当日の2週間前**である。
▶4 　募集新株予約権の発行の場合は、**募集事項の決定日**と**割当日**との間に2週間の期間
　　がない場合に、🖎 期間の短縮に関する総株主の同意書 の添付が必要となる。

06 □□□　**公開会社でない種類株式発行会社**が第三者割当ての方法により募集株式の発行を行う場合、募集に係る種類株式の種類株主総会による特別決議を経なければならない。

→ 1 **3** 「第三者割当て」　○
定款による排除可

07 □□□　種類株式発行会社が行う**株主割当て**の方法による募集株式の発行がある種類の株主に損害を及ぼすおそれがある場合であっても、当該種類の株式の内容として会社法**第 322 条第 1 項の規定による種類株主総会の決議を要しない旨の定款の定め**があれば、当該種類株主総会決議を経ることなく、定款を添付して変更の登記を申請することができる。

→ 1 **3** 「株主割当て」　×
「例外」 ①
定款の添付は不要

08 □□□　株式会社が株主割当ての方法によって募集株式の発行をする場合において、株主が募集株式の引受けの申込みの**期日までに引受けの申込みをしないとき**は、当該株主は募集株式の割当てを受ける権利を失う。

→ 2 **1** ②　○
新株予約権も同様

09 □□□　**公開会社**が**株主割当て**の方法により募集株式を発行した場合、当該募集株式の発行による変更の登記の申請書には、募集株式の**割当てに関する事項の決定**を証する書面を添付しなければならない。

→ 2 **1** ③参照　×
株主割当ての場合、
割当ての手続はない

10 □□□　株主Ａが 200 株、株主Ｂが 100 株をそれぞれ保有している公開会社において、株主に株式の割当てを受ける権利を与えないでする募集株式の発行により株主でないＣが新たに発行する全部の株式 500 株の割当てを受けた場合において、**Ａが、当該公開会社に反対する旨の通知**をしたときは、**株主総会の決議**によって、募集株式の割当ての承認を受けなければならない。

→ 2 **1** 💬　○

公開会社で募集株式の発行を行う場合は、取締役会決議によって募集事項を定めるが、会社の支配権が異動するような、大規模な募集株式の発行についても取締役会の独断で勝手にできるとすると、既存株主の利益が損なわれます。そこで、支配株主の異動を伴う募集株式の発行については、総株主の議決権の 10 分の 1 以上の議決権を有する株主からの反対がある場合には、✎ 株主総会の特別な普通決議 による承認が必要として、既存株主を関与させる手続が定められています（会 206 の 2 Ⅳ、Ⅴ）。
なお、規制の対象となる**支配株主の異動を伴う募集株式の発行**は、①公開会社が募集株式を発行し、②特定引受人が議決権の過半数を有することになり、③募集株式の引受人が親会社等でなく、④株主割当てでない場合です。

🔳 種類株主総会決議の要否

	株主割当て (会 322 Ⅰ④、⑤、Ⅱ、324 Ⅱ)	第三者割当て (会 199 Ⅳ、200 Ⅳ、238 Ⅳ、239 Ⅳ、324 Ⅱ)
場面	ある種類の株式の種類株主に損害を及ぼすおそれがあるとき	募集する株式の種類（**募集新株予約権の目的である株式**）が**譲渡制限株式**であるとき
原則 (必要)	✄ 種類株主総会の特別決議	「✄ 種類株主総会の特別決議 」 又は 「✄ 株主総会の特別決議 による委任（及び ✄ 種類株主総会の特別決議 による承認）による、✄ 取締役の決定又は取締役会の決議 」
例外 (不要)	① 種類株主総会を不要とする旨の定款規定がある場合 ＊ 当該定款規定は登記事項 ② 当該種類株主総会で議決権を行使できる株主が存しない場合 → 上記①②は添付書面不要	① 種類株主総会を不要とする旨の ✄ 定款 規定がある場合 ＊ 当該定款規定は非登記事項 ② 当該種類株主総会で議決権を行使できる株主が存しない場合 → 添付書面不要

┃**2**┃ 引受けの申込み・割当て（募集株式の発行・募集新株予約権の発行） ﾗﾝｸ A

🔳 手続の流れ

① **募集事項等の通知**（会 203 Ⅰ、242 Ⅰ）

② **引受けの申込み**（会 203 Ⅱ、Ⅲ、242 Ⅱ、Ⅲ）

　　✄ 募集株式の引受けの申込みを証する書面 （商登 56 ①）

　　✄ 募集新株予約権の引受けの申込みを証する書面 （商登 65 ①）

　　株主に割当てを受ける権利を与えた場合には、株主は、引受申込期日までに申込みをしなければ割当てを受ける権利を失う（会 204 Ⅳ、243 Ⅳ）。

③ **割当て**（会 204 Ⅰ、243 Ⅰ）（**2** 参照）💬 ＊ 第三者割当ての場合にのみ必要

　　株式会社は、申込者に割り当てる募集株式の数を、「引き受けようとする募集株式の数」よりも減少することができる（割当自由の原則）。

④ **申込者への通知** ＊ 第三者割当ての場合にのみ必要

　　募集株式の引受けの申込みをした者に対し割当てを行った株式会社は、出資の履行の期日（期間を定めた場合にあっては当該期間の初日）（新株予約権：割当日）の前日までに、申込者に対し、割り当てる募集株式の数を通知しなければならない（会 204 Ⅲ、243 Ⅲ）。

11 □□□　公開会社でない**取締役会設置会社**が第三者割当ての方法により募集新株予約権を発行する場合において、募集新株予約権が譲渡制限新株予約権であるときは、**株主総会の決議**により割当てを受ける者及びその者に割り当てる数を定めなければならない。　　➡ 2 **2**「募集新株予約権の割当て」取締役会決議による　×

12 □□□　**公開会社**が第三者割当ての方法により募集新株予約権を発行する場合において、当該募集新株予約権の目的である株式が**譲渡制限株式**であるときは、割当ての決定は取締役会の決議による必要がある。　　➡ 2 **2**「募集新株予約権の割当て」　○

13 □□□　取締役会設置会社以外の株式会社が第三者割当ての方法により募集株式の発行を行う場合、募集株式の割当ては株主総会の**普通決議**によって行う。　　➡ 2 **2**「非取締役会設置会社」　×

14 □□□　取締役会設置会社でない株式会社が募集株式の発
†　行をする場合において、募集株式を引き受けようとする者が**総数引受契約**を締結するときは、募集株式が**譲渡制限株式**であっても、株式会社は、**株主総会の決議**によって、当該総数引受契約の承認を受ける必要はない。　　➡ 2 **3**　×

15 □□□　設立時募集株式の引受人は、創立総会で**議決権を行使した後**であっても、**株式会社の成立前**であれば強迫を理由として設立時募集株式の引受けの取消しをすることができる。　　➡ 2 **4** 2段目　×

16 □□□　発起人は、株式会社の成立後は、**錯誤**を理由に設立時発行株式の引受けの取消しをすることができない。　　➡ 2 **4** 2段目　○

2 割当ての決議方法 💬

	募集株式の割当て（会204Ⅱ）	募集新株予約権の割当て（会243Ⅱ）
取締役会 設置会社	募集株式が譲渡制限株式： 🔲 取締役会の決議 ▶5 その他の場合：代表取締役等 　→　添付書面不要	募集新株予約権の目的である株式が譲渡制 限株式又は募集新株予約権が譲渡制限新株 予約権：🔲 取締役会の決議 ▶5 その他の場合：代表取締役等 　→　添付書面不要
非取締役会 設置会社	🔲 株主総会の特別決議 ▶5	

▶5　定款に別段（排除も含む）の定め可能（会204Ⅱ但、243Ⅱ柱但）。

3 総数引受契約の場合

　総数引受契約の場合は、11①～④の手続は不要（会205Ⅰ、244Ⅰ）となるが、募集株式が譲渡制限株式の場合、当該契約についての承認決議が必要（上記2と同一の機関による）となり、下記書面とあわせて、上記2の添付書類が必要となる（会205Ⅱ、244Ⅲ）。

🔲 募集株式の総数の引受けの契約を証する書面

🔲 募集新株予約権の総数の引受けの契約を証する書面

4 株式引受けに関する無効主張等の制限（募集株式の発行）

	募集株式の発行 （会211）	設立時の株式の発行 （会51、102Ⅴ、Ⅵ）
民法93条1項ただし書（心裡留保） 民法94条1項（虚偽表示）	最初から適用なし	
民法95条（錯誤） 民法96条（詐欺・強迫）が適用されない場面	**株主となった日から1 年を経過した後** 又は **株式について権利を行使した後**	発起人：**会社の成立後** 設立時募集株式の引受人： **会社の成立後**　又は **創立総会等で議決権の行使後**

譲渡制限株式の割当ての場面において決議が要求されているのは、**譲渡制限株式の割当て**と**譲渡制限株式の譲渡**を同視して譲渡制限株式の譲渡（正確にいえば会社の指定した者に譲渡制限株式を交付するため、**指定買取人の指定**）があった場合と同様に承認を必要としたためです。

17 □□□ 　募集株式の引受人が金銭による払込みをした場合
† は、募集株式の発行による変更登記の申請書には、払込みがあったことを証する書面の添付が必要だが、**現物出資による払込みを行う場合**、給付を証する書面の添付は不要である。

➡ 3 **1** 参照
cf. 募集設立
→払込金保管証明書の添付が必要 ○

18 □□□ 　株式会社が**株主割当ての方法**により募集株式又は募集新株予約権を発行する場合、当該株式会社は、**自己株式**について割当てを受けることができない。

➡ 3 **1** 「自己株式・自己新株予約権」 ○

19 □□□ 　募集株式の引受人が払込みをする債務と自己の会
† 社に対する金銭債権とを**相殺する旨の意思表示**をした場合には、申請書に当該金銭債権の存在を証する書面を添付すれば、募集株式の発行による変更の登記を申請することができる。

➡ 3 **1** 「引受人からの相殺」 ✕

20 □□□ 　(①募集株式の引受人が、金銭以外の財産を出資の目的とする場合、②募集新株予約権の引受人が募集新株予約権と引換えにする金銭の払込みに代えて金銭以外の財産の給付をする場合)には、当該財産に関して、裁判所の選任に係る**検査役の調査**を受ける必要はない。

➡ 3 **1** 「現物出資」
原則として①は必要
(会 207 Ⅰ、Ⅸ) ②

21 □□□ 　募集株式の発行に係る**出資の目的が金銭**である場
† 合において、その**全額を資本金の額に計上**するときは、当該登記の申請書には、資本金の額が会社法及び会社計算規則の規定に従って計上されたことを証する書面を添付しなければならない。

➡ 3 **1** 「資本金の増加」
cf. 設立：金銭出資のみの場合は、当該書面の添付不要 ○

22 □□□ 　株式会社が募集新株予約権を有償で発行する場合において、**払込期日を定めなかったとき**は、新株予約権者は、新株予約権を**行使することができる期間の初日の前日**までに払込みをしなければ、当該新株予約権を行使することができない。

➡ 3 **2** ○

23 □□□ 　募集新株予約権と引換えにする金銭の払込みの期
† 日を定めた場合において、当該金銭の払込みがされて募集新株予約権が発行されたときは、募集新株予約権の発行による変更の登記の申請書には、当該期日が当該募集新株予約権の**割当日より前の日**であるときに限り、当該**払込みがあったことを証する書面**を添付しなければならない。

➡ 3 **2** ○

3 出資の履行等 ランク A

1 募集株式の発行、募集新株予約権の発行、新株予約権の行使の比較

	募集株式の発行	募集新株予約権の発行	新株予約権の行使
払込期日の定め	必 要	不 要（任意）	―
払込み又は給付がない場合	引受人は当然に失権 cf. 設立時の発起人	2参照	―
自己株式・自己新株予約権	自己株式に割当て**不可**	自己株式に割当て不可	自己新株予約権の行使不可
引受人からの相殺	**不 可** cf. 会社側からは可	会社の承諾を得れば**可**	**不 可** cf. 会社側からは可
現物出資	可（原則として**検査役の調査必要**）	可 （**検査役の調査不要**）	可（原則として検査役の調査必要）
資本金の増加	増加する場合がある → 💮 資本金の計上証明書	増加しない	増加する場合がある→ 💮 資本金の計上証明書 ▶6

▶6　新株予約権の内容において資本金として計上しない額を定めた場合（会236Ⅰ⑤、238Ⅰ等参照）は、募集新株予約権の募集事項の決定機関に応じて、💮 株主総会議事録 、💮 取締役会議事録 又は💮 取締役が決定したことを証する書面 等（＋💮 定款 の場合あり）を添付する必要がある。

2 募集新株予約権に係る払込み （会246条1項）

┌ 無償発行
└ 有償発行
 ├ 払込期日の定めなし：新株予約権の**行使可能期間の初日の前日**までに払い込む必要あり
 ∵　払込みがあったか否かにかかわらず、新株予約権の割当てを受けた申込者又はその総数を引き受けた者は割当日において新株予約権者となる（会245Ⅰ）が、払込みをしない限り、当該新株予約権の行使はできない。
 └ 払込期日の定めあり：**払込期日**までに払い込む必要あり。
  → 💮 払込みがあったことを証する書面 （払込期日が割当日より前の場合）

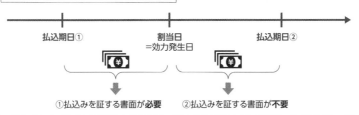

24 □□□　**新株予約権の行使により株式を発行**する場合における当該新株予約権の発行に係る募集事項として定められた**現物出資財産の価額の総額が500万円**であるときは、新株予約権の行使による変更の登記の申請書には、**検査役の調査報告を記載した書面及び附属書類**を添付することを要しない。

→**4** 例外②
添付書面は不要

○

25 □□□　**現物出資財産が不動産**である場合において、**税理士及び不動産鑑定士**が証明等を行ったため当該現物出資財産について検査役の調査を省略したときの募集株式の発行による変更の登記の申請書には、**税理士の証明書及び不動産鑑定士の鑑定書**に加え、両者の**資格証明書**も添付する必要がある。

→**4** 例外④ cf.
資格証明書の添付は
不要

×

26 □□□　**現物出資**をする株式引受人が引き受ける株式の総数が**発行済株式の総数の10分の1を超える**場合には、現物出資財産が募集株式の発行を行う**株式会社に対する弁済期の到来した金銭債権**であって、当該金銭債権について定められた価額が当該金銭債権に係る**負債の帳簿価額を超えない**ときであっても、登記の申請書には**検査役の調査報告書**を添付しなければならない。

→**4** 例外①⑤
会 207 条 9 項
①〜⑤のいずれか 1
つに該当すれば、検
査役の調査不要

×

27 □□□　募集株式の引受けの申込者は、株式会社が払込期間を定めた場合には**当該期間の末日**に当該株式会社の株主となるが、募集新株予約権の引受けの申込者は、**割当日**に新株予約権者となる。

→**5** 「効力発生日」
募集株式について、
誤り

×

28 □□□　**新株予約権の行使による変更の登記**の申請は、新株予約権の**行使の日から**2 週間以内に当該株式会社の本店の所在地においてしなければならない。

→**5** 「登記期間の起
算日」

×

①②は現物出資財産の**規模が小さい**ことから、③④⑤は価額の妥当性が**客観的に担保**されていることから、検査役の調査は不要とされています。

▌**4** 現物出資における手続（募集株式の発行・新株予約権の行使）〔ランク〕**A**

原則：検査役の調査必要 → 📄 検査役の調査報告を記載した書面及びその附属書類

　　　　裁判所が現物出資財産の価額を変更決定した場合 → 📄 検査役の報告に関する裁
　　　　判の謄本 　cf. 募集新株予約権の発行においては、検査役の調査不要。

例外：以下の①〜⑤のいずれかに該当すれば、下記現物出資財産の額に関して検査役の
　　　　調査は不要（会 207 Ⅸ①〜⑤、284 Ⅸ①〜⑤）。

実 体 💬	添付書類（商登 56）
①　募集株式の引受人に割り当てる株式の**総数**（**新株予約権の行使：行使した新株予約権1個につき新株予約権者が交付を受ける株式の総数**）が発行済株式の総数の 10 分の 1 を超えない場合	不　　要
②　現物出資財産について定められた価額の**総額**が 500 万円を超えない場合	不　　要
③　現物出資財産のうち、市場価格のある有価証券について定められた価額が当該有価証券の市場価格として法務省令（会施規43、59）で定める方法により算定されるものを超えない場合	有価証券の市場価格を証する書面
④　現物出資財産について定められた価額が相当であることについて、弁護士、弁護士法人、公認会計士、監査法人、税理士、税理士法人等の証明（現物出資財産が不動産である場合にあっては、当該証明及び不動産鑑定士の鑑定評価）を受けた場合	弁護士等の証明書及びその附属書類（不動産鑑定士の鑑定評価を記載した書面） cf. 資格証明書は**不要**
⑤　現物出資財産が**会社に対する**金銭債権（**弁済期が到来しているもの**）であって、当該金銭債権について定められた価額が当該金銭債権に係る負債の帳簿価額を超えない場合	金銭債権について記載された会計帳簿

▌**5** 効力発生・登記期間の起算日 〔ランク〕**B**

	募集株式の発行	募集新株予約権の発行	新株予約権の行使
効力発生日	引受人は、払込期日を定めた場合には当該**期日**に、払込期間を定めた場合には**出資の履行をした日**に募集株式の株主となる	引受人は**割当日**に新株予約権を取得する	新株予約権者は、当該新株予約権を**行使した日**に、当該新株予約権の目的である株式の株主となる
登記期間の起算日	払込期日を定めた場合：当該**期日** 払込期間を定めた場合： 　　　　当該**期間の末日**も可	割当日	当該新株予約権が**行使された月の末日**も可

29 □□□　株式会社が払込期日を定めて募集株式の発行を
†　行った場合において、募集株式の引受人が生じた後に**払込期日を延期**したとき又は払込期日前に全額についての**出資の履行が完了**したために**払込期日を繰り上げた**ときは、当該募集株式の発行による変更の登記の申請書には、**株式引受人全員の同意書**を添付しなければならない。

➡6**1**①② ✕
払込み完了後の繰上げの場合は引受人全員の同意書不要

30 □□□　発行可能株式総数を超える募集株式の発行の決定
†　をしたとしても、払込期日又は払込期間の末日までに**発行可能株式総数の増加変更決議**をすれば、当該発行による変更登記を申請することができる。

➡6**1**③ ◯

31 □□□　株主総会において株式の譲渡制限に関する定款の
†　定めを設定する決議をした後、当該設定の効力が生じるまでの間に取締役会の決議により募集株式の発行の決議が行われ、当該発行の効力が生じた場合、株式の譲渡制限に関する設定の登記の申請はすることができる。

➡6**1**④ ✕

32 □□□　(①公開会社において、**取締役会の決議を経ないで**、代表取締役がした新株発行、②**新株発行差止めの仮処分**が出されたのに、それに違反してされた新株発行、③定款所定の**発行可能株式総数を超過**した新株発行、④**株主総会決議を欠く**第三者に対する有利発行)は、無効となる。

➡6**2** ②③

33 □□□　株主に対する**新株発行事項の通知又は公告**を欠いても、当該募集株式の発行につき**差止事由がない**場合には、新株発行の無効の訴えを提起することはできない。

➡6**2**「無効原因」 ◯
②*

1④の事例の局面において、このような譲渡制限に関する規定の設定を認めると、引受人は、譲渡制限に関する規定のない株式だと思って出資したにもかかわらず、株主になってすぐに株式の譲渡が制限されてしまうことになり、**株式の引受人に不測の損害**を与えるおそれがあるため(下図参照)、これをすることはできないとされているのです。

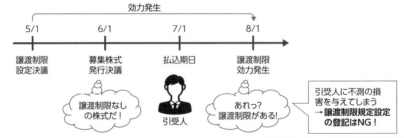

6 募集株式の発行に関する重要先例等 ランク A

1 募集株式の発行に関する重要先例等

① 募集株式の引受人が生じた後に払込期日を延期した場合 （昭 40. 1.13 民甲 79 回）

→ ✎ 募集事項の決議機関の払込期日を延期する旨の議事録 ＋ ✎ 株式引受人全員の同意書

② 払込期日前に全額についての出資の履行を完了した場合 （昭 37.6.13 民甲 1563 回）

→ ✎ 募集事項の決議機関の払込期日を繰り上げる旨の議事録

③ 発行可能株式総数を超える募集株式の発行の決定をしたとしても、払込期日又は払込期間の末日までに発行可能株式総数の増加変更決議をすれば、当該発行による変更登記申請を受理して差し支えない （昭 32. 6.27 民甲 1248 回）。

④ 株式の譲渡制限に関する規定を設定する定款変更決議後、株式の譲渡制限に関する規定の設定の効力発生までの間に募集株式の決議を行い、その効力が生じている場合には、募集株式の発行による変更の登記は受理されるが、株式の譲渡制限に関する規定の設定の登記の申請は却下される （昭 51. 3.18 民四 2157 回、ハンドブック p242）。💬

⑤ 株式の譲渡制限に関する規定の設定に係る株主総会後、募集株式の募集決議を行い、株式譲渡制限規定の設定の効力の発生後に増資の効力が生じた場合には、株式譲渡制限規定の設定による変更登記は受理されるが、株式申込人に株式譲渡制限に係る事項が通知されていない限り （会 203 Ⅰ ④、施規 41）、募集株式の発行による変更の登記は受理されないと解されている （ハンドブック p242）。

2 新株発行の無効原因

無効原因	① 定款所定の発行可能株式総数を超過した新株発行 （東京地判昭 31. 6.13） ② 新株発行事項の通知・公告 （会 201 Ⅲ、Ⅳ） を欠いた場合 （最判平 9. 1.28） 　　＊ ただし、**通知・公告を欠いても、差止事由がなかったとき**は、無効の結果を認める必要がなく、無効原因とならない （同判例） ③ **新株発行差止めの仮処分**が出されたのに、それに違反して新株発行が強行された場合 （最判平 5.12.16）
無効原因ではない	① 公開会社における**取締役会の決議を経ないで**、代表取締役がした新株発行 （最判昭 36. 3.31） ② 株主総会決議を欠く株主割当てでない方法でされた第三者に対する有利発行 （最判昭 46. 7.16） ③ 著しく不公正な方法による新株発行 （最判平 6. 7.14）

01 □□□ 株式会社が新株予約権の発行に際し、**新株予約権証券**を発行することとしたときであっても、株券を発行する場合と異なり、その旨を**定款に定める必要はない**。

➡ 1 「新株予約権証券の発行」　○

02 □□□ **無記名式**の新株予約権証券が発行されている株式会社の新株予約権者が自己の新株予約権を他人に譲渡した場合、譲渡の意思表示に加えて当該**新株予約権証券を交付**すれば、新株予約権の譲渡を**株式会社及び第三者に対抗**することができる。

➡ 2 **1** 「対抗要件」　○

03 □□□ 新株予約権付社債に付された**新株予約権のみの譲渡**も、新株予約権付社債についての**社債のみの譲渡**もすることができないが、新株予約権付社債についての社債が**消滅したとき**は、新株予約権のみの譲渡をすることが可能である。

➡ 2 **2** 「新株予約権付社債」　○

04 □□□ 新株予約権付社債に付された新株予約権の数は、その新株予約権付社債についての**社債の金額ごとに均等に定める**必要がある。

会 236 条 2 項　○

05 □□□ **譲渡制限新株予約権**の新株予約権者は、その有する新株予約権を当該株式会社以外の者に譲り渡そうとするときは、当該株式会社に対し、**承認をするか否かの決定**を請求することができる。

➡ 2 **2** 「譲渡制限新株予約権」、会 262 条　○

06 □□□ 譲渡制限新株予約権の譲渡等承認請求について、会社が承認をしない場合には、当該会社又は指定買受人が当該新株予約権を**買い取らなければならない**。

➡ 2 **2** 「譲渡制限新株予約権」 　×

1 新株予約権証券

新株予約権証券の発行		**新株予約権ごとに発行するか否かを決定**（会 236 Ⅰ ⑩） cf. 株券の発行は定款に定める必要がある
新株予約権 の種類	無記名式	新株予約権原簿に新株予約権者の氏名又は名称が記載又は記録 されないもの（会 249 ①、②）
	記名式	新株予約権原簿に新株予約権者の氏名又は名称を記載又は記録 するもの（会 249 ③）

2 新株予約権の譲渡等

1 譲渡の方法と対抗要件（会 255 条、257 条）

		証券不発行	証券発行	
			記名式	無記名式
譲渡の方法		当事者の 意思表示	当事者の意思表示 ＋ 証券の交付	当事者の意思表示 ＋ 証券の交付
対抗要件	会　社	名義書換	**名義書換**	**証券の交付**
	第三者	名義書換	証券の交付	証券の交付

＊「名義書換」とは、新株予約権原簿の名義書換を指す。

2 譲渡の制限等

新株予約権付社債	原則	新株予約権又は社債の片方のみの譲渡不可（会 254 Ⅱ本、Ⅲ本） ∵　新株予約権と社債の一体性が要求されている
	例外	**新株予約権のみの譲渡可**：新株予約権付社債の社債が消滅したとき （会 254 Ⅱ但） **社債のみの譲渡可**：新株予約権付社債の新株予約権が消滅したとき （会 254 Ⅲ但）
譲渡制限 新株予約権		新株予約権の発行に際して、その新株予約権の譲渡につき、**会社の 承認を要する旨を定めることができる**（会 236 Ⅰ ⑥）

譲渡制限新株予約権の譲渡の際の承認手続等は、譲渡制限株式の譲渡の場合と同様ですが（会 262 ～ 266）、新株予約権の場合は、株式会社又は指定買取人による買取制度はありません。なぜなら、新株予約権の行使後に株式の譲渡手続があるからです。

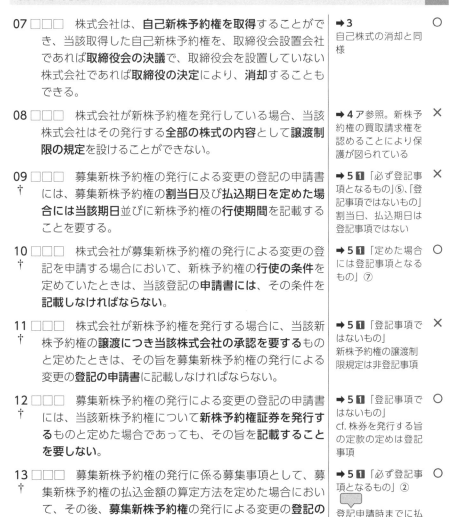

07 □□□ 株式会社は、**自己新株予約権を取得**することができ、当該取得した自己新株予約権を、取締役会設置会社であれば**取締役会の決議**で、取締役会を設置していない株式会社であれば**取締役の決定**により、**消却**することもできる。

→ **3**
自己株式の消却と同様

○

08 □□□ 株式会社が新株予約権を発行している場合、当該株式会社はその発行する**全部の株式の内容**として**譲渡制限の規定**を設けることができない。

→ **4**ア参照。新株予約権の買取請求権を認めることにより保護が図られている

×

09 □□□† 募集新株予約権の発行による変更の登記の申請書には、募集新株予約権の**割当日及び払込期日を定めた場合には当該期日**並びに新株予約権の**行使期間**を記載することを要する。

→ **5 1**「必ず登記事項となるもの」⑤、「登記事項ではないもの」割当日、払込期日は登記事項ではない

×

10 □□□† 株式会社が募集新株予約権の発行による変更の登記を申請する場合において、新株予約権の**行使の条件**を定めていたときは、当該登記の**申請書には**、その条件を**記載しなければならない**。

→ **5 1**「定めた場合には登記事項となるもの」⑦

○

11 □□□† 株式会社が新株予約権を発行する場合に、当該新株予約権の**譲渡につき当該株式会社の承認を要する**ものと定めたときは、その旨を募集新株予約権の発行による変更の**登記の申請書**に記載しなければならない。

→ **5 1**「登記事項ではないもの」新株予約権の譲渡制限規定は非登記事項

×

12 □□□† 募集新株予約権の発行による変更の登記の申請書には、当該新株予約権について**新株予約権証券を発行する**ものと定めた場合であっても、その旨を**記載すること**を**要しない**。

→ **5 1**「登記事項ではないもの」cf. 株券を発行する旨の定款の定めは登記事項

○

13 □□□† 募集新株予約権の発行に係る募集事項として、募集新株予約権の払込金額の算定方法を定めた場合において、その後、**募集新株予約権**の発行による変更の**登記の申請の時までに**募集新株予約権の具体的な**払込金額が確定**したときは、募集新株予約権の発行による変更の登記の申請書には、登記すべき事項として、募集新株予約権の**払込金額の算定方法**を記載する必要はない。

→ **5 1**「必ず登記事項となるもの」②
登記申請時までに払込金額が確定していないときを除き、払込金額を登記する

○

新株予約権の募集事項の決定にあたって、その払込金額の算定方法を定めた場合に、登記申請時までに**払込金額が確定**しているときは、**払込金額**を登記すれば足ります（会911 Ⅲ⑫ヘ・238 Ⅰ③）。払込金額の算定方法について詳細な数式等の登記を要求すると、煩雑となり申請人の負担になるため、原則として払込金額を書かせるようにしているのです。

3 自己新株予約権

　株式会社は、自己新株予約権を取得可。自己新株予約権の消却も可（会276Ⅰ前）。手続は自己株式の消却と同様（会276Ⅱ、178Ⅱ）。
　cf. 自己株式の取得（会155）のような規制はない。

4 新株予約権の買取請求が認められる場合

ア　株式の内容の変更
　すべての株式又は種類株式の内容として譲渡制限規定を設定する場合、全部取得条項付種類株式の定めを設定する場合（会118Ⅰ）に認められる。

イ　組織再編行為
　株式会社から持分会社へ組織変更を行う場合（会777Ⅰ）、吸収型・新設型再編を行う場合の消滅会社等に一定の場合に認められる（会787Ⅰ、808Ⅰ）。

5 新株予約権に関する登記

1 登記事項 （会911条3項12号）

必ず登記事項となるもの	① 新株予約権の数 ② 新株予約権の目的である**株式の数**（種類株式発行会社では株式の種類及び種類ごとの数）又はその数の算定方法 ③ 募集新株予約権の払込金額若しくはその算定方法又は払込みを要しないこととする場合には、その旨 ④ 新株予約権の行使に際して**出資される財産の価額**又はその算定方法 ⑤ 新株予約権の**行使期間**
定めた場合には登記事項となるもの	⑥ 新株予約権の行使に際して**現物出資**をする場合には、その旨並びに財産の内容及び価額 ⑦ 新株予約権の**行使条件**を定めた場合には、その条件 ⑧ **取得条項付新株予約権**を発行する場合には、会社法236条1項7号の事項
登記事項ではないもの	・新株予約権の行使により株式を発行する場合における増加する資本金及び資本準備金に関する事項 ・譲渡による新株予約権の取得について**株式会社の承認を要する**こととするときは、その旨 ・新株予約権に係る**新株予約権証券を発行**することとするときは、その旨 ・募集新株予約権の割当日 ▶1 ・募集新株予約権と引換えにする金銭の払込みの期日を定めるときは、その期日

▶1　発行年月日として登記されることになる。

14 □□□　株式会社は、**自己新株予約権を行使**して、新株予　→ 5 **2 a** ▶ 2　✕
† 　約権の行使による変更の登記を申請することができる。

15 □□□　株式会社は自己新株予約権の全部又は一部を**消却**　→ 5 **2 b**　✕
† 　することができるが、当該消却による変更の登記の申請　取締役会設置会社以
　書には、取締役会設置会社であれば**取締役会議事録**、そ　外の会社では取締役
　れ以外の株式会社であれば**株主総会議事録**を添付するこ　の過半数の一致を証
　とを要する。　　する書面でよい
　　株主総会決議は不要
　　cf. 自己株式の消却も
　　同様

16 □□□　新株予約権者がその有する**新株予約権を行使する**　→ 5 **3**「登記の申請　〇
　ことができなくなったときは、当該新株予約権は消滅す　場面」
　る。

17 □□□　株式会社が新株予約権の**行使期間満了による消滅**　→ 5 **3**「添付書面」　✕
† 　**の登記**を申請する場合において、当該登記の申請書には、　委任状を除き、添付
　行使期間が経過したことを証する書面を添付することを　書面は不要
　要する。

2 自己新株予約権の消却による変更登記 ▶2

ⓐ 登記すべき事項

一部消却の場合	① 変更した旨及びその年月日 ② 新株予約権の数 ③ 新株予約権の目的である株式の数 （種類株式発行会社にあっては、株式の種類及び種類ごとの数）
全部消却の場合	新株予約権の全部を消却した旨及びその年月日を、「○年○月○日第○回新株予約権全部消却」の要領で記載

▶2　自己新株予約権の取得はできるが、行使はできない（会 280 Ⅵ）。

ⓑ 添付書面（自己株式の消却との比較）

	自己新株予約権の消却	自己株式の消却
取締役会設置会社	取締役会議事録	取締役会議事録
非取締役会設置会社	取締役の過半数の一致証明書	取締役の過半数の一致証明書

3 新株予約権の行使期間の満了による消滅の登記

登記の申請場面	新株予約権の内容として定められた行使期間（会 236 Ⅰ④）が満了した場合 →　当該新株予約権は行使することができなくなり消滅する（会 287）
登記の事由	「新株予約権の行使期間満了」
登記原因日付	新株予約権の行使期間の満了日の翌日
添付書面	代理人によって申請する場合の委任状（商登 18）を除き、添付書面は不要

新株予約権の行使期間の満了の立証が不要とされているのは、新株予約権の行使期間は登記事項とされており、行使期間の満了の事実は**登記記録から明らか**だからです。

01 □□□　**監査役会設置会社**は、会計監査人を置かなければ　→**3**「会計監査人」　×
ならない。

02 □□□　**大会社以外の会社**には、会計監査人の設置義務は　→**3**「会計監査人」　×
ない。

03 □□□　**監査役会の設置が義務付けられている会社**はない。　→**3**「監査役会」　×

04 □□□　**指名委員会等設置会社**においては、監査役を置く　→**3** ▶1　○
ことはできない。

05 □□□　**公開会社**においては、監査等委員会設置会社又は　→ 💬②③　○
指名委員会等設置会社である場合を除いて、監査役を置
かなければならない。

06 □□□　**会社法上の公開会社でない取締役会設置会社**は、　→ 💬③　×
常に監査役を置かなければならない。

07 □□□　**監査等委員会設置会社又は指名委員会等設置会社**　→ 💬⑤　○
以外の大会社は、監査役を置かなければならない。

機関設計の要点は、次のとおりです。
①　すべての株式会社には、株主総会と取締役を置かなければならない（会
296、326 Ⅰ）。
②　**公開会社・監査役会設置会社**・監査等委員会設置会社・指名委員会等設置
会社は、**取締役会**を置かなければならない（会 327 Ⅰ）。
③　**取締役会設置会社**は、**監査役**を置かなければならない（㊙委会社、㊙会社
を除く）。ただし、**非公開会社である会計参与設置会社**については、その必
要はない（会 327 Ⅱ）。
④　監査等委員会設置会社・指名委員会等設置会社は、監査役を置くことがで
きない（会 327 Ⅳ）。
⑤　**会計監査人設置会社**は、**監査役**を置かなければならない（㊙委会社、㊙会
社を除く）（会 327 Ⅲ）。
⑥　公開会社である大会社（**公開大会社**）は、監査役会及び会計監査人を置か
なければならない（㊙委会社、㊙会社を除く）（会 328 Ⅰ）。
⑦　監査等委員会設置会社・指名委員会等設置会社・大会社は、**会計監査人**を
置かなければならない（会 327 Ⅴ、328 Ⅰ、Ⅱ）。

Ⅰ 機関設計総論

1 常設機関

株主総会・取締役はすべての株式会社に設置義務あり（会 296 Ⅰ、326 Ⅰ参照）。

2 機関設計の柔軟性

1の常設機関以外の機関については、下記**3**の設置義務に反しない限り、定款の定めによって、取締役会、会計参与、監査役、監査役会、会計監査人、監査等委員会、指名委員会等を、任意に置くことができる（会 326 Ⅱ）。

3 会社形態や規模による設置義務に関するまとめ 💬

設置義務がある機関	会社形態
取締役会 （会 327 Ⅰ）	① 公開会社 ② 監査役会設置会社 ③ 監査等委員会設置会社 ④ 指名委員会等設置会社
監査役 （会 327 Ⅱ、Ⅲ、Ⅳ）	① 取締役会設置会社（㊙委会社又は㊳会社を除く▶1） 　＊ **非公開会社である会計参与設置会社**では監査役の設置不要 ② 会計監査人設置会社（㊙委会社又は㊳会社を除く▶1）
会計監査人 （会 327 Ⅴ、328）	① 監査等委員会設置会社 ② 指名委員会等設置会社 ③ 大会社
監査役会 （会 328 Ⅰ）	公開会社である大会社（㊙委会社又は㊳会社を除く▶1）
会計参与	な　し

▶1 「監査役（監査役会）を置かなければならない」という出題への対応
　→　監査等委員会設置会社又は指名委員会等設置会社であるか否かの検討を要する（両会社には監査役を置くことができないため）。

01 □□□　株主総会は、**取締役会設置会社以外の会社**においては株式会社に関する**一切の事項**について決議をする権限を有するが、**取締役会設置会社**においては会社法に規定されている事項についてのみ決議をする権限を有する。

➡ 1 **1** 「取締役会設置会社」
定款で定めた事項も決議する権限がある ✕

02 □□□　取締役会設置会社以外の株式会社は、定款で定めることによって、**取締役の過半数の決定**で**株式の分割**をすることができる。

➡ 1 **1** 「権限の移譲」
取締役会設置会社以外の会社における株式分割は株主総会で決議しなければならない（会183Ⅱ）。本問のような定款の定めは効力を有しない ✕

03 □□□　種類株式発行会社が株式の分割をする場合において、ある種類の株式の種類株主に損害を及ぼすおそれがあるときは、**必ず**、当該種類の株式の種類株主を構成員とする**種類株主総会の決議**が必要となる。

➡ 1 **2** 「例外」①② ✕

04 □□□　種類株式発行会社は、ある種類の株式の内容として、当該種類の株式の種類株主に損害を及ぼすおそれがあるときでも種類株主総会の決議を要しない旨を定款で定めることができるが、既に株式を発行している種類株式に関して当該定めを設けようとするときは、当該種類株式に係る種類株主総会の**特別決議**を経ることを要する。

➡ 1 **2** 「例外」▶2
種類株主全員の同意が必要 ✕

取締役会を設置することにより、株式会社の所有と経営の分離は一層進められます。株主が有している経営権限を株主総会から取締役会に移譲することが、株主総会の権限等に影響する点を意識して学習しましょう。

Ⅱ 株主総会と取締役会

1 株主総会 〔ランク B〕

1 権　限 💬

		権　限	権限の移譲（制限）
非公開会社	非取締役会設置会社	株主総会は、会社法に規定する事項及び株式会社の組織、運営、管理その他株式会社に関する**一切の事項**について決議をすることができる（会295 Ⅰ）	会社法の規定により**株主総会の決議を必要とする**事項について、取締役、執行役、取締役会その他の**株主総会以外の機関が**決定することができることを内容とする定款の定めは、その効力を有しない（会295 Ⅲ）
公開会社	取締役会設置会社	株主総会は、**会社法に規定する事項及び定款で定めた事項に限り**、決議をすることができる（会295 Ⅱ）	

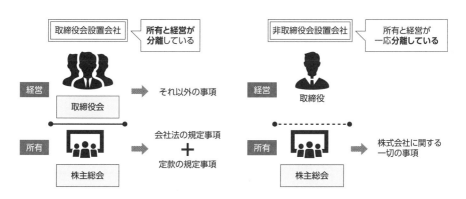

2 法定種類株主総会

原　則	会社が会社法 322 条 1 項各号（大きく、株式・新株予約権・組織再編に分けることができる）の行為をする場合において、ある種類の株式の種類株主に損害を及ぼすおそれがあるときは、当該種類の株式の種類株主を構成員とする種類株主総会の決議がなければ、その効力を有しない（会322 Ⅰ柱本）
例　外	①　当該種類株主総会において議決権を行使することができる種類株主が存しない場合は、種類株主総会の決議は不要（会322 Ⅰ柱但） ②　ある種類の株式の内容として、法定種類株主総会の決議を要しない旨を定款で定めることができる（会322 Ⅱ）▶2

▶2　当該定款規定の設定は、種類株式発行後であれば、当該種類株主全員の同意を要する（会322 Ⅳ）。

05 □□□　**会社法上の公開会社でない取締役会設置会社**にお
いて、**総株主の議決権の 100 分の 1 以上**の議決権を有し
ている株主は、取締役に対し、株主総会の日の **8 週間前**
までに、当該株主が議決権を行使することができる一定
の事項を株主総会の目的とすることを請求することがで
きる。

→ 1 **3** 「議題提案権」　○
「要件」「保有株式数」
「取締役会設置会社」

06 □□□　株主は、株主総会において、当該株主が議決権を
行使することができる事項であって、かつ株主総会の目
的である事項について、原則として議案を提出すること
ができるが、当該議案が**総株主の議決権の 10 分の 1 以
上**の賛成を得られなかった日から **3 年**を経過していない
場合には、提出することができない。

→ 1 **3** 「議案提案権」　○
「要件」「請求するた
めの要件」

07 □□□　**取締役会設置会社でない**株式会社の株主は、取締
役に対し、株主総会の目的である事項につき自らが提出
しようとする **10 個を超える議案**の要領を他の株主に通
知することを請求することができない。

→ 1 **3** 　　　　　　　×
非取締役会設置会社
なので制限なし

08 □□□　取締役会設置会社においては、**支配人**は、取締役
会の決議によらずに**代表取締役の決定**により選任するこ
とができる場合があるが、**代表取締役は、取締役会の決
議**により選定しなければならない。

→ 2 **1** ③　　　　　　×
支配人の選任は代表
取締役に委任できな
い

09 □□□　取締役会設置会社は、取締役の員数が **6 人以上**で
あって、かつ、そのうちの**過半数が社外取締役**である場
合に限って、重要な財産の処分及び譲受けについて、あ
らかじめ選定した **3 人以上**の取締役のうち、議決に加わ
ることができる者の過半数が出席し、その過半数をもっ
て行うことができる旨を定めることができる。

→ 2 **2** 　　　　　　　×
社外取締役は 1 人以
上でよい

取締役会設置会社では、議案要領通知請求権（会 305 Ⅰ）に基づき各株主が
提出することができる議案の数は、10 に制限されます（会 305 Ⅳ）。すなわち、
10 を超える議案が 1 人の株主から提出された場合には、株式会社は、提出さ
れた議案のうち、10 を超えるものについては、拒絶することができます。こ
れは、株主提案権の濫用的な行使を制限する趣旨です。

3 株主提案権 (会303条)

権利の内容			議題提案権	議案要領通知請求権 💬	議案提案権
権利の内容			一定の事項を株主総会の目的とすることを請求すること	株主総会の目的の事項につき株主が提出しようとする議案の要領を他の株主に通知するよう請求すること	株主総会において、株主総会の目的である事項につき議案を提出すること
要件	保有株式数	非取締役会設置会社	— （単独株主権）		— （単独株主権）
		取締役会設置会社	総株主の議決権の100分の1以上の議決権又は300個以上の議決権を有する株主 ▶3		
	行使時期	非取締役会設置会社	— （いつでも）	株主総会の日の8週間前まで	株主総会において行使
		取締役会設置会社	株主総会の日の8週間前まで		
	請求するための条件		な　し	① 議案が法令又は定款に違反しないこと ② 実質的に同一の議案につき株主総会において総株主の議決権の10分の1以上の賛成を得られなかったときには、当該賛成を得られなかった日から3年を経過していること	

▶3　公開会社においては、6か月前から引き続き有することも要件となる。

2 取締役会

ランク **B**

1 主な専権事項 (取締役にその決定を委任することができない主な事項、会362条4項)

① 重要な財産の処分及び譲受け
② 多額の借財
③ **支配人**その他の重要な使用人の選任及び解任
④ 支店その他の重要な組織の設置、変更及び廃止

2 特別取締役の議決の定め (会373条1項)

　取締役が**6人以上**で、取締役のうち**1人以上**が**社外取締役**である要件を満たす取締役会設置会社（㊙会社を除く）においては、上記**1**①②についての取締役会の決議は、予め選定した3人以上の特別取締役のうち議決に加わることができる者の過半数 ▶4 が出席し、その過半数 ▶4 をもって行うことができる旨を定めることができる（㊙委員会において、重要な業務執行の決定を取締役に委任している場合を除く）。

▶4　これを上回る割合を取締役会で定めることができる。

10 □□□　**取締役会設置会社**においては、取締役は、**1週間を下回る期間を定款で定めた場合にあってはその期間前**までに、それぞれ株主に対して株主総会の招集通知を発しなければならない。

→3 「招集通知」「発する時期」「株主総会」取締役会設置会社においては、1週間を下回る期間を定款で定められない　✕

11 □□□　取締役会の招集通知は、公開会社であるか否かにかかわりなく、取締役会を**開催する日の1週間前**までに発する。

→3 「招集通知」「発する時期」「取締役会」　○

12 □□□　取締役会設置会社以外の株式会社においては、任意の方法により株主総会を招集することができるが、当該株式会社であっても、**書面による議決権行使を認める場合**には、**書面又は電磁的方法により**招集通知を発しなければならない。

→3 「招集通知」「方法」「株主総会」　○

13 □□□　取締役会の招集手続は、取締役及び監査役の全員の同意があれば省略することができるが、株主総会の招集手続は、**株主全員の同意があっても**省略することができない。

→3 「招集手続省略の可否」　✕

14 □□□　**監査役設置会社の株主**は、取締役が当該株式会社の目的の範囲外の行為その他法令若しくは定款に違反する行為をし、又はこれらの行為をするおそれがあると認めるときであっても、**取締役会の招集を請求することができない。**

→3 「株主による招集請求の要件」「取締役会」　○

15 □□□　株主総会の招集の請求をした株主は、当該請求後**遅滞なく株主総会の招集の手続が行われないとき**は、**裁判所の許可を得て**自ら株主総会を招集することができる。

→3 「株主が自らする招集の要件」「株主総会」　○

株主総会における招集通知を発する時期は少し覚えにくいかもしれないので、次の3つのポイントを踏まえて覚えましょう。
① **非公開会社**では、会社と株主間の連絡が緊密であるため、必要期間は**1週間**が基本。
② **書面等**による議決権行使を認める場合は、株主総会参考書類の情報だけで考える株主に十分な考慮期間を与えるため、必要期間は**2週間**。
③ **取締役会設置会社**では所有と経営が完全に分離しており、株主が経営について検討する時間を確保する必要があるところ、1週間より縮めてしまうとやりすぎなので、定款による短縮は**できない**。

		株主総会		取締役会
招集通知	発する時期	・公開会社の場合 ・書面（電磁的記録）により議決権行使を認めている場合 ・株主総会資料の電子提供制度をとる場合	**2週間前まで** （会299 Ⅰ、325の4Ⅰ）	**1週間前まで** （定款で短縮可） （会368Ⅰ）
		上記の会社を除く**取締役会設置会社**	**1週間前まで**	
		非取締役会設置会社	**1週間前まで** （定款で**短縮可**）	
	方法	取締役会設置会社　又は書面（電磁的記録）により議決権行使を認めている場合	書面　又は電磁的方法 （会299Ⅱ、Ⅲ）	制限なし （口頭でもよい）
		上記の会社以外の会社	制限なし	
招集手続省略の可否		**原則**：株主全員の同意で**可能**（会300本） **例外**：株主総会に出席しない株主が書面（電磁的方法）によって議決権を行使することを認めるとき（会298 Ⅰ③、④）は、招集手続省略不可（会300但）		取締役及び監査役の全員の同意で省略**可能**（会368Ⅱ）
株主による招集請求の要件		下記の要件を**すべて**満たせば可能（会297Ⅰ～Ⅲ） ① 総株主の議決権の100分の3▶5以上の議決権を6か月▶5、6以上保有する株主が ② 取締役に対し ③ 株主総会の目的である事項（当該株主が議決権を行使することができる事項に限る）及び招集の理由を示してする		下記の要件を**すべて**満たせば可能（会367Ⅰ） ① 監査役設置会社、㊙委会社、㊙会社を**除く**会社の株主 ② 取締役が会社の目的の範囲外の行為その他法令若しくは定款に違反する行為をし又はこれらの行為をするおそれがあると認めるとき
株主が自らする招集の要件		下記の場合に**裁判所の許可**を得れば招集可能（会297Ⅳ） ① 請求の後遅滞なく招集手続が行われない ② 請求日から8週間（定款で短縮可）以内の日を総会の日とする招集の通知が発せられない		下記の場合は可能（会367Ⅲ・366Ⅲ） ① 請求があった日から5日以内に ② 請求があった日から2週間以内の日を取締役会の日とする取締役会の招集の通知が発せられない

▶5　定款で軽減することができる。
▶6　公開会社に限る。非公開会社では不要。

16 □□□　株式会社は、株主総会に出席することができる**代理人の数を制限**することができる。 ➡4「議決権」「代理行使」「株主総会」　○

17 □□□　**取締役会設置会社**における株主が議決権を統一しないで行使する場合、当該株主は、**株主総会の日の３日前まで**に、会社に対してその有する議決権を統一しないで行使する旨及びその理由を通知しなければならない。 ➡4「議決権」「不統一行使」「株主総会」　○

18 □□□　**取締役会**において、**書面又は電磁的方法による議決権行使**を認めることはできない。 ➡4「議決権」「書面又は電磁的方法による行使」「取締役会」　○

19 □□□　**株主の数が1000人以上**の株式会社は、書面による議決権行使をすることができる旨を定款に定めなければならない。 ➡4「議決権」「書面又は電磁的方法による行使」「株主総会」　×

20 □□□　取締役は、株主総会に出席しない株主が書面によって議決権を行使することができることとする旨を定めた場合には、株主の数にかかわらず、株主総会の招集通知を発するときに、株主に**株主総会参考書類及び議決権行使書面を交付**しなければならない。 ➡4「議決権」「書面又は電磁的方法による行使」▶7　○

21 □□□　株主総会における取締役の選任決議において、選任候補者である株主は議決権を行使することができるが、取締役会における**代表取締役の選定**決議において、**選定候補者である取締役は議決権を行使することができない**。 ➡4「議決権」「特別利害関係人」　cf. 代表取締役の解職　×

22 □□□　取締役が株主総会の目的である公告方法の変更について提案をした場合において、当該提案につき、当該変更について議決権を行使することができる**株主の全員が書面により同意の意思表示**をしたときは、公告方法の変更の登記の申請書には、**定款**を添付しなければならない。 定款は不要　cf. 書面決議による取締役会議事録を添付する場合　×

†

取締役には忠実義務があることから（会355）、決議の公平性を図るため、**特別の利害関係を有する取締役**は議決権を行使できないとしています。例えば、代表取締役の**解職**に関する取締役会決議における代表取締役は、自己の解職を避けるために反対票を投じるおそれがあるので、特別の利害関係を有する取締役に当たり、その議決に加わることができません（最判昭44.3.28）。これに対して、代表取締役の**選定**に関する取締役会決議において選定候補者である取締役は特別の利害関係を有する取締役に当たらず、議決権を行使できると解されています。

		株主総会	取締役会
	性 格	権利（会105Ⅰ③）として行使	職務の遂行（義務）として行使
	数の基準	原則：1株1議決権（会308Ⅰ本）	1人1議決権
議決権	代理行使	可 能（会310Ⅰ） ・包括的な代理権の授与は不可（会310Ⅱ） ・代理人の数を**制限可**（会310Ⅴ） ・代理人を株主に限定する定款の定め可（最判昭43.11.1）	不 可
	不統一行使	原則：可 能（会313Ⅰ） 例外：会社は、議決権の不統一行使をしようとする株主が他人のために株式を有する者でないときは、株主の議決権の不統一行使を拒むこと可（会313Ⅲ） **《事前通知の要否》** 取締役会設置会社は、株主総会の日の3日前までに、会社に対して、その有する議決権を統一しないで行使する旨及びその理由を通知しなければならない（会313Ⅱ）	―
	書面又は電磁的方法による行使	可 能（会311、312） **議決権を有する株主数が1000人以上の会社は、書面による議決権行使を定める必要がある**▶7（会298Ⅱ本）	不 可
	特別利害関係人	原則：行使できる（会831Ⅰ③参照） 例外：特定株主からの自己株式取得の決議（会160Ⅳ）等	**議決から排除**（会369Ⅱ）
	決議の省略	可 能（会319Ⅰ） ① 取締役又は株主による株主総会の目的である事項についての提案 ② 当該提案につき株主（当該事項について議決権を行使することができるものに限る）の全員の書面又は電磁的記録による同意	可 能（会370） ① 定 款 ② 取締役全員の書面又は電磁的記録による同意 ③ 監査役設置会社の監査役が当該議案についての異議なし
	報告の省略	可 能（会320）	可 能（会372）
	決議の瑕疵の処理	不存在確認（会830Ⅰ）、無効確認（会830Ⅱ）、決議取消し（会831）の訴え	一般原則による

▶7 取締役は、書面による議決権行使を定めたときは、株主総会の招集の通知に際して、株主に**株主総会参考書類及び議決権行使書面**を交付しなければならない（会301Ⅰ）。

機 関

01 ☐☐☐ **公開会社**は、株主を取締役に選任することはできない。

→ 1 「取締役」「資格」 ✕
参照
定款で取締役を株主
に限定はできない

02 ☐☐☐ **会社法関係の法律違反による刑の執行**が終わってから**2年**を経過しない者は、取締役になることができない。

→ 1 「取締役」「欠格 ◯
事由」②

03 ☐☐☐ **会社法関係の法律以外の法律違反で罰金刑に処せられ、刑の執行**を終わっていない者は、監査役になることはできない。

→ 1 「監査役」「欠格 ✕
事由」③
欠格事由に該当する
のは禁錮以上の刑

04 ☐☐☐ **株式会社の取締役**は、その会社の会計参与となることができる。

→ 1 「会計参与」「欠 ✕
格事由」①

05 ☐☐☐ **指名委員会等設置会社の取締役**は、当該会社の**支配人その他の使用人**を兼ねることができない。

→ 1 「取締役」「兼任 ◯
禁止」

06 ☐☐☐ **親会社の取締役**は、**子会社の監査役**を兼ねることができない。

兼任禁止に当たらな ✕
い

07 ☐☐☐ 監査役会設置会社においては、監査役は3人以上で、その**過半数**は社外監査役でなければならないが、指名委員会等設置会社では、監査委員は3人以上で、その**半数以上**が社外取締役でなければならない。

→ 1 「監査役」「員数」 ✕
監査役会：半数以上
委員会：過半数

08 ☐☐☐ **未成年者**は発起人になることはできるが、**株式会社の取締役**に就任することはできない。

→ 1 ▶8 ✕
未成年者でも、発起
人・取締役共に可

09 ☐☐☐ 取締役が**破産手続開始の決定**を受けた場合、当該取締役は**退任**するが、**復権を得る前**であっても株主総会の決議によりその者を**再度**取締役に**選任することができる**。

→ 1 ▶8＊ ◯

就任段階で成年被後見人である者・破産している者でも取締役になることはできるが、取締役になった後に後見開始の審判を受けた場合・破産手続開始決定を受けた場合は、即退任するということです。

Ⅲ 役員及び会計監査人の選任及び解任

1 資格及び員数

	取締役 (会 331、326 Ⅰ)	監査役 (会 335)	会計参与 (会 333)	会計監査人 (会 337)
資格	**公開会社**は定款で取締役を株主に限る旨の定め不可	**公開会社**は定款で監査役を株主に限る旨の定め不可	公認会計士・監査法人・税理士・税理士法人	公認会計士・監査法人
欠格事由	① 法 人 ② **会社法**関連の法律違反による刑の執行が終わり、又は執行を受けなくなった日から**2年**を経過しない者（執行猶予期間中の者も含む） ③ その他の法律違反で禁錮以上の刑に処せられ、執行の終わっていない者（執行猶予期間中の者は除く）▶8	① 会社又はその子会社の取締役・執行役・監査役・支配人・使用人 ② 業務執行停止期間中の者 ③ 税理士の業務を行うことができない者	① 会社法 435 条 2 項の計算書類の監査ができない者 ② 子会社若しくはその取締役・執行役・会計参与・監査役から公認会計士（監査法人）の業務以外の業務により継続的な報酬を受けている者又はその配偶者 ③ 監査法人でその社員の半数以上が②に掲げる者であるもの	
兼任禁止	指名委員会等設置会社の取締役は当該会社の**支配人**その他の使用人と兼任不可 ▶9	① 会社又は**子会社の取締役**・支配人・使用人 ② 子会社の会計参与（法人ならその職務執行社員）・執行役	会社法に規定なし	会社法に規定なし
員数	取締役会設置会社 → 3 人以上 非取締役会設置会社 → 1 人以上	監査役会設置会社 → 3 人以上、かつその**半数以上は社外監査役**	1 人以上	

▶8 未成年者、成年被後見人、被保佐人、**破産手続開始の決定**を受けてから復権を得ない者は、欠格事由に該当しない。
　＊ 役員に後見開始の審判・破産手続開始の決定があった場合、民法653条（委任契約の終了事由）により退任するが、欠格事由とはされていない。

▶9 ㊹委会社の監査等委員である取締役は、会社若しくはその子会社の業務執行取締役、支配人、使用人、子会社の会計参与、執行役と兼任不可。

10 □□□　**会計参与**の選任決議において、定足数を**3分の1**未満にすることはできないが、**会計監査人**の選任決議においては、定足数の軽減に**制限はない**。

→ 2　「選任決議」「定足数」　○
会 341 条は「役員」の規定

11 □□□　役員等の中で、**累積投票**による選任が認められるのは**取締役のみ**である。

→ 2　「累積投票制度」　○

12 □□□　種類株式発行会社は、定款で**会計参与**を種類株主総会において選任する旨を定めることができる。

→ 2　「会計参与」「種類株主総会による選解任」　×

13 □□□　**監査役**及び**会計監査人**の**解任**は、その地位の独立性を維持するため、株主総会の**特別決議**によらなければならない。

→ 2　「解任決議要件」「原則」　×

14 □□□　株主総会の決議によって**取締役の解任**を行う場合には、累積投票で選任された者を除いて、**特別決議**によらなければならない。

→ 2　「取締役」「解任決議要件」「例外」　×
累積投票で選任された者が特別決議

15 □□□　監査役会設置会社の会計監査人が職務上の義務に違反した場合には、**監査役の過半数をもって行う監査役会の決議**によって**当該会計監査人を解任**することができる。

→ 2　「会計監査人」「解任決議要件」「例外」　×
監査役全員の同意が必要

16 □□□　会計監査人が任期満了により退任したが、**後任の会計監査人が選任されない場合**、任期満了した当該会計監査人は**権利義務会計監査人**となる。

→ 2　「権利義務制度」　×
権利義務制度の適用があるのは「役員」
cf. 本問の場合は自動再任する

17 □□□　取締役が**解任**されたことにより、定款に定めた取締役の員数を欠くこととなった場合には、当該解任された取締役は、新たに選任された取締役が就任するまで、なお取締役としての**権利義務**を有する。

→ 2　「権利義務制度」　×

2 選任・解任

		取締役	監査役	会計参与	会計監査人
選任決議	決議	普通決議（会 329 Ⅰ、309 Ⅰ）			
選任決議	定足数	3分の1未満にすること不可（会 341）			軽減に制限なし（会 309 Ⅰ）
累積投票制度		**あり**（会 342 Ⅰ）（定款で排除可）	なし		
補欠選任		可　（会 329 Ⅲ）▶10			不　可
種類株主総会による選解任		可（会 108 Ⅰ⑨参照）		不　可	
解任決議要件	原則	普通決議（会 339 Ⅰ、309 Ⅰ）	特別決議（会 309 Ⅱ⑦）	普通決議（会 339 Ⅰ、309 Ⅰ）	普通決議（会 339 Ⅰ、309 Ⅰ）
解任決議要件	定足数	定足数を3分の1未満とする変更不可（会 309 Ⅱ、341）			軽減に制限なし
解任決議要件	例外	累積投票で選任された取締役については**特別決議**（会 342 Ⅵ、309 Ⅱ⑦）	―	―	**監査役、監査役会（全員の同意）又は監査委員（全員の同意）による解任も可**（会 340）
権利義務制度💬		あ　り（会 346 Ⅰ）			なし
一時その職務を行うべき者の選任		利害関係人の申立てにより、裁判所が選任（会 346 Ⅱ）			監査役、監査役会、監査等委員会又は監査委員会が、遅滞なく選任（会 346 Ⅳ、Ⅵ、Ⅶ、Ⅷ）▶11

▶10　補欠役員の選任に係る決議が効力を有する期間は、定款に定めがある場合を除き、当該決議後最初に開催される定時株主総会の開始の時まで（会施規 96 Ⅲ本）。

▶11　登記申請が必要となる（商登 55）。

権利義務制度は、会社の運営が停滞しないように、退任した役員にもつなぎとして仕事をさせておく制度です。**任期満了**又は**辞任以外**の退任事由である解任や資格喪失により退任した場合は、その地位を継続させるべきではないため、権利義務承継役員とはなりません。また、権利義務承継役員の地位は、会社法の規定に基づいて強制されるもので、もはや委任契約に基づくものではないため、辞任や解任は**認められません**。

18 □□□　会社法上の**公開会社でない株式会社**であっても、**指名委員会等設置会社である場合**には、定款によって取締役の**任期を 10 年**に伸長することはできない。

➡**3**「取締役」「任期」「例外」①　○

19 □□□　監査役の任期は、選任後 **4 年**以内に終了する事業年度のうち最終のものに関する定時株主総会の終結の時までであり、**株主総会の決議によって短縮**することはできない。

➡**3**「監査役」「任期」「例外」②　○

20 □□□　会計監査人の任期は選任後 **1 年**以内に終了する事業年度のうち最終のものに関する定時株主総会の終結の時までであるが、当該総会で別段の**決議がされなかったとき**は、当該総会において**再任**されたものとみなされる。

➡**3**「会計監査人」「任期」「例外」💡　○

21 □□□　株式会社が**指名委員会等を設置**する旨の定款の変更を行った場合、**取締役の任期は満了**するが、**指名委員会等を置く旨の定めを廃止**する定款の変更を行った場合は、取締役の任期は**満了しない**。

➡**3**「取締役」「定款変更に伴う任期の満了」
いずれの場合も任期は満了する　×

22 □□□　すべての種類の株式に譲渡制限規定が設定されている種類株式発行会社（指名委員会等、監査等委員会設置会社を除く）において、**一部の株式についてのみ譲渡制限の定めが廃止**された場合、任期中の**取締役の任期は満了しない**。

➡**3**「取締役」「定款変更に伴う任期の満了」　×

23 □□□　会社法上の公開会社でない株式会社が監査役の権限を会計に関するものに限定する旨を**定款に定めた**場合、当該株式会社の監査役の任期は満了する。

➡**3**「定款変更に伴う任期の満了」
任期が満了するのは会計に関するものに限定する旨の定款の定めを廃止した場合　×

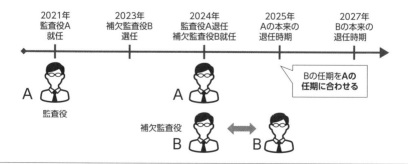

3 任 期

		取締役 (会 332)	会計参与 (会 334)	監査役 (会 336)	会計監査人 (会 338)
任期	原則	選任後 **2 年**（㉖会社、㉖委会社の監査等委員以外の取締役は **1 年**）以内に終了する事業年度のうち最終のものに関する定時株主総会の終結の時まで	選任後 **4 年**以内に終了する事業年度のうち最終のものに関する定時株主総会の終結の時まで	選任後 **4 年**以内に終了する事業年度のうち最終のものに関する定時株主総会の終結の時まで	選任後 **1 年**以内に終了する事業年度のうち最終のものに関する定時株主総会の終結の時まで
任期	例外	① 非公開会社（㉖委会社又は㉖会社を除く）は、定款により、選任後 **10 年**以内に終了する事業年度のうち最終のものに関する定時株主総会の終結の時まで伸長可 ▶12 ② 定款又は株主総会決議により任期の**短縮可** ▶13		① 非公開会社は、定款により、選任後 **10 年**以内に終了する事業年度のうち最終のものに関する定時株主総会の終結の時まで伸長可 ▶12 ② 定款により、任期満了前に退任した監査役の補欠として**選任された監査役の任期**を、**退任した監査役の任期の満了する時まで**とすることは可能（左図参照）	任期の伸長・短縮は**不可** 💡任期の満了する定時株主総会で別段の決議がされなかったときは当該定時株主総会において**再任されたものとみなされる**
定款変更に伴う任期の満了		㉖委会社又は㉖会社を置く旨の定款の変更			—
		㉖委会社又は㉖会社を置く旨の定款規定の**廃止**	—		—
		非公開会社から、**公開会社に移行**する定款の変更をする場合 ▶14			—
		—	会計参与を置く旨の定款規定の廃止	監査役を置く旨の定款規定の廃止	会計監査人を置く旨の定款規定の廃止
			—	監査役の権限を会計に関するものに限定する旨の定款の定めの**廃止**	—

▶12 任期を伸長する定款の変更をした場合、**任期中の取締役・会計参与・監査役の任期も伸長される**（平 18.3.31 民商 782 通）。

▶13 任期を短縮する定款の変更をした場合、**任期中の取締役・会計参与の任期も短縮**される。変更後の任期が既に満了している場合、当該定款変更の効力発生時に退任する（平 18.3.31 民商 782 通）。

▶14 取締役及び会計参与に関しては、監査等委員会設置会社又は指名委員会等設置会社がするものを除く。

24 □□□　成年被後見人が取締役に就任する場合、**成年被後見人**が、成年後見人の同意を得た上で、**就任を承諾**しなければならない。

➡4「成年被後見人」「就任承諾」「同意」
成年後見人が、成年被後見人本人の同意を得た上で本人に代わって就任を承諾する　×

25 □□□　被保佐人が取締役に就任する場合において、**代理権付与の審判**が（①ある、②ない）ときは、被保佐人は、保佐人の同意を得て、就任の承諾をすることができる。

➡4「被保佐人」「代理権付与の審判」「なし」「就任承諾」「同意」　②

26 □□□　**成年被後見人**が取締役に就任した場合において、**後見監督人**があるときは、取締役の就任による変更の登記の申請書には、就任を承諾したことを証する書面として、**成年後見人の作成に係る就任承諾書、後見登記の登記事項証明書並びに成年被後見人及び後見監督人の同意書**を添付しなければならない。
†

➡4「成年被後見人」「就任承諾」「同意」「その他の添付書面」
▶16　○

27 □□□　清算株式会社の唯一の清算人が成年被後見人である場合において、清算人が株式の消却を決定したときは、成年後見人は、その決定を取り消すことができる。

➡4　×

28 □□□　成年後見人が監査役である成年被後見人に代わって**監査役を辞任**する意思表示をした場合、監査役の辞任による変更の登記の申請書には、**後見登記等の登記事項証明書**を添付しなければならない。
†

➡5「成年被後見人」「成年後見人が成年被後見人に代わってする場合」「その他の添付書面」　○

4 成年被後見人又は被保佐人が取締役等に就任する場合の手続 ▶15 ランク A

被選任者			就任承諾	同　意	その他の添付書面
成年被後見人			成年後見人の ✎ 就任承諾	成年後見人の ✎ 同意 ▶16	後見登記等の登記事項証明書 ▶17
被保佐人	代理権付与の審判	あり	保佐人の ✎ 就任承諾	被保佐人の ✎ 同意	後見登記等の登記事項証明書 ▶17 又は代理権付与に係る審判書
		なし	被保佐人の ✎ 就任承諾	保佐人の ✎ 同意	－

▶15　取締役、監査役、執行役、清算人、設立時取締役及び設立時監査役に適用される（会 331の2・335Ⅰ、402Ⅳ、478Ⅷ、39Ⅴ）。

▶16　後見監督人がある場合、後見監督人の ✎ 同意 も必要となる。

▶17　後見登記等の登記事項証明書は、本人確認証明書を兼ねる（令3.1.19民商14通）。

5 成年被後見人又は被保佐人が取締役等を辞任する場合の手続 ランク B

辞任者		辞任届	その他の書面 ▶18
成年被後見人	成年被後見人が自らする場合	成年被後見人の ✎ 辞任届	成年被後見人の印鑑証明書
	成年後見人が成年被後見人に代わってする場合	成年後見人の ✎ 辞任届	①　成年後見人の印鑑証明書 ②　後見登記等の登記事項証明書
被保佐人		被保佐人の ✎ 辞任届	被保佐人の印鑑証明書

▶18　印鑑証明書に関しては、辞任届に係る印鑑証明書の添付が必要である場合に限る。

成年被後見人又は被保佐人がした取締役の資格に基づく行為は、行為能力の制限によっては取り消すことができません（会331の2Ⅳ）。取締役等の職務の執行の効果は株式会社に帰属するところ、成年被後見人等の保護を目的として取消しを認める実益に乏しいからです。

01 A、Bはそれぞれ甲株式会社の代表取締役、取締役であるものとして、以下の記述は正しいか。

1 □□□ 甲株式会社が取締役会設置会社である場合において、**代表取締役ではないB**が自己のために**甲株式会社と取引**をしようとするときは、取締役会の**承認を得る必要はない**。

1 − ✕
➡ 1 **2** 「利益相反取引」
取締役であれば承認が必要

2 □□□ **A**が甲株式会社の債権者との間で**甲株式会社の債務**を**保証**する旨の契約を締結しようとするときには、甲株式会社が取締役会設置会社以外の株式会社であれば株主総会の決議による承認を要する。

2 − ✕
➡ 1 **2** 「利益相反取引」💡
間接取引ではない

3 □□□ **A**が第三者Cのために甲株式会社の**事業に属する取引**をしようとする場合と、**A**が第三者Cのために甲株式会社と**取引**をしようとする場合とで、取締役会設置会社以外の会社である甲株式会社の**株主総会による承認決議の決議要件は異ならない**。

3 − ◯
➡ 1 **3** 「承認機関」
どちらも普通決議

4 □□□ **A**が取締役会の承認を得た上で甲株式会社に対し**A**の不動産を売り渡した場合、**A**は当該**取引後遅滞なく**、**取締役会に対し重要な事実を報告**しなければならない。

4 − ◯
➡ 1 **3** 「承認機関」▶ 20

Ⅳ 取締役

1 権 限

1 職務代行者の権限 (会352条)

　仮処分命令に別段の定めがある場合を除き、**常務に属しない行為**をするには、裁判所の許可を得る必要がある。

2 競業取引・利益相反取引の制限 (会356条1項)

【取締役が承認を受けなければならない場合】

競業取引	取締役がする自己又は第三者のための株式会社の事業の部類に属する取引
利益相反取引	取締役が自己又は第三者のために**株式会社とする取引**（直接取引）
	株式会社が取締役の債務を保証することその他**取締役以外の者との間**において株式会社と当該取締役との利益が相反する取引（間接取引） 💡会社の債務を取締役が保証する場合は、間接取引に該当しない

3 競業取引・利益相反取引の制限 (承認機関) [19]

	非取締役会設置会社	取締役会設置会社
承認機関	株主総会（普通決議） （会356Ⅰ）	取締役会 （会365Ⅰ、419Ⅱ）[20]

[19] 株主総会又は取締役会の承認を得ないで行った取引の効力
　→ 会社は、その取引につき承認を受けなかったことのほか、相手方である第三者が悪意であることを主張・立証して初めて、その無効を主張することができるものと解されている（最判昭43.12.25、相対的無効説）。

[20] 取引後遅滞なく、重要な事実を**取締役会に報告**しなければならない（会365Ⅱ、419Ⅱ）。

利益相反取引につき承認決議が要求されるのは、その取引が会社の利益、ひいては会社の所有者である株主の利益を害するおそれがあるからです。そこから考えると、取締役が会社に対して**無利息、無担保**で金員を貸し付ける行為は、特段の事情のない限り、**利益相反取引とはなりません**（最判昭38.12.6）。また、会社と取締役との間に会社法356条に規定される取引がされた場合でも、取締役が会社の全株式を所有し、会社の事業が実質上、その**取締役の個人経営**といえるときは、取締役会の承認を受ける必要はありません（最判昭45.8.20）。

02 □□□　株主から提案された取締役の解任につき、株主の　→ 2**1**「株主総会議　✕
† 　　　**全員が当該提案につき書面をもって同意した**にとどまり、　事録」①
　　　現実に株主総会を開催していない場合には、当該取締役　決議があったものと
　　　の解任による変更の登記を申請することはできない。　みなされる場合に該
　　　　　　　　　　　　　　　　　　　　　　　　　　　　　　　当

03 □□□　株主総会に出席していない者を取締役に選任する　→ 2**1**「就任承諾書」　✕
† 　　　決議がされた場合において、**議長から、被選任者が取締**　席上で就任承諾して
　　　役に選任されたら就任を承諾すると述べていた旨の報告　いなければ、援用不
　　　があったときは、当該選任決議があった株主総会に係る　可
　　　議事録を就任承諾があったことを証する書面として添付
　　　して、取締役の就任の登記を申請することができる。

04 □□□　（①取締役、②監査役、③会計参与、④会計監査人）　→ 2**2**「原則」　①
† 　　　の就任（再任を除く。）による変更の登記を申請する場合　　　　　　　　②
　　　には、その者が就任承諾書に記載した氏名及び住所につ
　　　き、**市区町村長その他公務員が職務上作成した証明書**又
　　　は当該者が原本と相違ない旨を記載したその謄本を添付
　　　しなければならない。

05 □□□　株主総会の決議によって新たに選任された取締役　→ 2**2**〔　〕　✕
† 　　　が席上で就任を承諾した場合において、当該取締役の就
　　　任による変更の登記を申請するときは、**株主総会議事録**
　　　に当該取締役の住所の記載がないときであっても、**就任**
　　　承諾書として当該株主総会議事録の記載を援用すること
　　　ができる。

本人確認証明書の添付が要求される場合には、就任承諾書は**被選任者の住所**が
記載されているものでなければなりません。本人確認証明書は公文書に記載さ
れている氏名・住所と就任承諾書に記載されている氏名・住所を照合すること
によって本人確認を行うからです。同様の観点から、本人確認証明書の添付が
要求される場合に、**株主総会議事録の記載を就任承諾書として援用**をするのな
ら、その株主総会議事録に被選任者の住所が記載されていなければなりません
（下図参照）（平 27. 2.20 民商 18 通）。

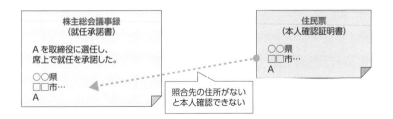

2 就任の登記

1 添付書面 [21]

	注意を要するもの
株主総会議事録 （商登46 II、 会329 I）	① 会社法319条1項の規定により株主総会決議があったものとみなされる場合 → 会社法319条1項に該当することを証する書面 を添付する必要がある 　この場合でも、議事録作成義務がある（会施規72 I、IV①）ため → 決議があったものとみなされた事項の内容等を内容とする 株主総会議事録 をもって、会社法319条1項に該当することを証する書面としてもよい ② 取締役の選解任を議長に一任することは**できない**（昭29.2.18民甲364通） → 可否同数のときは議長が決する旨の定款の規定も無効である cf. 議長の指名でも、その候補者につき**総会の承認**があるときは受理される（昭42.7.6民甲2047回）。この場合、総会で承認を受けたことを意味する「可決」の記載が必要である（登研230）
就任承諾書 （商登54 I）	役員等を選任する株主総会議事録において、「被選任者が**席上で**就任を承諾した」旨の記載があれば、その株主総会議事録を就任承諾書として援用することができる

[21]　就任承諾書に関する印鑑証明書は、「V 代表取締役等」4（p149）で扱う。

2 本人確認証明書 （商登規61条7項）

　設立の登記又は取締役等の就任による変更の登記を申請する場合、取締役等（成年後見人又は保佐人が本人に代わって承諾する場合、成年後見人又は保佐人）が**就任承諾書**に記載した取締役等の氏名及び住所と同一の氏名及び住所が記載されている市区町村長その他の公務員が職務上作成した証明書（ex. **住民票の写し**）[22] を添付しなければならない。
💡一般社団法人等における理事、監事、評議員についても同様（法登規3）。

原則	以下のものについて添付が必要 ① 設立の登記→設立時取締役、設立時監査役及び設立時執行役 ② 変更の登記→取締役、監査役及び執行役
例外	以下の場合には添付は不要 ① 再任の場合 ② 商業登記規則61条4項～6項の規定に従って、市区町村長の作成に係る印鑑証明書を添付した場合

[22]　当該取締役等が、原本と相違ない旨を記載した謄本であってもよい。

06 □□□　取締役の退任による変更の登記を申請する場合に
†　　おいて、株主総会の議事録に取締役が当該株主総会の**席
　　上で辞任する旨を述べた旨の記載**があるときは、当該株
　　主総会の議事録をもって、辞任を証する書面とすること
　　ができる。　　　　　　　　　　　　　　　➡ **3**「辞任」　　○

07 □□□　株式会社の取締役の解任の判決が確定した場合に
†　　は、当該株式会社の代表者は、登記原因を解任として当
　　該**取締役の退任の登記を申請**しなければならない。

➡ **3**「解任」　　×
裁判所書記官の嘱託
によりされる

08 □□□　取締役が**破産手続開始の決定**を受けた場合でも、
†　　当該取締役につき退任の登記を申請することを要しない。

➡ **3**「破産手続開始」　×
登記原因は「退任」

09 □□□　会社法上の公開会社でない株式会社が定款で取締
†　　役の任期を伸長している場合において、**定時株主総会議
　　事録**に本総会の終了をもって**取締役の任期が満了する旨
　　の記載**があるときは、取締役の変更の登記の申請書には、
　　退任を証する書面として定款の添付を要しない。

➡ **3**「任期満了」「定
款等」　　○

10 □□□　取締役の任期が満了すべき定時株主総会が定款所
　　定の期間内に開催されなかった場合には、取締役の任期
　　は、**定時株主総会の開催されるべきであった期間の最終
　　の日**をもって満了する。　　　　　　　➡ **3** ▶ 24 ①　○

11 □□□　取締役の任期が満了すべき定時株主総会が**その日
†　　に終了せず**、翌日に継続されて終了した場合において、
　　定時株主総会の第1日目に後任の取締役の選任の決議が
　　されていたときは、任期満了により退任する取締役につ
　　いての変更の登記の申請書に記載すべき退任の日は、**第
　　1日目の株主総会の日付**である。　　　➡ **3** ▶ 24 ②　×

3 退任の登記

ランク **B**

退任事由	添付書面	備 考
死 亡	死亡を証する書面	株主総会の席上、議長により死亡の旨が報告され、それが議事に記載されていても、当該記載をもって死亡を証する書面として**援用不可**（登研303）
辞 任	辞任届	株主総会の**席上で**口頭による辞任の申出をし、その旨が議事の経過の要領として株主総会議事録に記載されている場合には、当該記載をもって辞任を証する書面として援用できる
解 任	解任決議をした株主総会議事録	**解任の訴え**（会854 I）に基づいて解任されたときは、その旨の登記は裁判所書記官の**嘱託**（会937 I ①）によってされるので、**申請不要**
破産手続開始	破産手続開始決定を証する書面	欠格事由ではなく委任の終了事由に該当。したがって、いったん**退任**することになるが、その後すぐに株主総会を開催して、同一の者を再度取締役として選任することもできる
欠格事由該当	欠格事由に該当したことを証する書面	欠格事由に該当する場合は、権利義務を承継しないため、退任の登記をする必要がある
会社の解散	－	**登記官は**、会社が解散をしたときは、取締役、代表取締役、会計参与、会計監査人等の登記を**職権抹消する**（商登規72 I） → 退任の登記は不要 ▶23
任期満了 ▶24	定時株主総会議事録	「取締役甲野一郎は、本定時株主総会終結の時をもって任期満了により退任する」等の記載のある定時株主総会議事録
	定款等	議事録に任期満了により退任した旨の記載がない場合には、定款その他退任日が明らかとなる書面も必要

▶23 監査役は、会社の解散により当然には退任しない。
▶24 **【重要先例】（取締役の任期満了）** 💬

> ① 定時株主総会が定款等の定める期間内に開催されなかった場合
> → 取締役の任期は、**開催されるべきであった最終の日**をもって満了（昭33.12.23民甲2655回）
> ② 定時株主総会が延期又は続行された場合
> → 取締役の任期は**総会が終結する時**まで伸長される（昭36.8.8民甲1909指示）

▶24の【重要先例】を具体的に説明します。①の例としては、事業年度の末日が3月31日で、定時株主総会を事業年度の末日の翌日から3か月以内に開催する旨の定款の定めがある場合は、**6月30日**に退任します。②の例としては、定時株主総会が6月21日に開催されて6月25日まで続行された場合、**6月25日**に退任します。

12 □□□　種類株主総会により選任された取締役を当該種類株主総会で解任した場合には、当該取締役の退任による変更の登記の申請書には、当該取締役を**選任した種類株主総会議事録**を添付しなければならない。

➡ 4「原則」　〇
退任を証する書面として必要となる

13 □□□　種類株主総会で取締役を選任した場合において、当該種類の**種類株主総会の議決権を有する者**がなお存するときは、定款に株主総会の決議で解任することができる旨の特段の定めがない限り、株主総会における当該取締役の解任による変更の登記を申請することはできない。
†

➡ 4「例外」　〇

14 □□□　種類株主総会によって選任された取締役を当該種類株主総会において議決権を行使することができる株主が存在しなくなったことにより、株主総会の決議によって解任した場合における当該取締役の変更の登記の申請書には、当該取締役を**解任した株主総会の議事録**及び当該取締役を**選任した種類株主総会の議事録**を添付すれば足りる。

➡ 4「例外」② ✕
議決権を行使することができる種類株主が存在しなくなったことを証する書面の添付も必要

15 □□□　特別取締役による取締役会の決議の定めは、**取締役の数が6人以上**であり、かつ、**取締役のうち過半数が社外取締役**である株式会社でしか認められない。

➡ 5 ❶「員数等の制限」　✕

16 □□□　特別取締役の就任による変更の登記の申請書には、特別取締役を選定した**株主総会議事録**及び**当該特別取締役が就任を承諾したことを証する書面**を添付しなければならない。
†

➡ 5 ❷「添付書面」　✕

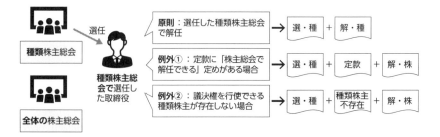

問14に関して説明します。株主総会で解任された取締役の退任登記を申請する場合は、「①種類株主総会によって選任されたが、②議決権を行使できる種類株主がいなくなったため仕方なく、③株主総会の決議で解任した」というストーリーを立証するため、❶当該取締役の選任に係る種類株主総会の議事録、❷議決権を行使することができる種類株主が存在しなくなったことを証する書面（ex. 株主名簿）、❸解任に係る株主総会の議事録を添付します。

4 種類株主総会により選任された取締役（監査役）の解任 💬 ランク **B**

	解任の要件（会 347 I）	添付書面
原則	種類株主総会の普通決議（監査役は特別決議）	**解任**決議をした種類株主総会議事録、当該取締役（監査役）を**選任**した種類株主総会議事録
例外	以下の場合、通常株主総会で解任可	—
	① 定款に別段の定めがある場合	定款、解任決議をした**通常株主総会議事録**、当該取締役（監査役）を選任した種類株主総会議事録 ▶25
	② 議決権を行使することができる種類株主が存在しなくなった場合	解任決議をした**通常株主総会議事録**、当該取締役（監査役）を選任した種類株主総会議事録、当該取締役（監査役）を選任した種類株主総会において議決権を有する者を**欠くに至ったことを証する書面**▶26

▶25 定款に「株主総会で取締役の全部を解任できる」旨の定めがあるときは、添付不要（平 14.12.27 民商 3239 通）。一部を株主総会で解任できる旨が定められている場合のみ、添付が必要。

▶26 議決権を有する者を欠くに至ったことが、登記記録上から明らかな場合は、添付不要。

5 特別取締役による議決の定めに関する登記 ランク **C**

1 要 件（会 373 条）

会 社 形 態	取締役会設置会社（㊙会社及び重要な業務執行の決定を取締役に委任している㊙委会社を除く）
員数等の制限	① 取締役 6 人以上 ② 社外取締役 1 人以上
決定することのできる事項	① 重要な財産の処分及び譲受け ② 多額の借財
決議の要件	議決に加わることができる特別取締役（3 人以上必要）の過半数出席 ＋ その過半数の同意 ＊ 過半数につき、取締役会でこれを上回る割合を定めること可

2 登記事項・添付書面

登記すべき事項	添付書面
① 特別取締役の議決の定めがある旨 ② 特別取締役の氏名 ③ 取締役のうち社外取締役である者について、社外取締役である旨	① **取締役会議事録** ② 特別取締役の就任承諾書

01 □□□　**取締役会設置会社以外の**株式会社において、**他に代表取締役その他株式会社を代表する者を定めていない**ときは、**各取締役**が株式会社を代表する。

→ 1 **1**「非取締役会設置会社」各自代表　○

02 □□□　代表取締役の権限に加えた制限は、**善意の第三者**に対抗することができない。

→ 1 **2**　○

03 □□□　仮処分命令に別段の定めがない場合において、仮処分命令により選任された取締役の職務を代行する者が裁判所の許可を得ないでした常務に属さない行為は**無効**であり、これをもって**善意の第三者**にも対抗することができる。

会352条2項　善意の第三者には無効を対抗できない　×

04 □□□　**監査役設置会社**においては、株式会社が取締役に対して訴えを提起する場合には、**監査役**が当該訴えについて株式会社を代表する。

→ 1 **3**　○

05 □□□†　**取締役の職務代行者を代表取締役に選定**したとする代表取締役の就任による変更の登記の申請はすることができない。

→ 2 **1**①💡　×

06 □□□†　**取締役の権利義務を有する者を代表取締役に選定**したとする代表取締役の就任による変更の登記の申請は、することができない。

→ 2 **1**①💡　×

07 □□□†　代表取締役の就任による変更の登記の申請は、当該株式会社の代表取締役のうち**少なくとも1名が日本に住所を有している場合**でなければ、することができない。

→ 2 **1**②　×

例えば、**6月1日**にAを取締役に選任→**6月2日**にAを代表取締役に選定→**6月3日**にAが取締役の就任に承諾という事例では、Aは代表取締役に就任できません。**6月2日の段階**では代表取締役の前提として**取締役の地位を有していない**からです。記述式で出題され得るパターンなので押さえておきましょう。

Ⅴ 代表取締役等（会社の代表者）

1 実体　B ランク

1 代表の定め

非取締役会設置会社	① 定款 ② 定款に基づく取締役の互選 ③ 株主総会	→ それぞれで定めた者 （会349Ⅰ但、Ⅲ）
	上記①〜③の定めなし ──→ **各取締役**（会349Ⅰ本、Ⅱ）	
取締役会設置会社	取締役会で選定した者（会362Ⅱ③）	

2 権限（会349条4項、5項）

業務に関する一切の**裁判上**又は**裁判外**の行為をする権限を有する。

💡この権限に加えた制限は、**善意の第三者**に対抗することができない。

3 会社と取締役間の訴訟において会社を代表する者──㊥委会社及び㊵会社以外の会社

	非監査役設置会社		監査役設置会社
	非取締役会設置会社	取締役会設置会社	
原則	代表取締役（会349Ⅳ）		監査役（会386Ⅰ）
例外	**株主総会**は、会社を代表する者を定めることができる（会353）	株主総会で定めないときは、**取締役会**は、会社を代表する者を定めることができる（会364）	

2 就任の登記　A ランク

1 資格に関する重要事項

① **取締役たる地位を有する者であること。**

💡権利義務承継取締役、仮取締役、取締役の職務代行者も、代表取締役になることができる（昭39.10.3民甲3197回）。

② **代表取締役の全員が日本に住所を有しないこととなる設立登記及び代表取締役の就任、重任登記の申請は受理される**（平27.3.16民商29通）。

08 □□□　取締役会設置会社以外の株式会社が定款によって
†　　　代表取締役を定めたことによる代表取締役の就任による
　　　　変更の登記は、申請書に**定款の変更に係る株主総会の議
　　　　事録**を添付してすることができる。

➡ 2 ❷「非取締役会
設置会社」❶　　○

09 □□□　取締役会設置会社以外の株式会社が定款の規定に
†　　　基づく取締役の互選により代表取締役を選定した場合に
　　　　おいて、代表取締役の就任による変更の登記を申請する
　　　　ときは、当該登記の申請書には、**定款を添付**しなければ
　　　　ならない。

➡ 2 ❷「非取締役会
設置会社」❷　　○

10 □□□　代表取締役がA、取締役がB及びCである取締役
†　　　会設置会社が**取締役会設置会社の定めを廃止**した場合に
　　　　おいて、**他に代表取締役その他株式会社を代表すべき者
　　　　を定めなかった**ときは、B及びCについて、代表権付与
　　　　による代表取締役の変更の登記を申請しなければならな
　　　　い。

➡ 2 ❸　　○
取締役会設置会社の
定め廃止→他に代表
取締役その他株式会
社を代表すべき者を
定めない→各取締役
に代表権が付与され
る（会349Ⅰ本）

11 □□□　取締役会設置会社において、**取締役会設置会社の
†　　　定めを廃止**した場合における、**代表権付与**による代表取
　　　　締役の変更の登記の申請書には、代表取締役となる取締
　　　　役の**就任承諾書**及び当該書面に係る**印鑑証明書**を添付す
　　　　ることを要しない。

➡ 2 ❸ 💬　　○

12 □□□　代表取締役である取締役Aが、取締役を辞任した
†　　　ときは、代表取締役Aについても、**辞任**による退任の登
　　　　記を申請しなければならない。

➡ 3「取締役として　✕
の地位の喪失」
代表取締役について
取締役の地位を喪失
したことにより退任

取締役会設置会社の定めの廃止に伴う**代表権付与**による代表取締役の変更の
登記の申請書においては、**就任承諾書**及び就任承諾書に係る**印鑑証明書**の添
付は**不要**です（ハンドブックp400）。取締役会設置会社の定めの廃止をした場
合、従前代表権を有しなかった他の取締役は、法律上当然の効果として代表
権を有することになるため、代表取締役の選定や就任承諾といった過程が存
在しないからです。

② 選定方法・添付書面

	選定方法	添付書面
非取締役会 設置会社 ▶27	① 定　款 ② 定款の定めに基づく取締役 　の互選 ③ 株主総会の決議	❶ 株主総会議事録（商登46Ⅱ） ❷ 定款、取締役の互選書、就任承諾書 　（商登規61Ⅰ、商登46Ⅰ、54Ⅰ） ❸ 株主総会議事録（商登46Ⅱ）
取締役会 設置会社	取締役会の決議	取締役会議事録（商登46Ⅱ） 就任承諾書（商登54Ⅰ）▶28

▶27　代表取締役について定めがない場合、各取締役が株式会社を代表する（会349Ⅰ本）。
　　→ 🔗 取締役に関する添付書面 を添付。

▶28　取締役会の席上で被選定者が就任を承諾した場合、取締役会議事録の記載を援用
　　することができる。

③ 取締役会設置会社の定め設定及び廃止と関連する登記

事　例	申請する登記	添付書面 （商登46Ⅱ、54Ⅰ）
取締役ＡＢＣ、代表取 締役Ａの会社が、取締 役会を廃止した場合	①　取締役会設置会社の定め廃止の登記 ②　取締役Ｂ、Ｃの「**代表権付与**」によ 　る代表取締役の変更の登記	①　株主総会議事録 　💬
ＡＢＣ各自代表取締役 の会社が、取締役会を 設置して、Ａを代表取 締役に選定した場合	①　取締役会設置会社の定め設定の登記 ②　代表取締役Ｂ、Ｃの「**退任**」による 　代表取締役の退任の登記	①　株主総会議事録 ②　取締役会議事録 ③　代表取締役Ａの 　就任承諾書

3 退任の登記

退任事由	添付書面	登記すべき事項
取締役としての地位 の喪失	取締役としての退 任を証する書面	「○年○月○日取締役Ａ任期満了により退任 （辞任、解任、資格喪失） 同日代表取締役Ａ**資格喪失により退任**」▶29
辞　任 ▶30	代表取締役として の辞任届	「○年○月○日代表取締役Ａ辞任」
解　職 （取締役会設置会社）	取締役会議事録	「○年○月○日代表取締役Ａ解任」

▶29　取締役兼代表取締役Ａが死亡した場合は「○年○月○日代表取締役である取締役
　　Ａ死亡」となる。

▶30　取締役を辞任した場合は、権利義務承継取締役に該当しない限り、代表取締役の
　　員数を欠くことになっても代表取締役たる資格を喪失し退任する（昭32.5.1民甲
　　858回）。

13 □□□　取締役会設置会社において、**代表取締役に選定された者**が、その選定に係る取締役会議事録に、**前任の代表取締役が登記所に提出している印鑑と同一の印鑑を用いて押印しているとき**は、当該議事録の印鑑につき市区町村長の作成した証明書を添付することを要しない。

➡4「選定議事録等の印鑑証明書」「添付不要の例外」①参照 ✕
変更後の代表取締役が変更前の代表取締役の届出印と同一の印鑑を押しても、商登規61条6項柱書ただし書は不適用

14 □□□　取締役会設置会社でない株式会社を**設立**する場合において、定款の定めに基づき設立時取締役の互選により設立時代表取締役を選定したときは、設立の登記の申請書には、**設立時取締役による互選を証する書面に押された設立時取締役の印鑑**につき市区町村長が作成した印鑑証明書を添付しなければならない。

➡4「選定議事録等の印鑑証明書」「添付不要の例外」② ✕
商登規61条6項は設立時の規定ではない

15 □□□　**取締役会設置会社以外の会社**において、定款の定めに基づく取締役の互選によって代表取締役を定めた場合には、当該代表取締役の就任による変更の登記の申請書には、当該**代表取締役の就任承諾書に押された印鑑につき**市区町村長が作成した印鑑証明書を添付しなければならない。

➡4「就任承諾書の印鑑証明書」 ✕
取締役の就任承諾書について必要

16 □□□　**取締役会設置会社（指名委員会等設置会社を除く。）**を設立する場合には、設立の登記の申請書には、**設立時代表取締役**の就任承諾書に押された印鑑につき市区町村長の作成した印鑑証明書を添付しなければならない。

➡4「就任承諾書の印鑑証明書」 ○
商登規61条5項

17 □□□　取締役会設置会社における代表取締役の**重任**による変更の登記の申請書には、当該代表取締役が就任を承諾したことを証する書面に押印した印鑑について、市区町村長の作成した証明書を添付することを要しない。

➡4「就任承諾書の印鑑証明書」「添付不要の例外」① ○

【選定議事録等の印鑑証明書が添付不要の場合】

届出印　A　B　C　D

取締役会議事録
Bを代表取締役として選定する。　届

乗っ取りのおそれはない
→　選定議事録等の印鑑証明書は不要

4 印鑑証明書

	選定議事録等の印鑑証明書 （商登規 61 Ⅵ）▶31	就任承諾書の印鑑証明書	
		非取締役会設置会社 （商登規 61 Ⅳ）	取締役会設置会社 （商登規 61 Ⅴ）
証明書の添付が必要となる印鑑	**《定款・株主総会決議・種類株主総会決議による選定》** 議長及び出席取締役が議事録に押印した印鑑 **《取締役の互選による選定》** 取締役が互選書に押印した印鑑 **《取締役会決議による選定》** 出席取締役及び出席監査役が議事録に押印した印鑑 ▶32	**取締役の就任承諾書**に押印した印鑑 （代表取締役を選定しても就任承諾書の印鑑に印鑑証明書は不要）	代表取締役又は代表執行役の就任承諾書に押印した印鑑 （取締役の就任承諾書の印鑑に印鑑証明書は不要）
有効期限	な し	な し	
添付不要の例外	① 商業登記規則 61 条 6 項各号に定める印鑑と**変更前の代表取締役**が登記所に**提出している印鑑**が同一である場合 ② 設立に際して、代表取締役を選定又は定めた場合	① 取締役（取締役会設置会社においては代表取締役）の就任が**再任**である場合 ② **新設合併**による設立の登記及び**組織変更**による設立の登記の場合	

▶31　代表取締役を選定しない場合、各取締役が会社を代表する代表取締役となるため、取締役を選任した株主総会議事録（種類株主総会議事録）が代表取締役の選定議事録となる。
　　　→ **取締役**を選任した株主総会議事録（種類株主総会議事録）への押印及び当該印鑑についての 印鑑証明書 が必要。

▶32　会計限定の定めのある監査役は、取締役会への出席義務はないが、出席すれば取締役会議事録への署名義務を負う。→ 印鑑証明書 の添付が必要。

【選定議事録等の印鑑証明書のイメージ図】

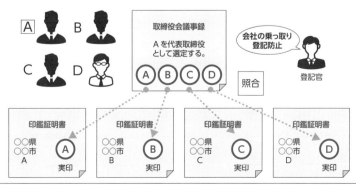

18 □□□　印鑑を登記所に提出している（①代表権を有する
取締役、②監査役）の辞任による変更の登記を申請する
場合には、届出印を押印したときを除き、当該役員の**辞
任を証する書面**に押印した**印鑑**につき、市区町村長が作
成した証明書を添付しなければならない。

➡**5**「原則」参照　　①

19 □□□　代表取締役がA及びBである株式会社において、
Aのみが登記所に印鑑を提出している場合に、**B**が代表
取締役を辞任したことによる変更の登記を申請するとき
は、辞任を証する書面に押印した印鑑につき、市区町村
長が作成した証明書を添付しなければならない。

➡**5**「原則」参照　　✕
登記所に印鑑を提出
しない者については
印鑑証明書の添付が
不要である

20 □□□　代表取締役の辞任による変更の登記を申請する場
合において、当該**代表取締役が登記所に提出した印鑑を
辞任届に押印**しているときは、市区町村長が作成した証
明書を添付することを要しない。

➡**5**「例外」　　　○

21 □□□　**印鑑を登記所に提出している代表取締役が存しな**
† い株式会社の代表取締役の辞任による変更の登記の申請
書には、代表取締役の辞任を証する書面に押された印鑑
につき市区町村長の作成した**印鑑証明書**を添付しなけれ
ばならない。

➡**5**　　　　　　　○

5 代表者の辞任の場合における意思確認 (商登規61条8項)

辞任による変更の登記を申請する場合、以下の者の**辞任を証する書面**に押印した印鑑につき、市区町村長の作成に係る**印鑑証明書**を添付しなければならない。💬

原　則	登記所に印鑑を提出している取締役、代表取締役、執行役及び代表執行役
例　外	辞任を証する書面に押印された印鑑が、登記所に提出している印鑑と同一である場合には、添付は不要

＊　一般社団法人等の代表者に関しても同様である。

【辞任届の印鑑証明書のイメージ図】

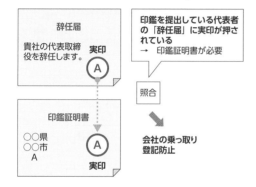

登記所に印鑑の提出をしている代表者が存しない株式会社においては、会社の代表者の辞任による変更の登記について、常に辞任届に係る印鑑証明書を添付しなければなりません（商登規61Ⅷ本）。

01 □□□　会計参与設置会社においては、計算書類等の作成は**会計参与のみ**が行う。

➡ 1 ◧「会計参与」「職務」
取締役（又は執行役）と共同して行う

×

02 □□□　会計参与は、**その職務を行うため必要があるとき**は、会計参与設置会社の子会社の業務及び財産の状況を調査することができる。

➡ 1 ◧「会計参与」「閲覧・報告・調査」

○

03 □□□　監査役は、**取締役会**に**出席義務**はない。

➡ 1 ◧「監査役」「出席義務」

×

04 □□□　会計参与は、**計算書類等の承認をする**取締役会以外の取締役会には出席する義務を負わない。

➡ 1 ◧「会計参与」「出席義務」

○

05 □□□　会計監査人は、**定時株主総会に出席を求める決議があった場合**には、当該株主総会に**出席して意見**を述べなければならない。

➡ 1 ◧「会計監査人」「出席義務」

○

06 □□□　取締役会設置会社における監査役の報酬は、定款にその額を定めていないときは、**取締役会の決議**により定めることを要する。

➡ 1 ◧「監査役」「報酬等」
株主総会の決議によって定める
cf. 取締役の報酬（会361 I）

×

07 □□□　**監査役設置会社**において、会計監査人の報酬を取締役が決定する場合には、**監査役の同意**が必要である。

➡ 1 ◧「会計監査人」「報酬等」

○

Ⅵ 会計参与・監査役・会計監査人

1 権限・義務等

ランク **B**

1 比　較

		監査役	会計参与	会計監査人
権限	職　務	取締役（及び会計参与）の職務執行の監査（会381Ⅰ）	取締役（又は執行役）と共同で計算書類等の作成（会374Ⅰ、Ⅵ）	計算書類等、臨時計算書類並びに連結計算書類の監査（会396Ⅰ）
	閲覧・報告・調査　いつでも	会社：事業の報告　監査役設置会社の業務及び財産の状況の調査（会381Ⅱ）	会社：会計帳簿等の閲覧、謄写等　　会計に関する報告（会374Ⅱ、Ⅵ、396Ⅱ、Ⅵ）	
	職務執行の際の必要時	子会社：事業の報告　業務及び財産の状況の調査（会381Ⅲ）	会社・子会社：業務及び財産状況の調査　子会社：会計に関する報告（会374Ⅲ、396Ⅲ）	
義務	取締役等の不正行為等の報告先	取締役（取締役会）（会382）	監査役会設置会社：監査役会　監査等委員会設置会社：監査等委員会　指名委員会等設置会社：監査委員会	
			監査役設置会社：監査役　上記以外：株主（会375）	上記以外：監査役（会397）
	出席義務	取締役会出席義務（会383Ⅰ）	計算書類等の承認をする取締役会への出席義務（会376Ⅰ）	定時株主総会に出席し意見陳述する義務（決議により出席を求められたときのみ）（会398Ⅱ）
報酬等		定款又は株主総会決議（会387Ⅰ）　＊　意見陳述権あり	定款又は株主総会決議（会379Ⅰ）　＊　意見陳述権あり	＊　取締役が決定の場合、監査役の同意必要（会399）

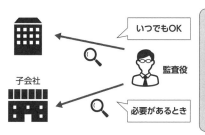

いつでもOK

必要があるとき

子会社

監査役

子会社は粉飾決算等に利用されるケースもあるため、監査役は、その職務を行うため**必要があるとき**は、**子会社に対して**事業の報告を求めたり、子会社の業務又は財産の状況を調査することができるとしているのです（左図参照）（会381Ⅲ）。

08 □□□　会社法上の公開会社でない株式会社においては、**監査役会設置会社であっても、**監査役の監査の範囲を会計に関するものに限定することができる。

→ **1 2**
監査役会設置会社においては、監査役の会計限定不可

×

09 □□□　**監査役会**を設置している株式会社は、監査役を**3名以上**置かなければならず、**その過半数**は**社外**監査役でなければならない。

→ **1 3 a**
社外監査役は半数以上でよい
cf. 委員会の過半数は社外取締役

×

10 □□□　監査役会の決議は、**監査役の過半数が出席**し、**その過半数の同意**が必要である。

→ **1 3 b**「決議」💡
定足数の定めはない

×

11 □□□ †　親会社の会計参与が子会社の取締役に選任されたため、親会社の会計参与を退任することとなった場合における変更の登記の申請書に記載すべき退任の事由は、**資格喪失**である。

→ **2 1** *
cf. 親会社監査役が子会社取締役に就任

○

12 □□□ †　会計参与の就任による変更の登記の申請書には、会計参与が法人でないときは、**公認会計士又は税理士であることを証する書面**を添付しなければならない。

→ **2 2 b ③**

○

13 □□□ †　監査法人が会計参与に就任した場合の変更の登記の申請書には、**登記を申請する登記所の管轄区域内に当該法人の主たる事務所がある**場合であっても、当該法人の登記事項証明書を添付しなければならない。

→ **2 2 b ③** ▶33

×

14 □□□ †　会計参与の就任による変更の登記の申請書には、**計算書類等を備え置く場所を決定したことを証する書面**を添付しなければならない。

→ **2 2 b** ▶33 cf.

×

ここでは**半数以上**ということに注意しましょう。**過半数**は、半分を超えていなければなりませんが、半数以上は、半分ちょうどを含みます。
例えば、4名の過半数は3名以上、半数以上は2名以上になります。

2 会計限定監査役

　非公開会社（**監査役会設置会社及び会計監査人設置会社を除く**）においては、監査役の監査の範囲を会計に関するものに限定する旨を定款で定めることができる（会389Ⅰ）。当該会社は、監査役設置会社ではない（会2⑨括）。また、**1**の権限、義務については、会計限定監査役については不適用（会389Ⅶ、381～386）。

3 監査役会設置会社

ⓐ 員数の規制等

　監査役は、**3人以上**で、そのうちの**半数以上**は**社外監査役**でなければならない（会335Ⅲ）。

　監査役会は、監査役の中から常勤の監査役を選定しなければならない（会390Ⅲ）。

ⓑ 監査役会の運営

招集権者		各監査役（会391）
招集手続	通　知	監査役会の1週間前　＊　定款で軽減することができる（会392Ⅰ括）
	省　略	監査役全員の同意（会392Ⅱ）
決　　議		**監査役の過半数**（会393Ⅰ）　💡定足数なし

2 会計参与の登記

ランク **B**

1 欠格事由（会333条3項1号）

会計参与設置会社	子会社
取締役、監査役、執行役、支配人、その他の使用人	

＊　会計参与を取締役等に選任した場合
→　選任の効力発生時に、会計参与を「資格喪失」により退任する。

2 登記手続

ⓐ 登記事項（会911条3項16号）

① 　会計参与の氏名又は名称
② 　書類等備置場所

ⓑ 就任登記の添付書面

① 　株主総会議事録（商登46Ⅱ）
② 　就任承諾書（商登54Ⅱ①）
③ 　法人の場合は**登記事項証明書**▶33、法人以外の場合は**資格証明書**（商登54Ⅱ②、③）

▶33 　登記を申請する登記所の**管轄区域内に当該法人の主たる事務所がある**場合、登記事項証明書は不要（商登54Ⅱ②但）。
　　cf.会計参与が計算書類等を備え置く場所に関して添付書面は**不要**。

15 □□□　株式会社の監査役が当該株式会社の子会社の取締
†　　役に就任した場合、当該株式会社においては、監査役の
資格喪失による退任の登記を申請し、当該子会社におい
ては、取締役の就任による変更の登記を申請しなければ
ならない。

➡3**1**💡　　×

16 □□□　**監査役の監査の範囲を会計に関するものに限定**す
†　　る旨の定款の定めがある株式会社は、監査役設置会社で
ある旨及び監査役の氏名の登記を申請する必要はない。

➡3**2**「登記事項」　×

17 □□□　監査役設置会社が**監査役の権限を会計に限定する**
†　　**旨の定款の変更**をしたときは、その旨の登記を申請しな
ければならない。

➡3**2**「登記事項」　○

18 □□□　資本金の額が1億円である監査役設置会社におけ
†　　る**監査役Aの就任による変更の登記**と**監査役の監査の範**
囲を会計に関するものに限定する旨の定款の定めの設定
による変更の登記を一の申請書で申請する場合の登録免
許税の額は、**金4万円**である。

➡3**2**　　×
役員変更分のみで金
1万円

19 □□□　監査役会設置会社における監査役の就任による変
†　　更の登記の申請書には、監査役の選任に関する議案を株
主総会へ提出することについて同意した**監査役会議事録**
を添付しなければならない。

➡3**3** cf.　　×

20 □□□　監査役を設置している公開会社が、**その発行する**
†　　**全部の株式の内容として、譲渡による当該株式の取得に**
ついて当該株式会社の承認を要する旨の定款の定めを設
定する定款の変更をした場合には、監査役の退任による
変更の登記を申請しなければならない。

➡3**4**「特有の任期　×
満了事由」④参照
定めを廃止した場合
に任期満了する

　監査役の監査の範囲を会計に関するものに限定する旨の定款の定めの登記の登録
免許税の課税区分は、機関設置に関する登記と異なり、「カ（**役員変更分**）」に分
類されることに注意しましょう。

3 監査役の登記

1 兼任禁止

監査役は、以下の役員と兼任することができない（会335Ⅱ）。

監査役設置会社	子会社
取締役、支配人、その他の使用人	
―	会計参与（法人であるときはその職務を行うべき社員）、執行役

💡親会社の監査役である者が子会社の取締役に就任する場合の登記手続

申請すべき登記	親会社の監査役＝「退任登記」　子会社の取締役＝「就任登記」
親会社の監査役の退任事由	「○年○月○日監査役A辞任」　＊　「資格喪失」ではない cf. 会計参与の欠格事由

2 会計限定監査役

設定の要件	非公開会社（監査役会設置会社及び会計監査人設置会社を除く）
登記事項	「監査役設置会社の定め」「監査役の氏名」「**監査役の監査の範囲を会計に関するものに限定する旨の定款の定め**」💬

3 監査役の就任

実体手続	添付書面
監査役設置会社の定めの設定及び監査役を選任した株主総会の決議	株主総会議事録
監査役の就任承諾	就任承諾書

cf. 監査役の選任に関する議案を株主総会に提出するには、監査役（監査役が複数いる場合にはその過半数、監査役会設置会社の場合は監査役会）の同意を得る必要がある（会343Ⅰ、Ⅲ）が、この同意に関する書面は、**添付書面とされていない**。

4 監査役の退任

解　任	株主総会の**特別決議**（会309Ⅱ⑦括）
特有の任期満了事由（会336Ⅳ）	① 監査役を置く旨の定款の定めを廃止する定款の変更 ② 監査等委員会設置会社又は指名委員会等設置会社を置く旨の定款の変更 ③ 監査役の監査の範囲を会計に関するものに限定する旨の定款の定めを**廃止**する定款の変更 ④ 発行する株式の全部の内容として譲渡による株式の取得について株式会社の承認を要する旨の定款の定めを廃止する定款の変更

ランク A

第2編 株式会社特有の商事手続

21 □□□　株式会社が会計監査人を設置したことによる会計
†　　監査人の就任による変更の登記の申請書には、会計監査
　　　人を選任した株主総会の議事録及び当該会計監査人が就
　　　任を承諾したことを証する書面に加え、会計監査人が**公
　　　認会計士又は税理士**であることを証する書面を添付しな
　　　ければならない。

➡ 4 **1**
会計監査人の資格に
税理士は含まれない
×

22 □□□　会計監査人の任期が満了する**定時株主総会におい
†　　て、別段の決議がされなかった**ことにより会計監査人の
　　　重任による変更の登記を申請する場合、当該登記の申請
　　　書には、会計監査人が**就任を承諾したことを証する書面**
　　　を添付しなければならない。

➡ 4 **2**【会計監査人の
自動再任による重任
登記の添付書面】
cf. 資格証明書は必要
×

23 □□□　株式会社において、一時会計監査人の職務を行う
†　　べき者が選任された場合には、当該株式会社は、**一時会
　　　計監査人**の職務を行うべき者の**就任による変更の登記**を
　　　申請しなければならない。

➡ 4 **3**「会計監査人」
cf. 役員の一時職務を
行うべき者の登記
○

24 □□□　会計監査人が欠けた場合において、監査役会の決
†　　議によって公認会計士を一時会計監査人の職務を行うべ
　　　き者として選任したときは、当該一時会計監査人の職務
　　　を行うべき者の就任による変更の登記の申請書には、監
　　　査役会議事録を添付しなければならないが、その者が**公
　　　認会計士であることを証する書面**を添付することを要し
　　　ない。

➡ 4 **3**「添付書面」
一時会計監査人の職
務を行う者であって
も、資格を証する書
面は必要
×

25 □□□　一時会計監査人の職務を行うべき者の登記がされ
†　　ている場合において、後任の会計監査人の就任承諾が得
　　　られたときは、当該会計監査人の就任による変更の登記
　　　と併せて一時会計監査人の職務を行うべき者についての
　　　退任による変更の登記を申請しなければならない。

➡ 4 **3**「後任者の就
任登記がされた場合」
一時会計監査人の職
務を行うべき者の登
記は職権により抹消
×

4 会計監査人の登記

1 就任登記の添付書面

会計参与と同様の（税理士及び税理士法人に関するものを除く）添付書面が必要となる。

2 重 任

会計監査人の任期は、選任後**1年**以内に終了する事業年度のうち最終のものに関する定時株主総会の終結の時までである（会338 I）が、当該定時株主総会において別段の決議がされなかった場合は、当該定時株主総会において**再任されたものとみなされる**（会338 II）。

【会計監査人の自動再任による重任登記の添付書面】 ○：必要 ×：不要

株主総会議事録	就任承諾書	資格証明書 （登記事項証明書）
○	×	○

3 一時会計監査人の職務を行うべき者の登記

	役 員	会計監査人
申請か嘱託か	嘱 託	申 請 ▶34
添付書面	―	選任に関する書面以外は通常の会計監査人を選任した場合と同様（商登55）
後任者の就任登記がされた場合		職権抹消（商登規68 I）

▶34　会計監査人が欠けた場合又は定款で定めた会計監査人の員数が欠けた場合において、遅滞なく会計監査人が選任されないときは、**監査役**（監査役会設置会社においては監査役会、㊙委員会においては監査等委員会、㊙会社においては監査委員会）は一時会計監査人の職務を行うべき者を選任しなければならない（会346 IV、VI、VII、VIII）。

他の役員等で一時的に職務を行うべき者（ex. 仮取締役）が裁判所によって選任された場合には、**裁判所書記官の嘱託により**登記がされることになるため、登記の申請は不要であることに注意しましょう（会937 I②イ）。

01 ☐☐☐　取締役を３名置いている取締役会設置会社におい
†　　て、取締役１名を**解任し、後任者を選任しない**場合には、
　　当該取締役について退任の登記を申請することができな
　　い。

→**1 1**② ▶ 36
権利義務を承継する
のは任期満了又は辞
任の場合のみ

✕

02 ☐☐☐　取締役の辞任により会社法又は定款で定めた取締
†　　役の員数が欠けた後に、当該取締役が死亡した場合には、
　　取締役の**死亡による退任の登記**を申請しなければならな
　　い。

→**1 2**「退任日」
権利義務解消→辞任
による退任の登記

✕

03 ☐☐☐　定款に取締役の員数について別段の定めのない取
†　　締役会設置会社の取締役ＡＢＣＤの全員が任期満了によ
　　り同時期に退任した場合、**そのうちの１名についてのみ**、
　　退任による変更の登記を申請することができる。

→**1 2** ▶ 37 ①

✕

04 ☐☐☐　取締役の全員が任期満了により退任した場合にお
†　　いて、その**後任として選任された取締役**の員数が会社法
　　又は定款の定める**員数に欠けるとき**は、退任及び**就任の
　　登記**を申請することができない。

→**1 2** ▶ 37 ②
就任の登記は申請で
きる

✕

05 ☐☐☐　任期満了により３名の取締役全員が取締役の権利
†　　義務を有する者となっている取締役会設置会社において、
　　取締役を１名追加して選任したときは、取締役の**権利義
　　務を有する者のうち１名につき退任の登記**を申請するこ
　　とができる。

→**1 2** ▶ 37 ②

✕

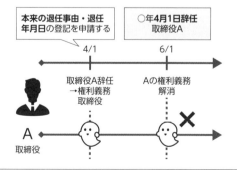

Ⅶ 権利義務承継役員に関する登記

1 総　説

ランク A

1 権利義務承継の要件

① 役員が欠けたこと又は会社法 [▶35] 若しくは定款に定める員数が欠けたこと
② 任期満了又は辞任により退任 [▶36] した役員であること

▶35　取締役会設置会社においては、取締役は3人以上でなければならない（会331Ⅴ）。
▶36　死亡、解任、欠格事由に該当、又は定款所定の事由に該当したことにより退任した役員は、権利義務を承継しない。

2 権利義務承継の解消

	取締役・会計参与・監査役	取締役会設置会社の代表取締役
解消事由	① 員数を満たす後任者の就任 [▶37] ② 権利義務承継者の死亡・解散 ③ 権利義務承継者の欠格事由該当（定款所定の資格の喪失を含む）	① 員数を満たす後任者の就任 ② 権利義務承継者の死亡 ③ **前提資格である取締役たる資格の喪失**
効　果	退任による変更の登記の申請が可能となる 💬	
退任日	**本来の任期満了、又は辞任の日**	本来の任期満了、又は辞任の日若しくは取締役の退任日
添付書面	任期満了又は辞任を証する書面及び権利義務が解消されたことを証する書面	

▶37　**【員数を満たす後任者の就任についての具体的事例とその検討】**

【事 例】　取締役会設置会社で、かつ、定款に取締役の員数の定めのない株式会社において、定款所定の開催期間に定時株主総会が開催されないため、開催期間の末日である令和3年6月30日に取締役ABCD全員が同時に任期満了退任し、権利義務を承継している場合。
① ABCで法定の員数を満たすことになるが、Dについてのみ退任による変更の登記を申請することはできない（昭37.8.18民甲2350回）。
② 同年7月5日の定時株主総会で、取締役の後任者として、EFのみが選任されたにすぎない場合、ABCDの権利義務は解消されないので、その退任による変更の登記を申請することはできない。ただし、この場合、**後任者EFの就任による変更の登記は申請しなければならない**（昭30.5.23民甲1008回）。

この場合に申請する退任の登記は、権利義務承継役員の地位が失われたこと自体ではなく、権利義務承継役員となる前の従前の役員の地位が任期満了又は辞任によって失われたことによるものであるため、**本来の任期満了**又は**辞任の日**が退任日になるのです。左図を参考にイメージをつかんでおきましょう。なお、権利義務承継役員はこのように**役員の幽霊**とイメージするとわかりやすいでしょう。次の役員が就任するまでは引き続き承継役員としての地位を有し、この世に留まるが、代わりの者が就任すると、成仏してその地位を失うというイメージです。

06 □□□　定款に代表取締役の員数を2名とする定めはあ
†　　　るが、取締役の員数について定めのない取締役会設置会社
　　　　が、取締役4名、代表取締役2名を登記している場合に
　　　　おいて、その代表取締役のうち1名が取締役を辞任した
　　　　ときは、その者について、**代表取締役の退任による変更
　　　　の登記**の申請をすることはできない。

➡ 2 **2 a**
代表取締役の前提資
格を喪失
×

07 □□□　定款に取締役及び代表取締役の員数について定め
†　　　のない取締役会設置会社が、取締役が3名、代表取締役
　　　　2名を登記している場合において、その両方を兼任して
　　　　いる者のうちの1名が取締役を辞任したときは、代表取
　　　　締役についての退任の登記は、**後任取締役の就任の登記
　　　　と同時**に申請しなければならない。

➡ 2 **2 b** ⅱ
代表取締役について
は権利義務に当たら
ない
×

08 □□□　任期満了により権利義務を有することとなった取
†　　　締役が代表取締役に選定されている場合において、後任
　　　　の取締役が選任されたことにより会社法又は定款で定め
　　　　た取締役の員数を満たすこととなったときは、**取締役に
　　　　ついては任期満了の日、代表取締役については後任の取
　　　　締役の就任の日**を退任の日付として、それぞれの退任の
　　　　登記を申請することができる。

➡ 2 **3** ①
〇

09 □□□　任期満了により権利義務を有することとなった取
†　　　締役が代表取締役に選定されている場合において、当該
　　　　代表取締役が死亡したときは、**取締役及び代表取締役に
　　　　ついて、任期満了の日を退任の日付**としてそれぞれの退
　　　　任の登記を申請することができる。

➡ 2 **3** ②
代表取締役について
は死亡の日
×

10 □□□　任期満了により権利義務を有することとなった取
†　　　締役が代表取締役に選定されている場合において、**当該
　　　　代表取締役を解職したとする変更の登記**を申請すること
　　　　はできない。

➡ 2 **3** ③
権利義務承継代表取
締役ではない
×

ここでは、代表取締役に選定された権利義務取締役は、代表取締役の立場とし
ては**正規の代表取締役**であり、権利義務代表取締役としての扱いを受けないこ
とに注意しましょう（右図参照）。

2 権利義務承継代表取締役に関する登記

ランク **A**

1 権利義務承継の要件

① 会社法又は定款で定める最低員数に欠員が生ずること
② 辞任又は任期満了による退任であること
③ 前提資格である取締役たる資格を有すること

2 要件③についての具体的事例 （員数について定めなし）

ⓐ 取締役会設置会社における取締役がＡＢＣＤである場合
　　ⅰ　唯一の代表取締役であるＡが取締役を辞任したとき
　　　→　「年月日取締役Ａ辞任」・「同日代表取締役Ａ資格喪失により退任」
ⓑ 取締役会設置会社における取締役がＡＢＣである場合
　　ⅰ　唯一の代表取締役であるＡが取締役を辞任したとき
　　　→　取締役・代表取締役共に退任登記不可
　　ⅱ　代表取締役ＡＢがいる場合に、Ａが取締役を辞任したとき
　　　→　「年月日代表取締役Ａ資格喪失により退任」

3 取締役会設置会社の権利義務承継取締役を代表取締役に選定した場合 💬

権利義務承継取締役を代表取締役に選定することができる（昭39.10. 3民甲3197回）。

【退任の日付】

	退任事由	取締役退任日	代表取締役退任日
①	後任取締役が選任され代表取締役の資格を喪失する場合	任期満了又は辞任の日	後任者就任の日
②	死亡・欠格事由に該当した場合		死亡した日、欠格事由に該当した日
③	代表取締役のみを辞任し又は解職された場合	―	辞任又は解職の日

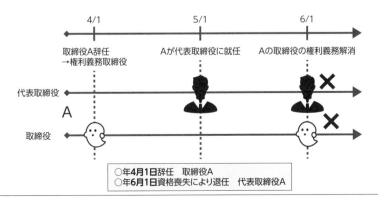

○年4月1日辞任　取締役A
○年6月1日資格喪失により退任　代表取締役A

01 □□□　**住居表示の実施**により代表取締役の住所に変更が
†　　あった場合には、代表取締役の住所の変更による登記が
　　あったものとみなされることはなく、代表取締役の住所
　　の変更による登記を申請しなければならない。

➡**1** 1段目　　　　○

02 □□□　会計参与が計算書類等を備え置く場所を変更した
†　　ことによる変更の登記の申請書には、**計算書類等の備置**
　　場所を変更したことを証する書面を添付しなければなら
　　ない。

➡**2**②　　　　×

03 □□□　取締役が婚姻により氏を変更した場合には、取締
†　　役の変更の登記の申請書には、**戸籍謄抄本、住民票その**
　　他の氏の変更を証する書面を添付しなければならない。

➡**2**②　　　　×

04 □□□　**株式会社の本店所在地を管轄する登記所の管轄区**
†　　**域外**に主たる事務所を有する法人が当該株式会社の会計
　　監査人に選任されている場合において、その法人が名称
　　を変更したときは、会計監査人の名称の変更の登記の申
　　請書には、当該法人の登記事項証明書を添付しなければ
　　ならない。

➡**2** ▶38　　　　○

05 □□□　取締役Ａが、婚姻による氏の変更の登記の申請と
†　　併せて、**婚姻前の氏をも登記簿に記録**するよう申し出る
　　場合、**Ａの婚姻前の氏を証する書面**を添付することを要
　　しない。

➡**3**
婚姻前の氏を証する
書面が必要　　　　×

Ⅷ 役員等の氏名等の変更の登記

1 登記申請の要否　ランク B

事　例	要　否
代表取締役の住所変更が行政区画等の変更に伴う**地番変更**並びに**住居表示の実施**により生じた場合	必　要
代表取締役の住所変更が**行政区画、郡、区、市町村の町若しくは字又はそれらの名称**の変更による場合	不　要 (商登 26)

2 添付書面の要否　ランク B

	変更登記の内容	要　否
①	会計参与又は会計監査人が**法人**である場合のその**名称**の変更登記	必　要 ▶38
②	その他の変更登記（会計参与の**計算書類等**の備置場所の変更登記を含む）	不　要

▶38　📎 登記事項証明書 の添付を要する。ただし、申請をする登記所の管轄区域内に当該法人の主たる事務所がある場合を除く（商登 54 Ⅲ）。

3 旧氏の併記　ランク B

　役員等（取締役、監査役、執行役、会計参与及び会計監査人）又は清算人について、**旧氏を証する書面**（戸籍謄本、住民票の写し〔氏の変更の記載があるもの〕等）を添付し、現在の氏と旧氏の両方を**併記する旨を申し出れば**、旧氏が登記記録に併記される（商登規 81 の 2）。

行政区画の変更（ex. 相模原市○○町・相模原市Ａ区○○町）があった場合、行政区画の変更は周知の事実であることから、**変更の登記があったものとみなされます**（商登 26）。そのため、行政区画の変更により代表取締役の住所の変更が生じた場合であっても、代表取締役の住所の変更の**登記の申請は不要**です。

01 □□□　**監査等委員である取締役**は３名以上で、その（①半数以上、②過半数）は社外取締役でなければならない。

➡**1**「構成員」　②

02 □□□　監査等委員会設置会社の**監査等委員でない取締役**の任期は、選任後（①１年、②２年）以内に終了する事業年度のうち最終のものに関する定時株主総会の終結の時までである。

➡**2**「任期」　①

03 □□□　監査等委員会設置会社の**監査等委員である取締役**の任期は、**定款による別段の定め**により、選任後１年以内に終了する事業年度のうち最終のものに関する定時株主総会の終結の時までとすることができる。

➡**2**「任期」　×
定款による短縮不可

04 □□□　監査等委員会設置会社の**監査等委員である取締役**を**解任**する場合には、株主総会の（①普通決議、②特別決議）によらなければならない。

➡**2**「解任決議要件」　②

05 □□□　監査役会設置会社及び監査等委員会設置会社の取締役会は、いずれも、**取締役の過半数が社外取締役である場合**には、その決議によって、**重要な業務執行の決定の全部又は一部を取締役に委任**することができる。

➡**3** 参照　×
監査等委員会設置会社についてのみ正しい

06 □□□　監査等委員会設置会社は、取締役会の決議によって**重要な業務執行の決定の全部又は一部を取締役に委任**することができる旨を**定款で定める**ことができ、当該定めは登記事項となる。

➡**3** ▶40　○

監査等委員である取締役とそれ以外の取締役とは区別して選任しなければならないとされているため、「（通常の）取締役」と「監査等委員である取締役」は**同じ役職とはいえません**。監査等委員会設置会社の定めを設定し、従前の取締役を監査等委員である取締役に選任した場合、監査等委員である取締役の**重任による変更の登記を申請することはできず**、取締役の退任及び監査等委員である取締役の就任による変更の登記を申請しなければなりません（平27. 2. 6民商14通）。

IX 監査等委員会設置会社

1 機関設計等 <small>ランク B</small>

機関設計	・取締役会及び会計監査人を置かなければならない（会 327 I ③、V） ・監査役及び指名委員会等を置くことはできない（会 327 IV、VI）
構成員	監査等委員である取締役は 3 人以上で、その**過半数は社外取締役**でなければならない（会 331 VI） ▶39

▶39　監査等委員である取締役とそれ以外の取締役とは、区別して選任しなければならない（会 329 II）。💬

2 任期等（横断整理） <small>ランク A</small>

	監査等委員でない取締役	監査等委員である取締役	指名委員会等設置会社の監査委員である取締役
兼任禁止規定	な　し	あ　り	あ　り
員数、社外取締役の必要性	規定なし	3 人以上で、過半数は社外取締役	3 人以上で、過半数は社外取締役
任　期	1 年（定款・株主総会による短縮可）	2 年（定款・株主総会による短縮不可）	1 年（定款・株主総会による短縮可）
解任決議要件（累積投票を除く）	株主総会の特別な普通決議	株主総会の特別決議	株主総会の特別な普通決議

3 重要な業務執行の決定の委任の可否（横断整理） <small>ランク B</small>

会社の種類	委任の可否
指名委員会等設置会社	可（定款の定めは不要）
監査等委員会設置会社	原則：不　可 例外：以下の場合は可 ① 監査等委員会設置会社の取締役（全体）の過半数が社外取締役である場合 ② 取締役会の決議によって重要な業務執行の決定の全部又は一部を取締役に委任することができる旨の定款の定めがある場合 ▶40
その他の会社	不　可

▶40　当該定款の定めは登記事項となる。

01 ☐☐☐　**指名委員会等設置会社の取締役**は業務の執行をする権限を有しないが、**執行役を兼任**することは認められる。

➡**2**「業務執行」　　○

02 ☐☐☐　監査委員は、会社の**指名委員を兼任**することができない。

➡**3**「監査委員の兼任禁止」参照
指名委員が業務執行取締役や執行役でない限り可　　×

03 ☐☐☐　指名委員会等設置会社の執行役の任期は、**選任後1年以内**に終了する事業年度のうち最終のものに関する**定時株主総会の終結の時**までである。

➡**4**「任期」
定時株主総会の終結後最初に招集される**取締役会**の終結時
短縮は可　　×

04 ☐☐☐　執行役が使用人を兼ねている場合には、執行役の個人別の報酬及び使用人としての報酬は、いずれも**報酬委員会がその内容を決定**する。

➡**4** 💬　　○

05 ☐☐☐　執行役が2人以上ある場合の代表執行役の選定は、**執行役の過半数**をもって行う。

➡**5**「選定」
取締役会で選定する　　×

06 ☐☐☐　指名委員会等設置会社の代表執行役の**代表権に加えた制限**は、**善意の第三者**に対抗することができない。

➡**5**「代表権の範囲等」　　○

執行役が指名委員会等設置会社の使用人を兼ねている場合には、その**使用人の報酬**についても**報酬委員会**が決定します（会404 Ⅲ）。これは、使用人としての報酬を通じて不当に報酬を得ることを防止するためです。

X　指名委員会等設置会社

1 【特　徴】監査・監督機関と業務執行機関の制度的分離 `ランク B`

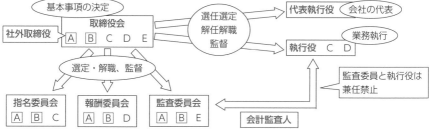

2 取締役 `ランク B`

業務執行	取締役の資格では原則として業務を執行することができない（会415） 💡取締役が執行役を兼任することはできる（会402 Ⅵ）
兼任禁止	当該会社の支配人その他の使用人を兼ねることができない（会331 Ⅳ）
任　期	選任後1年以内（定款又は株主総会による**短縮**可）に終了する事業年度のうち最終のものに関する**定時株主総会**の終結の時まで（会332 Ⅵ） 💡非公開会社であっても、任期の**伸長不可**（会332 Ⅱ括）

3 委員会 `ランク B`

構成	資　格	取締役であること
	選　定	取締役会の決議によって選定
	員　数	3人以上の委員が必要　その**過半数**は、**社外**取締役の必要あり（会400）
監査委員の兼任禁止		指名委員会等設置会社若しくはその子会社の執行役若しくは**業務執行**取締役又は指名委員会等設置会社の子会社の会計参与（会計参与が法人であるときは、その職務を行うべき社員）若しくは支配人その他の使用人との**兼任不可**（会400 Ⅳ）

4 執行役 `ランク B`

選　任	取締役会の決議により選任又は解任される（会402 Ⅱ、403 Ⅰ）💬
任　期 （会402 Ⅶ）	選任後1年以内（定款による短縮可）に終了する事業年度のうち最終のものに関する定時株主総会の終結後最初に招集される取締役会の終結の時まで
権　限	取締役会の決議により委任された業務執行の決定をし、業務執行をする（会418）

5 代表執行役 `ランク B`

選　定	取締役会の決議により選定　執行役が1人の場合、その者が当然になる（会420）
代表権の範囲等	指名委員会等設置会社でない会社の代表取締役と同様（会420 Ⅲ、349 Ⅳ、Ⅴ等）

01 □□□　株式会社は、監査役の株式会社に対する責任の制限に関する規定の設定の登記を申請することができるが、**会計監査人**については当該登記を申請することができない。
†
→「対象となる役員等」　✕

02 □□□　取締役会設置会社は、**監査役設置会社、監査等委員会設置会社又は指名委員会等設置会社でなくても**、定款の定めがあれば、取締役が任務を怠ったことにより生じた株式会社に対する損害を賠償する責任について、法令が定める一定の額を限度として、**取締役会の決議**によって免除することができる。
†
→ ▶41　監査機関を備える必要がある　✕

03 □□□　取締役会設置会社が役員等の株式会社に対する責任免除に関する規定の変更の登記を申請する場合には、当該登記の申請書には、**取締役会議事録**を添付しなければならない。
†
→ ▶43　株主総会議事録を添付しなければならない（会426Ⅰ）　✕

04 □□□　株式会社が**定款**を変更して、非業務執行取締役等との間において当該株式会社に対する**賠償責任を制限する旨の契約をすることができる旨**を定めた場合には、当該規定の設定による変更の登記の申請をしなければならない。
†
→「登記事項」「定款の定めによる責任限定契約」（会427Ⅰ）　〇

05 □□□　定款を変更して社外取締役の株式会社に対する賠償責任を取締役会決議により免除することができる旨を定めたことによる変更の登記の申請書には、**定款の変更を決議した株主総会議事録**を添付しなければならない。
†
→ ▶43　〇

06 □□□　会計監査人が負う**責任の限度に関する契約の締結についての定款の定め**を設けた場合には、会計監査人と当該**契約を締結していない**ときであっても、会計監査人の責任の制限に関する定めの設定による変更の登記の申請をしなければならない。
†
会911条3項24号により登記事項とされている　〇

XI 責任の免除及び制限に関する規定の登記

【役員等の責任の一部免除のまとめ】 ランク B

	株主総会決議によって行う免除 (会425)	定款規定による免除 (会426) ▶41	定款の定めによる責任限定契約 (会427) ▶41
対象となる役員等	すべての役員等	すべての役員等	取締役（業務執行取締役等を除く）、監査役、会計参与、会計監査人 ▶42
要件	① 職務を行うにつき善意でかつ重大な過失がないこと		
	② 株主総会の特別決議	② 定款 ▶43 ③ 取締役の過半数（取締役会の決議）	② 定款 ▶43 ③ 責任限定契約
登記事項	登記事項ではない	登記事項	登記事項

▶41 当該定款規定を設けられるのは、監査役設置会社（取締役が2名以上）、監査等委員会設置会社又は指名委員会等設置会社に限られる。

▶42 これらを「非業務執行取締役等」とよぶ（会427Ⅰ括）。

▶43 定款変更につき、株主総会の特別決議 が必要である（会309Ⅱ⑪、466）。

株主総会の特別決議による一部免除は、すぐに株主総会を開くのは難しいという欠点があるため、**監査機関の整備されている会社**に限り、定款に定めた上で取締役の決定（取締役会決議）によって責任の軽減を可能にしたのです。

01 ☐☐☐　株式会社の**業務執行取締役であった者**は、その**退任後5年が経過**しているときは、社外取締役に就任することができる。

➡ **1** 「社外取締役」① 　×

02 ☐☐☐　株式会社の取締役に就任した者が、その**就任の7年前に当該株式会社の監査役**であり、**監査役の就任の8年前に当該株式会社の業務執行取締役であったとき**は、社外取締役として就任することはできない。

➡ **1** 「社外取締役」② 　○

03 ☐☐☐　甲株式会社の子会社が乙株式会社及び丙株式会社である場合において、乙株式会社が、**甲株式会社の取締役A及び丙株式会社の業務執行取締役Bを業務を執行しない取締役として選任したとき**は、A及びBは社外取締役として就任することができない。

➡ **1** 「社外取締役」③④
Bは業務執行取締役でない取締役であれば社外取締役に就任可 　○

04 ☐☐☐　社外取締役が、当該株式会社の**取締役と婚姻**した場合、社外取締役ではなくなる。

➡ **1** 「社外取締役」⑤ 　○

05 ☐☐☐　取締役会設置会社（指名委員会等設置会社を除く。）が社外取締役を置いている場合において、当該取締役会設置会社と取締役との利益が相反する状況にあるときは、当該取締役会設置会社の**代表取締役**は、その都度、当該取締役会設置会社の業務を執行することを**社外取締役に委託**することができる。

➡ **2** 「原則」
取締役会の決議によって委託する 　×

06 ☐☐☐　株式会社と取締役との利益が相反する状況にある場合において、株式会社が、取締役会の決議によって株式会社の業務の執行を社外取締役に委託したときは、当該社外取締役は、委託された業務の執行をした場合、**社外取締役としての資格を喪失**する。

➡ **2** 「原則」
業務執行取締役の指揮命令によらない限り、社外性を喪失しない 　×

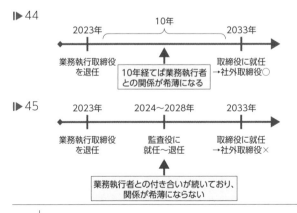

▷44

2023年 ——— 10年 ——— 2033年
業務執行取締役を退任　　　　　　　　　取締役に就任→社外取締役○
【10年経てば業務執行者との関係が希薄になる】

▷45

2023年　　2024～2028年　　2033年
業務執行取締役を退任　　監査役に就任～退任　　取締役に就任→社外取締役×
【業務執行者との付き合いが続いており、関係が希薄にならない】

XII 社外取締役・社外監査役の登記

1 社外取締役（社外監査役）の意義　ランク B

社外取締役（会2⑮）	社外監査役（会2⑯）
① 当該株式会社又はその子会社の業務執行取締役若しくは執行役又は支配人その他の使用人（以下「業務執行取締役等」という）でなく、かつ、その就任の前**10年間**当該株式会社又はその子会社の業務執行取締役等であったことがないこと▶44 ② その就任の前**10年内**のいずれかの時において当該株式会社又はその子会社の取締役、会計参与（会計参与が法人であるときは、その職務を行うべき社員）又は監査役であったことがある者（業務執行取締役等であったことがあるものを除く）にあっては、**当該取締役、会計参与又は監査役への就任の前10年間**当該株式会社又はその子会社の業務執行取締役等であったことがないこと▶45 ③ 当該株式会社の親会社等（自然人であるものに限る）又は**親会社等の取締役**若しくは執行役若しくは支配人その他の使用人でないこと ④ 当該株式会社の**親会社等の子会社等**（当該株式会社及びその子会社を除く）の**業務執行取締役等**でないこと ⑤ 当該株式会社の取締役若しくは執行役若しくは支配人その他の重要な使用人又は親会社等（自然人であるものに限る）の配偶者又は二親等内の親族でないこと	① その就任の前10年間当該株式会社又はその子会社の取締役、会計参与（会計参与が法人であるときは、その職務を行うべき社員。②において同じ）若しくは執行役又は支配人その他の使用人であったことがないこと ② その就任の前10年内のいずれかの時において当該株式会社又はその子会社の監査役であったことがある者にあっては、当該監査役への就任の前10年間当該株式会社又はその子会社の取締役、会計参与若しくは執行役又は支配人その他の使用人であったことがないこと ③ 当該株式会社の親会社等（自然人であるものに限る）又は親会社等の取締役、監査役若しくは執行役若しくは支配人その他の使用人でないこと ④ 当該株式会社の親会社等の子会社等（当該株式会社及びその子会社を除く）の業務執行取締役等でないこと ⑤ 当該株式会社の取締役若しくは支配人その他の重要な使用人又は親会社等（自然人であるものに限る）の配偶者又は二親等内の親族でないこと

2 業務執行の社外取締役への委託　(会348条の2)　ランク B

原則	株式会社が社外取締役を置いている場合に、当該株式会社と取締役との利益が相反する状況にあるとき、その他取締役が当該株式会社の業務を執行することにより株主の利益を損なうおそれがあるときは、当該株式会社は、その都度、**取締役の決定**（取締役会設置会社では**取締役会決議**）によって、当該株式会社の業務を執行することを社外取締役に委託することができる → 委託された社外取締役は、その業務の執行を行っても、社外性を喪失しない
例外	社外取締役が業務執行取締役等の指揮命令により委託された業務を執行したとき → 社外性を喪失し、社外取締役の要件に該当しないことになる

07 □□□　**監査役会設置会社**が、**監査役会設置会社の定めを
† 　廃止した場合**において、当該**定めの廃止による変更の登
　　記を申請するとき**は、**同時に**、**社外監査役である旨を抹
　　消する登記を申請**しなければならない。

➡3 💡
社外監査役が登記事
項となるのは監査役
会設置会社の定めが
ある場合のみである
ため

○

08 □□□　監査役会設置会社（公開会社であり、かつ、大会
† 　社であるものに限る。）であって**金融商品取引法の規定に
　　よりその発行する株式について有価証券報告書を内閣総
　　理大臣に提出しなければならないもの**において、社外取
　　締役が就任した場合には、取締役（**社外取締役**）の就任
　　による変更の登記を申請しなければならない。

➡3 「社外取締役」
💬

✕

09 □□□　社外取締役甲山花子が令和5年4月2日に子会社
† 　の使用人に就任した場合は、社外取締役の変更の登記の
　　申請書には、登記すべき事項として「**令和5年4月2日
　　社外取締役甲山花子子会社の使用人兼任**」と表示する。

➡4❷ 「社外取締役」
「令和5年4月2日社
外取締役甲山花子社
外性喪失」

✕

10 □□□　特別取締役による議決の定めの登記がある株式会
† 　社において、社外取締役が辞任し、その後任の取締役が
　　就任した場合に、当該取締役について社外取締役である
　　旨の登記を申請するときは、当該取締役の就任による変
　　更の登記の申請書に、当該**取締役が社外取締役であるこ
　　とを証する書面**を添付しなければならない。

➡4❷ ▶46

✕

3 ┃登記事項となる場合

ランク B

社外取締役	社外監査役
① 特別取締役による議決の定めがある場合（会911Ⅲ㉑ハ） ② 監査等委員会設置会社である場合（会911Ⅲ㉒ロ） ③ 指名委員会等設置会社である場合（会911Ⅲ㉓イ）	① 監査役会設置会社である場合（会911Ⅲ⑱）

💡既に他の定款規定があり、社外取締役の登記がされている場合は、別途申請する必要はない。また、上記定めを廃止した場合は、他の定款規定が残っている場合を除き、当該廃止の登記と同時に社外取締役等の登記を抹消しなければならない。

4 ┃登記手続（社外取締役）

ランク B

1 登記の事由が「取締役の変更」となる場合

登記の場面	登記すべき事項
社外取締役の就任による登記	「○年○月○日取締役（社外取締役）Ａ就任」▶46
既に登記されている取締役についての社外取締役の登記	「取締役Ａは社外取締役である」▶46
取締役の退任による社外取締役である旨の登記の抹消	「○年○月○日取締役（社外取締役）Ａ辞任」等
社外取締役の登記が不要になった場合の登記	「○年○月○日取締役（社外取締役）Ａにつき特別取締役による議決の定め廃止により変更　取締役Ａ」

2 社外取締役（監査役）である旨の登記の抹消

登記の発生場面	登記すべき事項
社外取締役が社外取締役の要件に該当しなくなった場合の変更登記▶46	「○年○月○日社外取締役Ａ社外性喪失」

▶46　社外取締役の要件に該当すること又は該当しなくなったことを証する書面は、不要。

上場会社等（**監査役会設置会社**（**公開かつ大会社**に限る）であって金融商品取引法の規定によりその発行する株式について**有価証券報告書を内閣総理大臣に提出**しなければならないもの）は、**社外取締役**を置かなければなりません（会327の2）。ただし、この場合であっても、社外取締役である取締役について、**社外取締役である旨の登記はしません**（会911Ⅲ参照）。金融商品取引法の規定による有価証券報告書の提出義務の有無は、登記記録から読み取ることができないからです。

Q p78の問11で定款の添付が必要とされているのはなぜでしょうか?

A 取得対価を新株予約権とする取得条項付株式等の内容の登記では、新株予約権の内容をすべて記載するのではなく、その名称 (ex.「第1回新株予約権」) を記載すれば足りるとされています。そのため取得条項付株式等との引換えに新株予約権を初めて発行する場合、取得条項付株式等の内容として取得対価である新株予約権の内容のすべてが登記されているわけではなく、新株予約権の詳細な内容を確認する必要があるから定款の添付が必要とされているのです。

Q p109の4の表⑤では、会社に対する金銭債権を現物出資しているようですが、これは会社法208条3項で禁止されている相殺には当たらないのですか?

A 募集株式の発行において相殺が禁止される理由は、**会社が望まない場合まで相殺されると困るから**です。何を現物出資として認めるかは、募集事項として会社の承認決議をもらっておくものなので問題ありません。だからこの場合は禁止される相殺に当たらず、許容されているのです。

Q 「現物出資の給付を証する書面」が必要になったり、不要になったりする場合があるのはなぜですか?

A 現物出資の給付を証する書面 は、「株式会社の設立の登記」、「募集株式の発行の登記」、「新株予約権の行使の登記」の場合では、現物出資にあたり検査役の調査が必要であり、これに関する添付書面から現物出資の給付があったことを間接的に立証することができるので添付が不要です。一方、「募集新株予約権の発行」の場合は現物出資がされたときであっても、検査役の調査が不要であり、別途、現物出資の給付があったことを書面により立証する必要があるため、添付が必要となります。

Q 「再任」と「重任」の違いは何ですか?

A 登記すべき事項において、「重任」の言葉を用いて登記できるのは、その重任する取締役の退任事由が**任期満了**のときで、かつ、時間の間隔を置かずに再び就任した場合です。辞任の場合は、その後すぐに就任しても、「辞任」及び「就任」と記載しなければなりません。これに対して、退任事由・時間の間隔を問わず、再び就任すれば、**再任**となります。

第3編

各主体による商事手続

●体系MAP

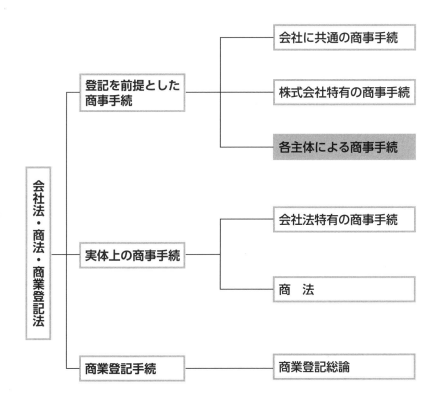

01 ☐☐☐　商号の新設の登記、未成年者の登記、後見人の登記、
† 　　支配人の登記のいずれも、**法律上登記をすることが義務
付けられている。**

→1**1**「備考」
商号新設の登記は任意　　　✕

02 ☐☐☐　**登記された商号の譲渡**は、商号の譲渡による変更
† 　　の登記をしなければ、当該譲渡につき**悪意の第三者に対
しても**対抗することができない。

→1**2**参照
商15条2項　　　　　　○

03 ☐☐☐　商号の登記をした者が営業所を**他の登記所の管轄
区域内に移転**した場合、新所在地における商号の登記の
申請は、**旧所在地を管轄する登記所を経由**してしなけれ
ばならない。

→1**2**「営業所移転」
「備考」
それぞれの登記所に
申請する　　　　　　✕

04 ☐☐☐　商号の譲渡による変更の登記は、譲渡人の**承諾書**
† 　　を添付して、**譲受人が申請**する。

→1**2**「商号譲渡」
「注意すべき添付書面」　　　○

05 ☐☐☐　商号を譲渡する際の**譲渡人の債務に関する免責の
登記**は、**商号の譲渡による変更の登記**と**同時に申請**する
ことを要する。

→1**2**「商号譲渡の
際の免責」「備考」　　　✕

06 ☐☐☐　商号の登記をした者が死亡した場合には、その**相
続人は、**申請書に相続人の資格を証する書面を添付して、
商号の廃止の登記を申請しなければならない。

→1**2** ▶1参照
商号の相続登記申請
cf. 商号の廃止後、登
記前に死亡→相続人
が廃止の登記申請　　　✕

07 ☐☐☐　商号の登記に係る営業所を移転した場合において、
† 　　当該営業所の移転の登記をしないときは、当該商号の登
記に係る**営業所の所在場所において同一の商号を使用し
ようとする者**は、登記所に対し、当該**商号の登記の抹消**
を申請することができ、その申請書には、申請人が、当
該商号の登記に係る営業所の所在場所において**同一の商
号を使用しようとする者であることを証する書面**を添付
しなければならない。

→1**3**　　　　　　○

1 商号に関する登記

1 商号新設の登記

申請人	添付書面	備　考
商号使用者	委任状（代理人による申請の場合）以外なし	・商号の新設の登記は**任意** ・商号の登記は**営業所ごとに申請**

2 商号に関する変更の登記・商号の廃止の登記

	申請人 ▶1	注意すべき添付書面	備　考
営業所移転 （管轄外移転）	商号使用者	旧所在地で営業所移転の登記をしたことを証する登記事項証明書	**旧所在地**：営業所移転の登記 **新所在地**：商業登記法28条2項に掲げる事項の登記
商号譲渡	譲受人 （単独申請）	・**譲渡人の承諾書** ▶2 ・商法15条1項の規定に該当することを証する書面	商号譲渡は、営業と共にする場合又は営業を廃止する場合のみ可能（商15Ⅰ）
商号譲渡の際の免責		譲渡人の承諾書 ▶2	商号譲渡の登記と同時申請する**必要なし**
廃　止	商号使用者	な　し	―

▶1　相続人からの申請可　→　相続人の資格を証する書面 の添付が必要。
▶2　譲渡人の承諾書に押した印鑑と譲渡人が登記所に提出している印鑑とが同一である場合を除き、譲渡人の承諾書に押した印鑑につき市区町村長の作成した印鑑証明書を添付しなければならない（商登規52の2）。

3 商号の登記の抹消 （商登33条）

　商号使用者が商号の廃止・変更、営業所移転等をしたにもかかわらずその登記をしない場合、当該商号の登記に係る営業所の所在場所において同一の商号を使用しようとする者は、当該**商号の登記の抹消**を申請可。

→　抹消しようとする商号の登記に係る営業所の所在場所において**同一の商号を使用しようとする者**であることを証する書面

承諾書
印
Bが商号譲渡の登記を申請
→Aの承諾書で真正担保

○○商会
A
譲渡人
商号譲渡
B
譲受人

商号の譲渡の登記は譲受人の単独の申請によるところ、不動産登記の共同申請とは異なり、申請構造からその真正を担保することができないため、**譲渡人の承諾書** の添付を要求し、登記の真正を担保しているのです。

08 □□□　未成年者の**営業の許可の取消しによる消滅の登記**は、**法定代理人**からも申請することができるが、この場合、法定代理人が**営業の許可を取り消したことを証する書面**の添付を要する。

➡ **2 1**参照
書面の添付は不要
cf. 許可の制限も同様

✕

09 □□□　未成年者が**成年に達したこと**による消滅の登記は、**登記官が職権ですることができる**が、未成年者が**死亡**したことによる消滅の登記は、当該未成年者の**法定代理人が申請**しなければならない。

➡ **2 1**「例外」

◯

10 □□□　後見人の退任による消滅の登記は、**新後見人が申請**しなければならない。

➡ **2 2**「例外」
旧後見人も申請可

✕

11 □□□　**未成年者の登記**の申請書には、未成年者の**出生の年月日**を記載することを要するが、**後見人の登記**には、被後見人の出生の年月日の記載をすることを要しない。

➡ **2 3**「出生の年月日の記載」

◯

12 □□□　**未成年者の登記**の申請書には、**法定代理人の氏名及び住所**を記載することを要しないが、**後見人の登記**の申請書には、後見人の氏名及び住所を記載することを要する。

➡ **2 3**「法定代理人・後見人の記載」

◯

13 □□□　未成年後見人が未成年者に営業の許可をした場合において、未成年後見監督人がいるときは、**未成年者の登記**の申請書にその同意を得たことを証する書面を添付しなければならないが、後見人が被後見人のために営業を行う場合において、後見監督人がいるときは、**後見人の登記**の申請書にその同意を得たことを証する書面を添付することを要しない。

➡ **2 3**「後見監督人の同意を証する書面の添付」

✕

14 □□□　後見人の登記は**後見人**が、支配人（会社の支配人を除く。）の登記は**支配人**が、申請することができる。

➡ **2 2 4**
支配人の登記は商人が申請する

✕

15 □□□　商号使用者は、その**商号の登記をしていない間**は、支配人を選任しても、**支配人選任の登記**を申請することができない。

➡ **2 4**「申請人」

✕

未成年者が登記の申請人である場合は、原則は未成年者が申請するが、許可範囲が縮減される場合（制限・取消し）は**法定代理人** "**も**" 申請することができると覚えるとよいでしょう。また、**後見人が登記**の申請人である場合は、原則は後見人が申請するが、本人の能力取得による消滅の登記は**被後見人だった者** "**も**" 申請でき、後見人の退任による消滅の登記は、**新後見人** "**も**" 申請できると覚えるとよいでしょう。

2 未成年者・後見人・支配人の登記

1 未成年者の登記——申請人 💬

	原 則	未成年者 ▶3
例外	営業許可の制限・取消しによる変更・消滅の登記	未成年者又は法定代理人
	未成年者の死亡による消滅の登記	法定代理人
	未成年者が成年に達したことによる消滅の登記	未成年者又は登記官の職権

【注意すべき添付書面】
▶3 　未成年者の登記 → 法定代理人の許可を証する書面 （申請書に法定代理人の記名押印がある場合は不要）、 未成年後見監督人に関する書面

2 後見人の登記——申請人 💬

	原 則	後見人 ▶4
例外	後見開始の審判取消しによる消滅の登記	後見人又は被後見人だった者
	後見人の退任による消滅の登記	旧後見人又は新後見人 ▶5

《注意すべき添付書面》
▶4 　後見人の登記 → 後見人である法人の登記事項証明書 （登記を申請する登記所の管轄区域内に当該法人の本店又は主たる事務所があれば不要）、 後見監督人に関する書面
▶5 　新旧後見人の登記 → 後見人が退任したことを証する書面

3 未成年者の登記・後見人の登記——登記事項・添付書面

	未成年者の登記	後見人の登記
出生の年月日の記載	あ り	な し
法定代理人・後見人の記載	な し	あ り
営業の種類・営業所の記載	あ り	
後見監督人の同意を証する書面の添付	必 要	

4 支配人の登記

支配人の登記	申請人	商人（商号の登記をしていることは不要）
代理権消滅の登記	添付書面	不 要

01 □□□　**合資会社**においては、**無限責任社員のみが業務を執行**するが、**定款で有限責任社員を業務執行者とする旨**を定めることができる。

→ 1 **1** 「業務執行社員」 ×
原則、社員全員が各自業務を執行する

02 □□□　持分会社の**業務執行**に関する意思決定は、定款に別段の定めがなければ、**社員の過半数の一致**によりすることを要するが、業務執行社員を定款で定めている場合には、当該**業務執行社員の過半数の一致**により行う。

→ 1 **1** 「業務執行社員」参照 ○

03 □□□　持分会社は、社員が複数いる場合には、**定款又は定款の定めに基づく社員の互選**により、当該持分会社を**代表する社員**を定めることができる。

→ 1 **1** ○
「代表社員」の例外

04 □□□　業務を執行する社員を定款で定めた場合であっても、**支配人の選任及び解任**は、**総社員の過半数**をもって決定しなければならない。

→ 1 **1** 「業務執行社員」＊ ○

05 □□□　合同会社の業務を執行する社員が第三者のために当該合同会社の**事業の部類に属する取引**をしようとする場合には、当該社員以外の**業務を執行する社員の全員**の**承認**を受けなければならない。

→ 1 **2** 「競業の規制」 ×
当該社員以外の社員の全員の承認が必要

06 □□□　**合名会社の業務を執行しない社員**が自己のために株式会社の**事業の部類に属する取引**をしようとするときには、**当該社員以外の社員の全員の承認**が必要である。

→ 1 **2** 「競業の規制」 ×
業務執行社員の場合に承認が必要となる

07 □□□　業務を執行する社員が自己又は第三者のために持分会社と取引をしようとするときは、当該取引について、当該社員以外の社員の過半数の承認を受けなければならない。

→ 1 **2** 「利益相反取引の規制」 ○
cf. 競業については他の社員全員の同意が必要

1 持分会社の業務執行

1 業務執行社員と代表社員

	原 則	例 外
業務執行社員 （内部関係）	各社員	定款で業務執行社員を定めること可 　＊　ただし、業務執行社員を定めた場合でも、**支配人の選任及び解任**は、定款で別段の定めがない限り、社員の過半数をもって決定する（会591Ⅱ） 
代表社員 （対外関係）	各自代表	定款　又は 定款の定めに基づく**社員の互選**により定めること可

＊　持分会社の代表社員の権限（持分会社の業務に関する一切の裁判上又は裁判外の行為をする権限）に加えた制限は、善意の第三者に対抗不可（会599Ⅳ、Ⅴ）。

2 会社に対する義務・責任

	競業の規制（会594）	利益相反取引の規制（会595）
場　面	業務執行社員が ①　自己又は第三者のために持分会社の事業の部類に属する取引をしようとするとき ②　持分会社の事業と同種の事業を目的とする会社の取締役、執行役又は業務執行社員となろうとするとき	業務執行社員が ①　自己又は第三者のために持分会社と取引をしようとするとき（直接取引） ②　持分会社が業務執行社員の債務を保証することその他社員以外の者との間において持分会社と当該社員との利益が相反する取引をしようとするとき（間接取引）
承認機関	当該社員以外の**社員の全員**の承認	当該社員以外の**社員の過半数**の承認

支配人は、会社の事業に関する一切の裁判上又は裁判外の行為をする権限を有する使用人ではありますが、**支配人の選任**及び**解任**は会社にとって重要な決議であり、業務執行の決定でありながら、社員の過半数によって決定します。

08 ☐☐☐　合資会社が新たに社員を加入させる場合において、当該社員に係る定款の変更をした時に**出資の全部又は一部を履行していないとき**には、**全部の出資を完了した時**に社員となる。

→ **2 1**「新たな出資による場合」
定款変更が効力要件
cf. 合同会社の場合は本問のとおり

✕

09 ☐☐☐　**合資会社の有限責任社員の加入**による変更の登記の申請書には、加入の事実を証する書面として、定款変更についての**総社員の同意書**及び加入した当該有限責任社員の**就任承諾書**を添付しなければならない。

→ **2 1**「新たな出資による場合」
就任承諾書は不要

✕

†

10 ☐☐☐　合資会社において、総社員の同意によって代表社員を定めた場合には、**他に会社を代表しない社員がいなくなった**ときでも、代表社員の就任による変更の登記を申請しなければならない。

→ **2 2**「代表社員」

✕

†

11 ☐☐☐　**合名会社**の**代表社員の就任による変更**の登記の申請書には、**総社員の同意があったことを証する書面の印鑑**につき市区町村長の作成した**印鑑証明書**を添付しなければならない。

持分会社の代表者には商登規 61 条 4 項～ 6 項の適用なし

✕

†

2 社員の変動等 ランク A

1 社員の加入 ▶1

	合名会社	合資会社	合同会社
新たな出資による場合（会604Ⅱ、Ⅲ）	① 定款の変更 → 総社員の同意があったことを証する書面 （商登93等）		
	―	② 有限責任社員となる者の出資の履行があった場合 → 履行があったことを証する書面	② 出資に係る払込み又は給付の全部の履行 ＊ ①②両方完了した時点で効力発生 資本金計上証明書
一般承継人が持分を承継する場合	社員の相続等による一般承継人が当該社員の持分を承継する旨の定款の定め（持分を承継した時に効力発生及び定款の変更みなし） → 定款　相続（合併）を証する書面		

▶1 【加入社員が法人である場合に必要な書面】（上記に加えて必要。なお、❷❸は、当該社員が持分会社を代表する社員である場合のみ必要）
❶ 当該法人である社員の登記事項証明書 （管轄区域内に当該法人の本店又は主たる事務所がある場合を除く）
❷ 当該社員の職務を行うべき者の選任に関する書面
❸ 当該社員の職務を行うべき者の就任承諾書

2 代表社員に関する登記

【代表社員等に関する登記事項】

	合名会社	合資会社	合同会社
代表社員 ▶2	氏名（又は名称） （代表しない社員がある場合のみ ▶3）		氏名（又は名称）及び住所
業務執行社員	×		氏名（又は名称）
各社員	氏名（又は名称）及び住所		×

▶2 代表社員が法人の場合：当該社員の職務を行うべき者の氏名及び住所も登記事項。
▶3 全員が会社を代表する社員となった場合、代表社員の抹消の登記が必要。

> 合同会社が新たに社員を加入させる場合において、新たに社員となろうとする者が定款変更の時点でその出資に係る払込みをしていないときは、その者は払込完了時に合同会社の社員となります（会604Ⅲ）。間接有限責任を実現するために、加入時において、全額の出資義務を負わせているのです。

12 □□□　持分会社の定款に**存続期間の定めがない**場合には、当該持分会社の社員は事業年度の終了時に退社することができるが、そのためには**3か月前までに**会社に対し**退社の予告**をすることが必要である。

→ 2 **3**「任意退社」「原則」　✕
✕3か月前→○6か月前

13 □□□　持分会社の社員は、**やむを得ない事由**がある場合には会社を退社することができ、この場合には**退社の予告は不要**である。

→ 2 **3**「任意退社」「例外」　○

14 □□□　持分会社の社員が**後見開始の審判**を受けたことは持分会社の社員の退社事由となるが、持分会社は当該事由によっても社員が**退社しない旨**を定款で定めることができる。

→ 2 **3**「法定退社」⑦*　○

15 □□□　**信用**を出資の目的とした合名会社の社員であっても、総社員の同意によって退社する場合には、**退社に伴う持分の払戻し**を受けることができる。

→ 2 **4**「退社に伴う持分の払戻し」　○

16 □□□　**退社した社員の持分**は、その出資の**目的が金銭**である場合に限り、**金銭で払い戻す**ことができる。

→ 2 **4**「退社に伴う持分の払戻し」　✕
出資の種類を問わず金銭による払戻し可

3 退社の種類 （会606条、607条）

任意退社	原則： 事業年度の終了の時において退社できる	① 定款に存続期間の定めがない、又は、ある社員の終身の間持分会社が存続する旨の定款の定めがある、かつ ② 6か月前までに持分会社に退社の予告
	例外： いつでも退社可	やむを得ない事由があること ＊ 6か月前の退社予告不要
法定退社	① 定款で定めた事由の発生 ② 総社員の同意 ③ 死 亡　 cf. 一般承継人による持分承継の定め （会608） ④ 合併による消滅　　cf. 一般承継人による持分承継の定め （会608） ⑤ 破産手続開始の決定 ⑥ 解 散 （④⑤の事由によるものを除く） ⑦ 後見開始の審判を受けたこと ⑧ 除 名 　＊ ⑤⑥⑦の事由によっては退社しない旨を定款に定めることができる	
その他	持分の差押債権者による退社 （会609）	① 債権者による社員の持分の差押え 、かつ ② 事業年度終了の6か月前までに債権者による退社の予告

4 退社に伴う手続等

定款の変更	社員の退社時に、当該社員に係る定款の定め （会576 I ④～⑥） を廃止する定款の変更をしたものとみなされる （会610）
退社に伴う持分の払戻し	出資の種類を問わず、持分の払戻しを受けることが可能 ▶4 出資の種類を問わず、金銭での払戻し可能 （会611 Ⅲ）
添付書面	退社の事実を証する書面

▶4　合同会社においては、債権者保護手続が必要 （会635）。
　　→ 債権者保護手続関係書面 （商登120）

持分の差押債権者による退社 （会609） は、強制的に債務者である社員を退社させて、払戻しの金額から債権を回収するのが目的です。持分会社の社員に**強制的な任意退社**をさせるイメージを持つと、要件を覚えやすいでしょう。

17 □□□ **合名会社の社員**は、**他の社員全員の承諾**を得なければ持分の譲渡をすることができない。

➡ 2 5 「合名会社」
∵ 合名会社の社員は、必ず無限責任社員

○

18 □□□† **合資会社の業務を執行しない社員**が持分を他人に譲渡したことによる社員の変更の登記の申請書には、**業務執行社員の全員の同意があったことを証する書面**を添付することを要する。

➡ 2 5 「合資会社」
業務を執行しない有限責任社員の場合は、業務執行社員全員の同意で足りるが、無限責任社員の場合は、他の社員全員の同意が必要

×

19 □□□ **合同会社の業務を執行しない社員**は**業務執行社員全員の承諾**により持分を譲渡することができるが、この場合でも、当該社員に係る**定款の変更**の手続として**総社員の同意**が必要である。

➡ 2 5 「業務を執行しない社員」「有限責任社員」*
業務執行社員全員の同意により定款変更

×

20 □□□ 合同会社が**当該合同会社の持分を取得**した場合には、当該持分は、当該合同会社が取得した時に、**消滅**する。

➡ 2 5 ▶5
取得時に持分が消滅する（会587Ⅱ）

○

21 □□□† 合資会社の唯一の**無限責任社員の退社**により当該合資会社が合同会社に種類の変更をする場合における当該種類の変更後の合同会社についてする登記の申請書には、当該合資会社の社員が当該合同会社に対する**出資に係る払込み及び給付の全部を履行したことを証する書面**を添付することを要しない。

➡ 3 ①

○

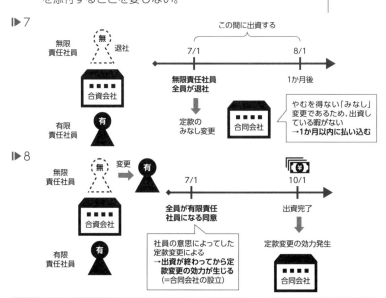

		合名会社	合資会社	合同会社 ▶6
業務執行社員		他の社員の全員の承諾 → 持分譲渡契約書 ⊠ 総社員の同意があったことを証する書面 ⊠		
業務を執行しない社員	無限責任社員	他の社員の全員の承諾 → 上記と同様の添付書面		—
	有限責任社員	—	**業務を執行する社員の全員の承諾**によりすることができる → 持分譲渡契約書 ⊠ 譲渡された持分が業務を執行しない社員に係るものであることを証する書面 ⊠ 業務を執行する社員の全員の同意があったことを証する書面 ⊠ * 持分の譲渡による定款の変更も、業務執行社員の全員の同意によってすること可	

▶5 持分会社は、その持分の全部又は一部を譲り受けることができない。持分会社が当該持分会社の持分を取得した場合には、当該持分は、当該持分会社がこれを取得した時に、**消滅する**（会587）。

▶6 合同会社は、業務執行社員（代表社員を含む）に変更が生じた場合にのみ、変更登記が必要。

3 持分会社の種類変更

① ▶7	合資会社の**無限責任社員の退社**により当該合資会社の社員が有限責任社員のみとなった場合、その合資会社は合同会社となる定款変更をしたものと**みなされる**。その際に、社員がその出資に係る払込みをしていないときは、定款の変更をしたものとみなされた日から**1か月以内**に、その払込みをしなければならない（会640Ⅱ）。 → 「出資に係る払込み及び給付の全部を履行したことを証する書面」の添付が**不要**
② ▶8	合名会社又は合資会社が**合同会社となる定款の変更**をする場合において、当該定款の変更をする持分会社の社員がその定款変更後の合同会社に対する払込みをしていないときは、定款の変更は、その**払込完了日**に効力が生じる（会640Ⅰ）。 → 「出資に係る払込み及び給付の全部を履行したことを証する書面」の添付が**必要**

22 □□□　合名会社の社員は会社の債務について**無限の責任**を負うが、当該**合名会社に弁済をする資力**があり、かつ、**強制執行が容易である**ことを当該社員が証明した場合には、当該社員は責任を負わない。

→ 4 **1** ▶ 9 ②　○
cf. 保証人の催告の抗弁・検索の抗弁（民452、453）

23 □□□　**合名会社の成立後に加入した社員**であっても、その**加入前に生じた**当該合名会社の債務について、これを弁済する責任を負う。

→ 4 **2** 「持分会社成立後に加入した社員」　○

24 □□□　無限責任社員が有限責任社員となった場合、当該有限責任社員となった者は、**その旨の登記をする前に生じた持分会社の債務**については**無限責任社員として弁済する責任**を負う。

→ 4 **2** 「社員の責任を変更した場合」　○
ただし、責任が消滅する場合に注意

25 □□□　合名会社を退社した社員は、その**退社後に生じた当該合名会社の債務**について、これを弁済する責任を負わない。

→ 4 **2** 「持分会社を退社した社員」　×

26 □□□　合名会社及び合資会社の社員が**持分の全部を譲渡して退社**した場合、当該退社した社員の責任は、**退社による変更の登記後6か月以内**に請求又は請求の予告をしない持分会社の債権者に対しては、**6か月を経過した時に消滅**する。

→ 4 **2** 「責任の消滅」　×
×6か月→○2年

4 社員の責任 ランク B

1 社員の責任

		合資会社		間接責任
	合名会社	無限責任社員	有限責任社員	合同会社
会社の債務を弁済する責任	負う [9]	負う [9]	負う [9] * 出資の価額（既に持分会社に対し履行した出資の価額を除く）を限度とする	負わない

（表上部）直接責任 ⟸⟹ 間接責任
（表下部）無限責任 ⟸⟹ 有限責任

[9] 以下の場合に、連帯して持分会社の債務を弁済する責任を負う（二次性　会580 I）。
① 当該持分会社の財産をもってその債務を完済することができない場合
② 当該持分会社の財産に対する強制執行がその効を奏しなかった場合（社員が、当該持分会社に弁済をする資力があり、かつ、強制執行が容易であることを証明した場合を除く）

2 社員の責任の範囲

	責任	責任の消滅
持分会社成立後に加入した社員	加入前に生じた持分会社の債務についても、弁済する責任を負う（会605） * 合同会社を除く	―
社員の責任を変更した場合	《有限責任社員が無限責任社員となった場合》 無限責任社員となる前に生じた持分会社の債務についても無限責任社員としての責任を負う	―
	《無限責任社員が有限責任社員となった場合》 変更の登記をする前に生じた持分会社の債務につき、無限責任社員として債務を弁済する義務を負う	変更の登記後2年以内に請求又は請求の予告をしない持分会社の債権者に対しては、当該登記後2年経過時に消滅（会583 IV、586 II、612 II）
持分会社を退社した社員 持分を全部譲渡した譲渡人	その登記をする前に生じた持分会社の債務について、従前の責任の範囲内でこれを弁済する責任を負う（会586 I、612 I） * 合同会社を除く	

退社は会社債権者の意思とは無関係に行われるものであるところ、外部からは当然には知り得ないから、会社債権者の保護を図る観点から、社員の変更の**登記をするまでに会社に生じた債務については、従前の責任の範囲内で弁済をする責任を負う**としているのです。

27 □□□　合同会社が資本剰余金の額の全部を資本金の額と　➡5**1**「共通の添付　○
†　するものと定めた場合、当該合同会社は**資本金の額の変**　書面」
　更登記を申請しなければならず、当該資本金の額の変更
　登記の申請書には、**増加すべき資本金の額について業務**
　執行社員の過半数の一致があったことを証する書面を添
　付しなければならない。

28 □□□　**合同会社**の社員が**出資の履行**をしたことにより当　➡5**1** ▶10　○
†　該合同会社の資本金の額が増加した場合において、当該　cf. 株式会社・合同会
　社員の**出資に係る財産が金銭のみ**であるときは、当該合　社の設立手続におい
　同会社がする資本金の額の変更の登記の申請書には、**資**　て出資された財産が
　本金の額が会社法及び会社計算規則の規定に従って計上　金銭のみである場合
　されたことを証する書面の添付を**要しない**。　も、設立登記の申請
　　　　　　　　　　　　　　　　　　　　　　　　　　書に資本金の額の計
　　　　　　　　　　　　　　　　　　　　　　　　　　上に関する証明書は
　　　　　　　　　　　　　　　　　　　　　　　　　　添付不要

29 □□□　合同会社が**資本金の額を減少**した場合であっても、　➡5**2**「共通の添付　✕
†　それが当該合同会社の損失をてん補するためのものであ　書面」
　るときは、当該資本金の額の減少による変更登記の申請　資本金の額の減少の
　書には、**債権者保護手続を行ったことを証する書面**を添　場合は、常に債権者
　付することを要しない。　保護手続必要
　　　　　　　　　　　　　　　　　　　　　　　　　　cf. 株式会社の場合も
　　　　　　　　　　　　　　　　　　　　　　　　　　同様

30 □□□　合同会社が資本金の額を**減少**する場合には、資本　➡5**2**「共通の添付　✕
†　金の額の変更による登記の申請書には、**資本金の額が会**　書面」
　社法及び会社計算規則の規定に従って計上されたことを　cf. 株式会社：資本金
　証する書面を添付することを要しない。　の額の減少の場合は
　　　　　　　　　　　　　　　　　　　　　　　　　　資本金の額の計上に
　　　　　　　　　　　　　　　　　　　　　　　　　　関する証明書不要

5 資本金の額の変更の登記（合同会社） ランク B

1 増　加

	社員の加入に伴う場合	社員の出資の価額を増加する場合（会 576 I ⑥）	社員の決定による場合（会計規 30 I ②、③）
特有の添付書面	① 加入の事実を証する書面（商登 118・96 I）	② 総社員の同意書等（商登 118・93）	―
	③ 出資に係る払込み又は給付があったことを証する書面（商登 119）		
共通の添付書面	④ 業務執行社員の過半数の一致を証する書面（商登 118・93） ⑤ 資本金の額の計上に関する証明書（商登規 92・61 Ⅸ）▶10		

▶10　合同会社がする資本金の額の増加による変更の登記（社員が①又は②の出資の履行をした場合であって、出資に係る財産が**金銭のみ**である場合に限る）の申請書には、資本金の額の計上に関する書面の添付を**要しない**（平 19. 1.17 民商 91 通）。

2 減　少

	退社する社員に対し持分の払戻しをする場合（会 611 I）	社員の決定による場合	
		欠損てん補（会 620）	社員への出資の払戻し（会 626 I）
特有の添付書面	・退社の事実を証する書面（商登 118・96 I）	―	・総社員の同意書等（商登 118・93）
共通の添付書面	・債権者保護手続関係書面（会 627、635、商登 120） ・資本金の額の計上に関する証明書（商登規 92・61 Ⅸ） ・業務執行社員の過半数の一致を証する書面（商登 118・93）		

持分会社において資本金が増減する場合には、業務執行社員の過半数の一致が必要となります。そのため、合同会社における資本金の額の変更（増加・減少）の登記の場合には「**業務執行社員の過半数の一致を証する書面**」の添付が必要となります（商登 118・93）。
なお、合資会社の有限責任社員の出資の価額の増加による変更の登記の申請書には、定款に別段の定めがない限り、「**総社員の同意があったことを証する書面**」を添付しなければなりません。合資会社においては、有限責任社員の出資の価額が定款の記載事項とされているところ、有限責任社員の出資の価額を変更する場合には、定款変更が必要になるからです。

01 ☐☐☐　外国会社の日本における代表者のうち1名以上は、**日本に国籍を有する者**でなければならない。　→1A①ⅰ＊　×

02 ☐☐☐　外国会社の変更の登記の申請書には、**他の登記所の作成に係る登記事項証明書**であって、当該変更がされた旨が記載されたものを添付した場合、当該変更の事実を証する本国の管轄官庁又は日本における領事その他の**権限がある官憲の認証を受けた書面**を添付する必要はない。　→1A③　○
†

03 ☐☐☐　日本における代表者が失踪している場合でも、当該日本における代表者に代わって**本国の代表者**が外国会社の登記を申請することはできない。　→1A④　○
†

04 ☐☐☐　外国会社の商号が変更した場合における外国会社の登記は、当該商号変更についての通知が**日本における代表者に到達した日から3週間**以内に申請しなければならない。　→1A⑤＊　○
†

05 ☐☐☐　日本に営業所を設けた外国会社が外国会社の登記後に**唯一の営業所を他の登記所の管轄区域内に移転**した場合、新所在地における登記の申請は、旧所在地における登記の申請と**同時**にしなければならない。　→1C①ⅰ　○
†

06 ☐☐☐　日本における代表者の**全員が退任**したことによる外国会社の変更の登記を申請する場合、当該登記の申請書には、**債権者保護手続**を行ったことを証する書面を添付する必要はない。　→1C②　×
†

> そもそも、日本代表者のうち1人以上は日本に住所を有する者でなければならないとしているのは、代表者の住所は普通裁判籍となり得ることから、日本に住所を有する代表者を置かせることにより、その外国会社を被告とする訴えを日本の裁判所に提起することを可能にする趣旨です。このように、あくまで**日本の裁判所の裁判管轄を確保する趣旨**なので、代表者が日本に住所を有していればよく、日本国籍を有していなければならない（日本人でなければならない）わけではないことに注意しましょう。

1 外国会社に関する登記

ランク B

<table>
<tr><td rowspan="5">A 全般</td><td>①外国会社の登記をする場合</td><td>ⅰ 登記のない外国会社が日本において継続して取引をしようとする場合（会933Ⅰ）
　→　この場合、日本における代表者を定める必要あり（会817Ⅰ前）
　＊　最低1名は**日本に住所を有する者**である必要あり（会817Ⅰ後）
　　日本国籍までは要求されていない 💬
ⅱ 登記をした外国会社において登記事項が変更した場合（会933Ⅳ・915Ⅰ）</td></tr>
<tr><td>②内国会社と異なる登記事項</td><td>ⅰ 設立準拠法（会933Ⅱ①）
ⅱ 日本における代表者の氏名・住所（会933Ⅱ②）
ⅲ 同種の会社が株式会社である場合、設立準拠法による公告方法（会933Ⅱ③）</td></tr>
<tr><td>③添付書面の注意事項</td><td>**権限ある官憲（本国の管轄官庁等）の認証が必要**（商登130Ⅰ等）
　→　他の登記所の**登記事項証明書**（登記事項の変更等が記載されたもの）を添付した場合、上記認証は不要（商登130Ⅲ等）</td></tr>
<tr><td>④申請人</td><td>**日本における代表者**（商登128）
　＊　本国の代表者は申請不可（昭44.1.14民甲32回）</td></tr>
<tr><td>⑤登記期間</td><td>**3週間**（会933Ⅰ等）
　＊　変更が外国で生じた場合、**通知到達時**より起算（会933Ⅴ）
　→　経由同時申請する場合において、経由先に登記がないときは、経由先については、4週間（会935Ⅰ等）</td></tr>
<tr><td rowspan="2">B 初めての登記</td><td>①申請する登記の種類</td><td>ⅰ 営業所を設置した場合　　→　営業所設置の登記（会933Ⅰ）
ⅱ 営業所を設置しない場合　→　日本における代表者選任の登記（会933Ⅰ）</td></tr>
<tr><td>②添付書面</td><td>ⅰ 本店の存在を認めるに足りる書面（商登129Ⅰ①）
ⅱ 日本における代表者の資格証明書（商登129Ⅰ②）
ⅲ 外国会社の性質を識別するに足りる書面（定款等）（商登129Ⅰ③）
ⅳ 公告方法の定めがある場合、これを証する書面（商登129Ⅰ④）</td></tr>
<tr><td rowspan="2">C 変更の登記</td><td>①経由同時申請をする場合</td><td>ⅰ 営業所あり＋全営業所を**他管轄に移転**（会935Ⅱ）
ⅱ 営業所あり＋全営業所を閉鎖（会936Ⅱ）
ⅲ 営業所なし＋日本における代表者全員が住所を他管轄に移転（会935Ⅰ）
ⅳ 営業所なし＋他管轄に営業所を設置（会936Ⅰ）</td></tr>
<tr><td>②日本における代表者が全員退任する場合</td><td>債権者保護手続が必要（会820Ⅰ、Ⅱ）
　＊　二重公告による個別催告の省略は不可（会820Ⅰ、Ⅱ）
登記が退任の効力要件（会820Ⅲ）
　→　登記の申請書には、〔債権者保護手続を証する書面〕を添付（商登130Ⅱ）</td></tr>
</table>

01 □□□ 特例有限会社は、株式の**譲渡制限に関する規定の廃止**の登記の申請をすることができない。

→ 1 **1** 「株式の譲渡制限」 ○

02 □□□ † 特例有限会社は、その定款に取締役会を置く旨を定めたときには、**取締役会設置会社である旨の登記を申請する必要**がある。

→ 1 **1** 「機 関」「機関設計に関する特則」参照
取締役会は設置不可 ×

03 □□□ † 特例有限会社においては、**会社を代表しない取締役がある場合に限って**、代表取締役の氏名及び住所が登記事項となる。

→ 1 **2** 「代表取締役」
住所は不要 ×

04 □□□ † 特例有限会社が監査役を設置することとした場合、**監査役を設置する旨及び監査役の氏名**が登記事項となる。

→ 1 **2** 3、4段目参照 ×

05 □□□ † 特例有限会社の**商号変更による株式会社の設立の登記**は、商号変更の決議がなされた株主総会において定めた**効力発生日から2週間以内**に申請することを要する。

→ 1 **3** 参照
商号変更の決議の日から2週間以内に登記申請→登記により効力発生 ×

06 □□□ **特例有限会社が通常の株式会社へ移行する**のと**同時に取締役が辞任する場合**にする本店の所在地における設立の登記の申請書には、当該取締役が辞任により**退任したことを証する書面**を添付しなければならない。

→ 1 **3** 〔　〕 ○

通常の株式会社への移行と同時に他の登記事項に変更が生じた場合、株式会社の設立の登記の申請書には、**変更後の登記事項を記載**することができますが、この場合、登記の連続性を立証するため、登記の申請書には、 🖊 登記事項の変更を証する書面 を添付しなければなりません（平18. 3.31民商782通）。例えば、特例有限会社が通常の株式会社に移行するのに伴って特例有限会社の取締役Aが辞任した場合、設立登記の申請書には「○年○月○日取締役A 辞任」といった形では書きませんが、**取締役Aを除いた役員を記載**します。そういった意味では設立登記に**消極的に辞任した旨を記載**したものといえるでしょう。そして、この場合には退任を証する書面として辞任届を出す必要があります（下図参照）。

1 特例有限会社に関する登記等 ランク **B**

◆1 実体に関する特則

<table>
<tr>
<td rowspan="1">株式の譲渡制限</td>
<td>特例有限会社の定款には、①②の定めがあるものとみなされる
（整備9Ⅰ）</td>
<td>① その発行する全部の株式の内容として当該株式を譲渡により取得することについて当該特例有限会社の承認を要する旨
② 当該特例有限会社の株主が当該株式を譲渡により取得する場合においては、当該特例有限会社が会社法136条又は137条1項の承認をしたものとみなす旨
＊ ①②の定款の定めと異なる内容の定めを設ける定款の変更をすることは**不可**（整備9Ⅱ）</td>
</tr>
<tr>
<td rowspan="4">機関</td>
<td>株主総会の特別決議の要件（整備14Ⅲ）</td>
<td>総株主の半数以上（頭数）＋ 当該株主の議決権の4分の3以上　＊ 頭数要件は定款で引上げ可</td>
</tr>
<tr>
<td>機関設計に関する特則
（整備17）</td>
<td>必要的機関：取締役
任意的機関：監査役のみ</td>
</tr>
<tr>
<td>取締役及び監査役の任期に関する適用除外
（整備18）</td>
<td>取締役及び監査役の任期：制限なし</td>
</tr>
<tr>
<td>監査役の監査範囲に関する特則（整備24）</td>
<td>監査役を置く旨の定款の定めのある場合
→ 定款に監査役の監査の範囲を会計に関するものに限定する旨の定めがあるものとみなされる</td>
</tr>
<tr>
<td>組織再編</td>
<td>特例有限会社ができない組織再編行為</td>
<td>存続会社となる吸収合併、承継会社となる吸収分割（整備37）、株式交換、株式移転（整備38）</td>
</tr>
<tr>
<td>その他</td>
<td>適用除外</td>
<td>貸借対照表等の公告に関する規定（整備28）
休眠会社の解散に関する規定（整備32）　等</td>
</tr>
</table>

◆2 役員・機関の登記事項に関する特則

	特例有限会社	株式会社
取締役	氏名及び住所	氏名
代表取締役	氏名（会社を代表しない取締役がある場合）	氏名及び住所
監査役	氏名及び住所	氏名
監査役設置会社である旨	登記事項とならない	登記事項となる

◆3 通常株式会社への移行の登記

特例有限会社は、定款を変更してその商号中に株式会社という文字を用いる商号の変更をすることができる（整備45Ⅰ）。

【登記申請手続：同時申請】

	商号変更後の株式会社についての設立登記	特例有限会社についての解散登記
添付書面	定款（公証人の認証不要） 株主総会議事録（特別決議による）	一切不要

＊ 申請人は商号変更後の株式会社の代表者
＊ 本店所在地における登記が効力要件（整備45Ⅱ）

01 □□□ **目的**及び**評議員の選任方法**の定めは、一般財団法人成立後に変更することができる。

→1**1**参照　×
法人200条1項

02 □□□ 一般社団法人に関する定款は、（①主務官庁の許可、②公証人の認証）を受けなければその効力を生じない。

→1**1**「公証人の認証」②
主務官庁の許可は不要

03 □□□ 一般財団法人において、（①目的、②設立者の氏名又は名称及び住所、③基金、④公告方法、⑤事業年度）は、**定款の絶対的記載事項**である。

→1**1**　①
cf. 株式会社　②
④
⑤

04 □□□ 一般社団法人の定款に、（①目的として収益事業をする旨、②社員に剰余金又は残余財産の分配を受ける権利を与える旨）を定めることはできない。

→1**1**「財産」「剰余②
金又は残余財産の分配」💬

05 □□□ **一般社団法人**の定款には、（①社員資格の得喪に関する規定、②設立時理事の選任に関する事項）を必ず定めなければならない。

→1**1**「絶対的記載①
事項」「一般社団法人」
cf. ②は一般財団法人

06 □□□ （①一般社団法人、②一般財団法人）の定款は、**1人**でも作成することができるが、（③一般社団法人、④一般財団法人）の定款は、**2人以上**で作成しなければならない。

→1**1** ▶1、2　②
③

1 設立に関する手続

1 定款の作成

　設立時社員又は設立者の全員が作成し、作成者全員が署名し、又は記名押印しなければならない（法人10Ⅰ、152Ⅰ）。また、当該定款は**公証人の認証**を受けなければ、その効力を生じない（法人13、155）。

【各種法人の定款に関する論点の比較】

		一般社団法人	一般財団法人	株式会社
作 成 者		全設立時社員[▶1]	全設立者[▶2]	全発起人
公証人の認証		必　要（法人13）	必　要（法人155）	必　要（会30Ⅰ）
共通の絶対的記載事項		① 目的　　② 名称（商号）　　③主たる事務所（本店）の所在地 ④ 設立者（設立時社員、設立者、発起人）の氏名又は名称及び住所		
公告方法		絶対的記載事項	絶対的記載事項	相対的記載事項
事業年度		絶対的記載事項	絶対的記載事項	任意的記載事項
財産	絶対的記載事項	な　し	各設立者が拠出する財産及びその価額	設立に際して出資される財産の価額又はその最低額
	剰余金又は残余財産の分配	設立者又は社員に剰余金又は残余財産の分配を受ける権利を与える旨の定めは不可		剰余金及び残余財産の分配を与えない旨の定めは不可
	保有財産に関する規制	な　し	300万円以上の財産の拠出が必要（法人153Ⅱ）	な　し cf. 配当の財源規制
絶対的記載事項		社員資格の得喪に関する事項	評議員の選解任方法設立時理事等の選任に関する事項	―

▶1　必ず2人以上が共同して作成しなければならない（法人10Ⅰ）。
▶2　設立者は1人でもよい。また、一般財団法人を設立する旨の意思表示は、遺言によることも可能（法人152Ⅰ、Ⅱ）。

> **一般社団法人は非公開会社**と、**一般財団法人は公開会社**と類似している点が、知識の整理のポイントとなります。なお、一般社団法人等は、営利を目的とすることができないため（非営利法人）、法人法には株式会社のような**出資**の概念はなく、**株式・新株予約権、資本金、募集設立**に相当する制度はありませんが、事業の目的が公益性を有している必要はありません。

07 □□□　**一般財団法人**を設立する際に、設立者全員の同意
　　　　がある場合は、定款に記載した拠出に係る財産につき、
　　　　その**一部の履行**を、法人の成立後にすることができる。

→ 1 2
cf. 対抗要件

×

08 □□□　**一般財団法人**を設立しようとする場合において、
　　　　設立時理事及び設立時監事を定款に定めていないときは、
　　　　設立者の過半数によって、設立時理事及び設立時監事を
　　　　選任しなければならない。

→ 1 3 ⓐ 「選任方法」

×

09 □□□　設立しようとする一般社団法人の定款に**理事会設**
†　　**置一般社団法人**である旨の定めがない場合、設立の登記
　　　　の申請書には、設立時理事が就任を承諾したことを証す
　　　　る書面の**印鑑**について市区町村長の作成した**証明書**を添
　　　　付しなければならない。

→ 1 4 ⑧
印鑑に関する商登規
61 条 4 項〜 8 項の
規定は、すべて一般
法人等に準用される
（法登規 3）

○

10 □□□　**一般財団法人**の設立の登記の申請書には、（①設立
†　　時評議員を定款で定めた方法により選任したことを証す
　　　　る書面、②評議員の就任を承諾したことを証する書面、
　　　　③評議員の就任を承諾したことを証する書面の印鑑につ
　　　　いて市区町村長の作成した証明書）を添付しなければな
　　　　らない。

→ 1 4 ⑩

①
②

11 □□□　**一般財団法人**の設立の登記の申請書には、**財産拠**
†　　**出**の履行証明書を添付しなければならず、一般社団法人
　　　　の設立の登記の申請書には、**基金に関しての**履行証明書
　　　　を添付しなければならない。

→ 1 4 「特有」

×

一般財団法人は財産の集まりに法人格を認めるものであるため、一般財団法人
の設立者は、定款で定めた財産を拠出しなければなりません（法人 157 Ⅰ本）。
そのため、このような設立手続が適法にされたことを立証するため、🖎 財産
拠出の履行証明書 の添付が必要となるのです。なお、株式会社の設立の登記
では変態設立事項がある場合に 🖎 設立時取締役等の調査報告を記載した書面
及びその附属書類 の添付が必要となりますが（商登 47 Ⅱ③イ）、一般社団法
人及び一般財団法人の設立の登記では、現物出資等の**変態設立事項が存在しな**
いことから、設立時理事等の調査の立証は不要です。

2 財産の拠出の履行（一般財団法人）

　一般財団法人では、設立者は、公証人の認証後遅滞なく、定款に記載した拠出に係る財産につき、その**全額の払込み又は全部の給付** [▶3]をしなければならない（法人157Ⅰ本）。

- [▶3] 設立者の全員の同意があれば、登記等の第三者対抗要件の具備は法人成立後にすることが可能。

3 機関の具備

ⓐ 設立時役員等（理事、監事、会計監査人）及び設立時評議員の定款以外での選任方法

	一般社団法人	一般財団法人
選任方法 [▶4]	設立時社員の議決権の過半数	定款で定めた選任方法
解任方法	監事以外：設立時社員の議決権の過半数 監　事　：設立時社員の議決権の3分の2以上	

- [▶4] 就任するには、就任承諾が必要である（法人64、172Ⅰ）。

ⓑ 理事会設置一般社団法人及び一般財団法人における設立時代表理事の選定

　設立時理事の過半数により選定する。解職に関しても同様に、設立時理事の過半数により選定する（法人21、162）。

ⓒ 一般社団法人（理事会設置一般社団法人を除く）における設立時代表理事の選定

　理事は、原則として、一般社団法人を代表する（法人77Ⅰ、Ⅱ）。当該法人は、定款、定款の定めに基づく理事の互選、又は社員総会の決議によって、理事の中から、代表理事を定めることができる（法人77Ⅲ）。

4 設立の登記に関する添付書面の比較

		一般社団法人	一般財団法人
共通	一般	① 定　款 ② 設立時社員又は設立者全員の同意又は過半数の一致を証する書面 [▶5]	
	機関具備関係	③ 設立時役員の選任に関する書面 ④ 設立時会計監査人の選任等に関する書面 ⑤ 設立時代表理事の選定に関する書面 ⑥ 設立時役員等の就任承諾書 ⑦ 設立時代表理事の就任承諾書（設立時代表理事としての選定があった場合） ⑧ 設立時理事（理事会設置一般法人である場合には、設立時代表理事）の上記⑥又は⑦に関しての市区町村長作成の印鑑証明書（法登規3・商登規61Ⅳ、Ⅴ）	
特有		—	⑨ 財産拠出の履行証明書 ⑩ 設立時評議員の選任に関する書面及び就任承諾書

- [▶5] **《上記②の書面が必要となる場面》**
　設立時社員が設立時理事、設立時監事又は設立時会計監査人を選任したとき（法人17Ⅰ）、設立時社員が設立時の主たる事務所等の所在場所等を定めたとき等。

12 □□□ **一般財団法人**の設立の登記の申請書には、登記す
† べき事項として（①存続期間又は解散事由、②公告方法、
③事業年度、④理事の氏名、⑤監事の氏名、⑥理事会設
置法人である旨、⑦監事設置法人である旨、⑧代表理事
の氏名、⑨代表理事の氏名及び住所、⑩評議員の氏名、
⑪評議員の氏名及び住所）を記載しなければならない。

→1 **5** 「法人の基本
事項」「機関等」
評議員は氏名のみ登
記事項
①は相対的登記事項

② ④ ⑤ ⑨ ⑩

13 □□□ （①株式会社においては資本金の額、②一般財団法
† 人においては拠出された財産の額、③一般社団法人にお
いては基金の額）が**登記事項**となる。

→1 **5** 「財産」 ①

14 □□□ 一般社団法人は、**代表しない理事がいる場合**のみ、
† 代表理事の氏名を登記しなければならない。

→1 **5** 「機関等」
「代表理事」 ×

15 □□□ 一般社団法人は、定款で（①代表理事の代表権の
† 範囲に関する制限を、②役員等の責任の免除について、
③非業務執行理事等が負う責任の限度に関する契約の締
結について、④会計監査人設置一般社団法人である旨を）
定めている場合でも、その定めを**登記**することはできな
い。

→1 **5** cf. ①

16 □□□ 一般社団法人は、公告方法として**「主たる事務所**
† **の公衆の見やすい場所に掲示する方法」**を登記すること
ができる。

→1 **5** ▶6 ○

17 □□□ 一般社団法人において、**社員の資格の得喪**に関す
† る定款の定めは、**登記事項**である。

×

5 各種法人の登記事項の比較

○：登記事項　×：非登記事項

		一般社団法人 （法人 301 Ⅱ）	一般財団法人 （法人 302 Ⅱ）	株式会社 （会 911 Ⅲ）
法人の基本事項		目的、主たる事務所（本店）及び従たる事務所（支店）の所在場所、 名称（商号）、存続期間、解散事由についての定め、公告方法 ▶6		
機関等	理事・監事	氏　名	氏　名	（取締役・監査役の） 氏　名
	代表理事	氏名及び住所	氏名及び住所	（代表取締役の） 氏名及び住所
	評議員	―	氏　名	―
	会計監査人	会計監査人設置法人（会社）のときは、その旨及びその氏名（名称）		
	理事会設置法人・監事設置法人である旨	○	× 💬	○ （取締役会設置会社・監査役設置会社）
財　産		×	×	資本金の額
責任限定等		役員等の責任免除についての定款規定 非業務執行理事等（役員等）の責任限度に関する契約締結について の定款規定		

cf. 上記いずれの法人も、共同代表の定めを登記することはできない。

▶6 　一般社団法人等は、株式会社と同様の公告方法に加えて、当該一般社団法人等の
　　主たる事務所の公衆の見やすい場所に掲示する方法も可能（法人 331 Ⅰ④、法人施規 88
　　Ⅰ）。

6 登　記

　一般社団法人等は、その主たる事務所の所在地において設立の登記をすることによって
成立する（法人 22、163）。

一般財団法人では、理事会と監事は必置機関ですから、**理事会設置法人・監事
設置法人であることは当然**であり、登記事項となりません。一方で、**清算法人**
になった場合においては、清算人会と監事は任意設置の機関となるため、清算
人会設置法人である旨及び監事設置法人である旨が登記事項となることに注意
しましょう。

第3編　各主体による商事手続

18 □□□　目的を評議員会の決議によって変更することができる旨の定款の定めのない一般財団法人であっても、評議員会の特別決議により目的を変更したことを証する評議員会の議事録及び**裁判所の許可書**を添付すれば、**目的の変更の登記**を申請することができる。　→ 2**1** 💬　○

19 □□□　監事設置一般社団法人は、**理事会**を設置しなければならない。　→ 2**2** 1段目参照　×

20 □□□　**大規模一般社団法人**は、（①理事会、②監事、③会計監査人）を設置しなければならない。　→ 2**2** 2段目　②③

21 □□□　**評議員**は、一般財団法人又は子法人の**理事、監事**又は使用人を兼ねることができない。　→ 2**3**「兼任禁止」∵　役員等の選任機関であるため　○

22 □□□　一般社団法人の**理事及び監事**の任期は、選任後**10年以内**に終了する事業年度のうち最終のものに関する定時社員総会の終結の時までの範囲内であれば、**定款**によって自由に定めることができる。　→ 2**3**「任期」伸長は不可　監事の短縮は限定的　×

23 □□□　一般財団法人の**理事**の任期は、評議員会の決議によって**短縮**することができる。　→ 2**3**「短縮」　×

24 □□□　一般社団法人の**監事**の任期は、定款によってその任期を選任後**2年以内**に終了する事業年度のうちの最終のものに関する定時社員総会の終結の時までとすることを限度として短縮することができる。　→ 2**3**「短縮」　○

一般財団法人における定款の変更は、評議員会の特別決議ですることができますが（法人189 Ⅱ③、200 Ⅰ）、一般財団法人における定款の記載事項のうち、**目的及び評議員の選任及び解任の方法**について変更できるのは、①設立者が変更できる旨を原始定款で定めた場合、②一定の事由の下（ex. 定款変更しなければ運営の継続が不可能）、裁判所の許可を得た場合に限られます（法人200 Ⅱ、Ⅲ）。これは一般財団法人に財産を拠出した設立者の意思を尊重するためです。そのため、目的を評議員会の決議によって変更できる旨の定款の定めのない一般財団法人であっても、特別決議の要件を満たす評議員会議事録及び**裁判所の許可書**を添付すれば、目的の変更の登記を申請することができます。

|2| 機　関

1 機関設計　◎：必要的機関　○：必要的機関となる場合あり　△：任意的機関

	社員総会	評議員（会）	理　事	理事会	監　事	会計監査人
一般社団法人	◎	―	◎	△	○	○
一般財団法人	―	◎	◎	◎	◎	○

2 機関の設置義務がある一般社団法人等

法人形態等	設置義務機関
理事会設置一般社団法人（法人 61） 会計監査人設置一般社団法人（法人 61）	監　事
大規模一般社団法人（法人 62、61）▶7 大規模一般財団法人（法人 171、170）	監　事（一般財団法人においては常設） 会計監査人

▶7　《大規模一般社団法人等》
　　　最終事業年度に係る貸借対照表の負債の部に計上した額の合計額が 200 億円以上である一般社団法人等。

3 役員等の任期等 （法人 65 条～ 69 条、173 条、174 条、177 条）

		評議員	理　事	監　事	会計監査人
兼任 禁止		一般財団法人又は子法人の理事・監事・使用人	―	一般法人又は子法人の理事・使用人	―
任期	原則	選任後 4 年以内に終了する事業年度のうち最終のものに関する定時評議員会の終結の時まで	選任後 2 年	選任後 4 年	選任後 1 年
			以内に終了する事業年度のうち最終のものに関する定時社員総会（評議員会）の終結の時まで ▶8		
	伸長	定款により 4年→6年まで伸長可	不　可	不　可 cf. 清算法人では任期なし	不　可
	短縮	定款に基づき補欠評議員として選任した場合	（一般社団法人においては社員総会決議又は）定款により可	①　定款により 2 年まで短縮可 ②　定款に基づき補欠監事として選任した場合	不　可

▶8　会計監査人は、当該定時社員総会（評議員会）において別段の決議がされなかったときは、当該定時社員総会（評議員会）において再任されたものとみなされる。

25 □□□　評議員を選任する旨の理事会の決議があった場合において、**理事会で評議員を定める旨の定め**がある定款及び理事会議事録を添付すれば、当該評議員の就任による変更の登記は受理される。　　　　　　→ 2 4 💬　　✕

26 □□□　一般社団法人の理事は、**社員総会の決議**によって選任する。　　　→ 2 4 「選任及び解任決議」　〇

27 □□□　一般財団法人において、**評議員会の決議**によって**監事を解任**する場合の決議は、（①議決に加わることができる評議員の3分の2以上、②総評議員の半数以上であって、総評議員の議決権の3分の2以上）に当たる多数をもって行わなければならない。　　→ 2 4 「選任及び解任決議」参照　①　cf. ②の評議員を社員と読み替えると社員総会特別決議の要件

28 □□□　一般社団法人の理事の就任による変更の登記の申請書には、当該理事を選任した社員総会の議事録を添付し、一般財団法人の**評議員の就任**による変更の登記の申請書には、当該**評議員を選任した評議員会の議事録**を添付しなければならない。　　→ 2 5 「評議員」「理事」後段が誤り　✕　必ずしも評議員会の議事録に限られない

29 □□□　一般財団法人において、理事の就任による変更の登記の申請書には、理事の就任を承諾したことを証する書面及び議決に加わることができる**評議員の過半数が出席し、出席した評議員の過半数をもって決議**をした評議員会の議事録を添付しなければならない。　　→ 2 5 「理事」　〇　評議員会の普通決議

30 □□□　一般財団法人において、**理事会の決議**によって**新たな代表理事を選定**した場合、代表理事の就任による変更の登記の申請書には、代表理事の就任承諾書の印鑑につき**印鑑証明書**の添付を要しない。　　→ 2 5 「代表理事」　✕

一般財団法人では、評議員は定款の選任方法の定めに従って選任しますが（法人153 I ⑧）、評議員会は設立後の**一般財団法人の最高機関**であり、業務執行機関である理事や理事会よりも上部機関に当たることから、理事又は理事会が評議員を選任又は解任する旨の定款の定めをすることは**できません**（法人153 III ①）。

4 評議員及び役員等の選任・解任 [▶9]

（法人49条1項、2項、63条、70条、75条、153条1項8号、174条～177条、189条1項、2項）

	評議員	理　事	監　事	会計監査人
選任及び解任決議	定款に定める方法	監事の解任を除き社員総会（評議員会）の普通決議 監事の解任：社員総会（評議員会）の特別決議		
補欠選任	可			不　可
権利義務制度	あ　り			な　し

[▶9]　一時職務を行うべき者は、会計監査人については監事が選任し、それ以外の者については、利害関係人の申立てにより、裁判所が選任する。

5 法人成立後の役員等の就任による変更の登記に関する添付書面の比較

	一般社団法人		一般財団法人
	非理事会設置	理事会設置	
共通の書面	就任承諾書　本人確認証明書（法登規3・商登規61Ⅶ）		
評 議 員	―		定款及び定款で定めた選任方法で選任したことを証する書面
理　事	社員総会議事録 [▶10] 就任承諾書の印鑑証明書（再任除く）	社員総会議事録	評議員会議事録
監　事	社員総会議事録		評議員会議事録
会計監査人	社員総会議事録		評議員会議事録
	登記事項証明書（省略可の場合あり：法人）又は資格証明書		
代表理事	理事の中から代表理事を定めた場合に必要（法登規3・商登規61Ⅵ）[▶11]	理事会議事録 上記議事録に出席理事・監事が押印した印鑑の印鑑証明書 就任承諾書に係る印鑑証明書（再任除く） ＊　上記印鑑証明書は、届出印押印時は不要	

[▶10]　各自代表の場合は、原則として、理事の選任に係る社員総会につき、印鑑証明書が必要である（法登規3・商登規61Ⅵ）。

[▶11]　理事の中から、代表理事を定めた場合、以下の添付書面が必要。
①　代表理事の選定を証する書面　→　定款によって代表理事を定めたときは社員総会議事録、定款の定めに基づく理事の互選によって定めたときは定款及び互選を証する書面、社員総会によって定めたときは社員総会議事録
②　①の書面に押印した印鑑に関する印鑑証明書
③　代表理事の就任承諾書（定款の定めに基づく理事の互選により定めた場合のみ添付）

31 ☐☐☐　一般社団法人と一般社団法人とが新設合併をする場合には、合併により設立する法人を一般財団法人とする設立の登記の申請をすることはできない。

→ 3 **1**「合併をする法人が一般社団法人のみ」　○

32 ☐☐☐　一般社団法人と一般財団法人が吸収合併する場合において、一般社団法人が合併契約の締結日までに基金の全額を返還していないときは、合併後に存続する法人を（①一般社団法人、②一般財団法人）とする合併をすることはできない。

→ 3 **1** 3段目　②
存続法人は一般社団法人に限られる

33 ☐☐☐　存続法人を一般財団法人とし、消滅法人を一般社団法人とする吸収合併をする場合において、一般財団法人に関する合併による変更の登記の申請書には、吸収合併契約書、吸収合併契約の承認があったことを証する書面、消滅法人及び存続法人についての債権者保護手続関係書面を添付しなければならない。

→ 3 **2**「添付書面」　○

†

34 ☐☐☐　新設合併による一般財団法人の設立の登記の申請書には、（①定款、②設立時代表理事の就任承諾書、③設立時代表理事の就任承諾書についての市区町村長作成の印鑑証明書）を添付しなければならない。

→ 3 **2**⑤　①②
設立時代表理事は、設立時代表取締役に準じる

†

35 ☐☐☐　一般財団法人と一般財団法人が吸収合併する場合において、消滅法人における解散の登記の申請書には、当該消滅法人の債権者保護手続関係書面を添付しなければならない。

→ 3 **3**　×
一切の添付書面不要

†

36 ☐☐☐　社員総会の決議により解散した一般社団法人を合併後存続する一般社団法人とする合併による変更の登記の申請は、することができる。

法人 151 条により解散した一般社団法人が存続法人となることは不可　×

†

37 ☐☐☐　一般社団法人が公益認定を受けて公益社団法人となる場合には、一般社団法人の解散の登記及び公益社団法人の設立の登記を申請しなければならない。

→ 3 **3**　×
公益認定による名称の変更の登記を申請する

3 合 併

1 合併の制限

場　面	合併後存続・合併により設立する一般法人の種類
合併をする法人が一般社団法人のみ	一般社団法人
合併をする法人が一般財団法人のみ	一般財団法人
上記以外の場合において、合併をする一般社団法人が合併契約の締結日までに基金 [▶12] の全額を返還していないとき	一般社団法人

▶12　基金とは、一般社団法人に拠出された金銭その他の財産であって、当該一般社団法人が拠出者に対して返還義務を負うものをいう（法人 131 柱括）。

2 吸収合併存続（新設合併設立）法人の合併による変更（設立）の登記の添付書面等

実　体	添付書面 (法人 317、322、323)
① 合併契約の締結	吸収（新設）合併契約書
② 社員総会又は評議員会による吸収合併契約の承認（法人 247、251 Ⅰ）	吸収（新設）合併契約の承認があったことを証する書面
③ 債権者保護手続 [▶13]	**債権者保護手続関係書面**
④ ―	吸収（新設）合併消滅法人の登記事項証明書
⑤ 新設合併の手続等に関する書面	定款、設立時役員の選任書面、就任承諾書等

▶13　吸収合併は、吸収合併消滅法人及び吸収合併存続法人の双方において必要。なお、基金の返還に係る債権の債権者については、債権者保護手続は不要である（法人 248、252）。
　　　新設合併は、新設合併消滅法人による債権者保護手続が必要（法人 258）。

3 解散の登記 💬

　合併による消滅法人の解散の登記は、吸収合併による変更又は新設合併による設立の登記と同時に申請する必要がある（法人 330・商登 82 Ⅲ）。

　また、当該解散の登記の申請については、添付書面は要しない（法人 330・商登 82 Ⅳ）。

一般社団法人又は一般財団法人が**公益認定**を受けた場合には、公益社団法人又は公益財団法人となります（認定 2 ①、②、4）。この場合には、🚫 公益認定を受けたことを証する書面 を添付して、**公益認定による名称の変更の登記**を申請しなければなりません（法人 303、平 20. 9. 1 民商 2351 通、認定 9 Ⅱ）。解散の登記と設立の登記を申請するわけではないので注意しましょう。

38 ☐☐☐　**一般財団法人**の解散事由としては、（①評議員会の特別決議、②合併により、当該一般財団法人が消滅する場合、③破産手続開始の決定、④基本財産の滅失等による一般財団法人の目的である事業の成功の不能）がある。

→4❶「解散事由」　②③④

39 ☐☐☐　**一般社団法人**は、社員が（①１人になった場合、②１人もいなくなった場合）には、解散の登記を申請しなければならない。

→4❶「特有」　②

40 ☐☐☐　一般財団法人は、（①定款に定めた存続期間の満了又は解散事由の発生、②休眠一般財団法人のみなし解散による解散、③基本財産の滅失その他の事由による一般財団法人の目的である事業の成功の不能、④ある事業年度及びその翌事業年度に係る貸借対照表上の純資産額がいずれも300万円未満となった場合）は、清算が結了するまで（休眠一般財団法人のみなし解散の場合は、解散時から３年以内に限る）、評議員会の特別決議によって、一般財団法人を継続することができる。

→4❶「継続可能な解散事由」　②④
①〜④はすべて解散事由
cf. 一般社団法人と比較

41 ☐☐☐　一般財団法人が**存続期間**の満了によって解散した場合において、当該法人を継続する旨の評議員会の決議があったときは、当該評議員会の議事録を添付して、一般財団法人の**継続の登記を申請**することができる。

→4❶「継続可能な解散事由」参照　✕
法人204条、150条
存続期間満了の場合は、継続不可
cf. 一般社団法人は可

42 ☐☐☐　一般財団法人が、ある事業年度及びその翌事業年度に係る貸借対照表上の純資産額がいずれも300万円未満となった場合には、登記官は**職権**で当該法人の解散の登記をしなければならない。

→4❶「特有」、❷▶15　✕
登記官には、純資産額はわからない
cf. みなし解散は職権

4 解散・清算・継続

1 解散事由及び継続の可否

		一般社団法人	一般財団法人
解散事由	共通	① 定款で定めた存続期間の満了 ② 定款で定めた解散事由の発生 ③ 合併（合併により当該一般社団法人等が消滅する場合に限る） ④ 破産手続開始の決定 ⑤ 解散を命ずる裁判 ⑥ 休眠一般社団法人等のみなし解散	
	特有	⑦ **社員総会の特別決議** ⑧ 社員が欠けたこと （社員が **0人** になること）	❼ 基本財産の滅失その他の事由による一般財団法人の目的である**事業の成功の不能** ❽ ある事業年度及びその翌事業年度に係る貸借対照表上の純資産額がいずれも **300万円未満** となった場合等（法人 202 Ⅱ、Ⅲ）
継続可能な解散事由		①、②、⑥ ▶14、⑦	⑥ ▶14、❽

▶14　解散したものとみなされた後3年以内に限る（法人 150 括）。

2 解散の登記 ▶15

	一般社団法人	一般財団法人
添付書面	解散事由を証する書面 代表清算人の資格証明書（法定清算人が代表清算人として申請する場合を除く）	
登記官が職権抹消すべき登記	理事、代表理事及び外部理事に関する登記 会計監査人設置一般法人である旨の登記及び会計監査人に関する登記	
	理事会設置一般社団法人である旨	—

▶15　**1**の表の解散事由のうち、④、⑤、⑥については、登記申請手続が不要。
④、⑤の場合は、裁判所書記官が、破産手続開始（破産 257）又は解散の登記（法人 315 Ⅰ③ロ）を嘱託する。また、⑥の場合は、登記官が職権で解散の登記をする（法人 330・商登 72）。

Q 合資会社の有限責任社員は直接有限責任を負うとされていますが、この意味がよくわかりません。

A 例えば、合資会社の有限責任社員が100万円の出資を約束したとします。そのうち、80万円しか出資義務を履行していないという状態で会社が破産した場合、会社債権者はその出資者が出資した80万円については、会社に強制執行することになります。そして、まだ出資されていない20万円については直接その社員個人に対して請求することができます。これが直接有限責任の意味です。

Q 外国会社のイメージがつかめません。

A 外国会社については、「アメリカの企業が日本で取引を行う」というイメージを持つとよいでしょう。外国企業が日本国内に株式会社を設立する内国株式会社(ex.アメリカの企業が日本で株式会社を設立する)としっかり区別しましょう。

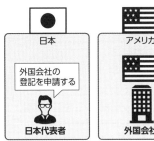

p213の表の覚え方はあるでしょうか？

A この表のポイントは次のとおりです。
- ①②の事由により解散した一般財団法人では継続することができません。一般財団法人では設立者の意思が尊重されるところ、定款で存続期間・解散事由を定めた設立者の意思も尊重すべきだからです。
- ❼は、財産の集まりに法人格を与える制度である一般財団法人でのみ解散事由となります。
- ⑦に関して、一般財団法人は評議員会の決議による解散をすることができません。一般財団法人では設立者の意思が尊重されるところ、設立者が定めた目的の遂行を評議員会が放り出すことはできないということです。
- ⑧に関して、社員が1人になったとしても一般社団法人は解散しません。一般社団法人の設立の際は、共同して定款を作成する必要があることから、設立時社員が2人以上いる必要がありましたが、設立後の社員が1人になってもよいということです。
- ❽に関して、「2期連続で貸借対照表上の純資産額が300万円未満となったこと」は一般財団法人でのみ解散事由となります。一般財団法人は財産の集まりに法人格を与える制度であるため、財産が散逸したときは解散することにしているのです。

第Ⅱ部
実体上の商事手続

第1編
会社法特有の商事手続

●体系MAP

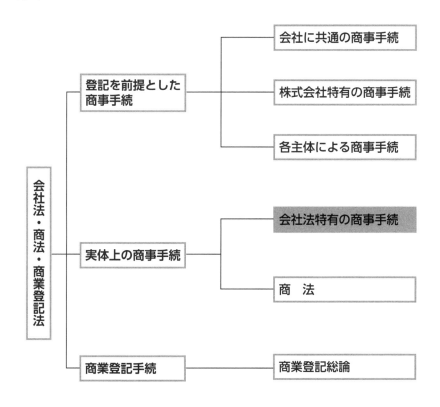

第1章	社　債	第2章	株主等の権利
第3章	役員等の責任	第4章	訴えのまとめ
第5章	補　遺		

01 □□□　**特例有限会社**は社債を発行することができるが、**持分会社**は社債を発行することができない。

→ 1 **1**「発行会社」　×
持分会社も社債発行
可能

02 □□□　社債の発行により払い込まれた財産の価額は、会社の**資本金の額**に組み入れられる。

→ 1 **1**「発行の対価」　×

03 □□□　公開会社においては、**社債の発行**の決定機関と、**第三者割当て**の方法による募集株式の発行（払込金額が引受人に**特に有利な金額である場合を除く**）における募集事項の決定機関は、同一である。

→ 1 **1**「発行の決定
機関」参照　○
どちらも取締役会の
決議による

04 □□□　取締役会設置会社（監査等委員会設置会社及び指名委員会等設置会社を除く。）がその発行する社債を引き受ける者について一の募集をする場合において、**募集社債の総額の上限**の決定は、取締役会が行わなければならず、**取締役に委任**することはできない。

→ 1 **1**「発行の決定
機関」＊　○
募集社債の総額の上
限の決定は取締役に
委任不可

05 □□□　**募集株式**の引受人は、出資の履行をする債務と会社に対する債権とを**相殺**することができないが、**募集社債**の申込者は、払込みをする債務と会社に対する債権とを**相殺**することができる。

→ 1 **1**「払込手続」　○

06 □□□　株式会社が、発行する社債について**社債券**を発行するときは、その旨を**定款で定め**なければならない。

→ 1 **1**「証券の発行」　×
募集ごとに定める

1 社 債

【株式との比較】

	社 債	株 式
発行会社	株式会社、**持分会社、特例有限会社**	株式会社、特例有限会社
地 位	株式会社の債権者（外部の者）	株式会社の社員（内部の構成員）
発行の対価	資本金の額等に組み入れられない	資本金の額等に組み入れられる
発行の決定機関	取締役（会） * 取締役会設置会社では、**募集社債の総額の上限、募集社債の払込金額等、募集社債に関する事項のうち、重要な事項として法務省令（会施規99）で定める事項を除き、取締役にその決定を委任することができる**（会362Ⅳ⑤参照）	第Ⅰ部第2編第2章1**1**参照
払込手続	① **分割払込み可**（会676⑫、会施規162①） ② **相殺可** ③ **払込取扱機関の制度なし** ④ 現物出資可（会676⑫、会施規162③）（**検査役の調査の制度なし**）	① 全額払込み（会208Ⅰ、Ⅱ等） ② 相殺の禁止（会208Ⅲ） ③ 払込取扱機関の制度あり ④ 現物出資可（会199Ⅰ③等）（原則検査役の調査必要、会207等）
証券の発行	**募集ごとに決定し発行可能**（会676⑥）	定款で定めれば発行可能（会214）
配当、利率	利率は発行時に確定済み（会676③）	分配可能額があれば剰余金の配当可能（会461Ⅰ⑧）
違法発行への対抗措置	な し	① 差止請求（会210） ② 無効の訴え（会828Ⅰ②）

社債を発行する会社は、会社に代わって社債原簿の管理を行う者（**社債原簿管理人**）を定め、その事務を行うことを委託することができます（会683）。株主名簿管理人と異なり、社債原簿管理人を定めるに当たり、定款の定めは不要です。

第1章 社 債 | 221

07 □□□　**社債管理者**は、社債権者のために**社債に係る債権の実現**を保全するために必要な**一切の裁判上又は裁判外の行為**をする権限を有する。

➡**2**「社債管理者」「権限」▶1　○

08 □□□　会社は、**社債の総額を2億円**とし、**各社債の金額を200万円**として社債を発行するときは、**社債管理者**を定めることを要しない。

➡**2**「社債管理者」「設置」
社債権者の数が100人（2億円÷200万円）のため、社債管理者の設置が必要　×

09 □□□　会社は、社債を発行する場合において、**各社債の金額が1億円以上**であるときは、**社債管理補助者**を定めなければならない。

➡**2**「社債管理補助者」「設置」
社債管理補助者の設置は任意　×

10 □□□　**弁護士**又は**弁護士法人**は、**社債管理補助者**となることができる。

➡**2**「社債管理補助者」「資格」　○

11 □□□　**二以上の社債管理補助者**があるときは、これらの者が**共同して**その権限に属する行為をしなければならない。

➡**2**「社債管理補助者」「二以上の者がある場合の権限の行使」　×

12 □□□　**社債権者集会**は、会社法に規定する事項及び**募集社債に関する事項として会社が定めた事項**に限り、決議をすることができる。

➡**3**「決議事項」①②　×

13 □□□　**社債権者集会**に出席しない社債権者は、当該社債権者集会における議決権者の数の多寡にかかわらず、**書面によって議決権を行使**することができる。

➡**3**「議決権の行使」①　○

14 □□□　**社債権者集会**の目的である事項についての社債発行会社の提案につき社債権者の**全員が書面により同意の意思表示**をした場合であっても、**裁判所の認可**を受けなければ、当該提案を可決する旨の社債権者集会の決議があったものとみなされない。

➡**3**「決議の効力」▶3　×

社債管理者は**一般公衆の社債権者の取りまとめ**としての役割を担うところ、社債権者が大口の投資家である場合、又は社債権者が公衆といえないほど少数の場合は、社債管理者を定めて社債権者を保護する必要はないため、これらの場合には**社債管理者の定めが不要**となるのです。

2 社債管理者及び社債管理補助者

	社債管理者	社債管理補助者
権 限	広 い ▶1	狭 い ▶2
設 置	① 各社債の金額が1億円以上 ② 社債権者の数が50人未満 → 不 要	社債管理者の設置が不要の場合 （左記①②） → 可
資 格	銀行、信託銀行等	銀行、信託銀行等、弁護士、 弁護士法人
二以上の者がある 場合の権限の行使	共同行使	各自行使

▶1　社債管理者は、社債権者のために社債に係る債権の弁済を受け、又は社債に係る債権の実現を保全するために必要な一切の裁判上又は裁判外の行為をする権限を有する（会705Ⅰ）。

▶2　社債管理補助者は、社債の管理の補助の委託に係る契約に定める範囲内において、社債権者のために、社債に係る債権の弁済を受けること等、714条の4第2項各号に掲げる行為をする権限を有する（会714の4Ⅱ各号、714の2）。このほか、①破産手続参加等、②強制執行又は担保権の実行の手続における配当要求、③清算株式会社の債権申出期間内における債権の申出をする権限も有する（会714の4Ⅰ各号）。

3 社債権者集会

決議事項		① 会社法に規定されている事項　② 社債権者の利害に関する事項
招集権者	原 則	社債発行会社又は社債管理者
	例 外	【社債権者】 ある種類の社債の総額（償還済みの額を除く）の10分の1以上に当たる社債を有する社債権者 【社債管理補助者】 以下の①②の場合、可 ① 少数社債権者から招集請求を受けた場合 ② 辞任のために社債権者集会の同意を得る必要がある場合
議決権の行使		① 議決権の代理行使・書面等による行使・不統一行使が可能 ② 自己社債について議決権を有しない
決議の効力		裁判所の認可により生じる ▶3　＊ 決議取消しの制度なし

▶3　社債権者集会の目的である事項についての提案につき議決権者の全員が書面等により同意の意思表示をすることによって、当該提案を可決する旨の社債権者集会の決議があったものとみなされる場合には（会735の2Ⅰ）、その社債権者集会の決議については、裁判所の認可を受けなくても、その効力が生ずる（会735の2Ⅳ）。

01 □□□ **取締役会設置会社である公開会社**において、**6か月前から引き続き株式を有する株主**は、**取締役**が当該会社の目的の範囲外の行為をすることにより**当該会社に著しい損害が生ずるおそれ**があるときは、当該取締役に対し、当該行為をやめることを請求することができる。

➡1**1**① ▶1　×
公開会社である取締役会設置会社は監査役設置会社である。「著しい損害」ではなく「回復することができない損害」の場合は請求可

02 □□□ 監査役の**監査の範囲を会計に関するものに限定**する旨の定款の定めがある株式会社の監査役は、**取締役の違法行為の差止請求**をすることができない。

➡1**1**① ▶1参照　〇
当該会社では、「著しい損害が生ずるおそれ」があれば、株主が差止請求可

03 □□□ **公開会社以外の会社**において、役員の**責任追及の訴えの提起を会社に対して請求する権利**及び**役員の解任請求の訴えを提起する権利**は、**すべての株主**が有する。

➡1**1**②、**2**3段目　×
責任追及は単独株主権だが、解任請求の訴えは少数株主権

04 □□□ **総株主の議決権の100分の3以上の議決権を有する株主**は、当該議決権を**6か月前から引き続き有する**者に限り、取締役に対し、**株主総会の招集を請求**することができる。

➡1**2** ▶3　×
公開会社でない会社では保有期間の制約なし

株式会社の監督機能は、**監査役設置会社：監査役、非監査役設置会社：株主**であり、これが「会社に著しい損害が生ずるおそれがある場合」の違法行為差止請求権を有する機関に対応しています（下図参照）。また、監査役設置会社においては、会社に**著しい損害**が生じるおそれがあるときには、監査役が差止請求権の行使を担当するため、株主が行使できるのは、**回復できない損害**が生ずるおそれがある場合に制限されていることを理解しておきましょう。

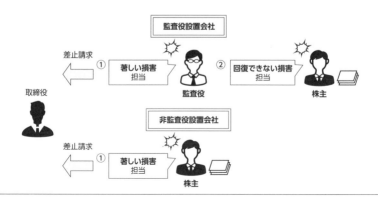

1 単独株主権——公開会社において 6 か月の保有期間制限が課されているもの

① 取締役・執行役の違法行為差止請求権（会 360 I、422 I）▶1 💬

② 責任追及等の訴え請求権及び訴え提起権（会 847）

▶1　監査役設置会社、監査等委員会設置会社又は指名委員会等設置会社
　　　　：会社に回復することができない損害が生ずるおそれがある場合
　　その他の会社：会社に著しい損害が生ずるおそれがある場合

2 少数株主権

保有期間	議決権数又は株式数	具体例
な し	総株主の議決権又は発行済株式数▶2 の 10 分の 1 以上	会社解散の訴え（解散判決請求権　会 833）
6 か月 ▶3	総株主の議決権 ▶4 の 100 分の 3 以上	株主総会招集請求権（会 297）▶5
6 か月 ▶3	総株主の議決権又は発行済株式数 ▶6 の 100 分の 3 以上	**役員の解任の訴え**（会 854）
な し	総株主 ▶7 の議決権の 100 分の 3 以上	取締役等の責任を免除する同意（決議）に対する異議権（会 426 Ⅶ）
な し	総株主の議決権又は発行済株式数 ▶2 の 100 分の 3 以上	・業務の執行に関する検査役選任の申立権（会 358 I） ・会計帳簿の閲覧、謄写請求権（会 433）
6 か月 ▶3	総株主の議決権 ▶2 の 100 分の 1 以上	株主総会招集手続等の調査のための検査役選任申立権（会 306）
6 か月 ▶3	総株主の議決権 ▶8 の 100 分の 1 以上又は 300 個以上の議決権	株主総会における議題提案権・議案要領通知請求権（会 303 I、305）▶5、9

▶2　総株主から、株主総会の決議事項の全部につき議決権を行使できない株主を除く。また、**発行済株式数**から、自己株式を除く。

▶3　非公開会社では、当該保有期間の制限は課されない。

▶4　当該株主総会の目的たる事項につき議決権を行使できない株主の議決権を除く。

▶5　当該株主が議決権を行使できる事項についてのみ行使すること可。

▶6　総株主から、当該役員解任議案について議決権を行使できない株主及び当該解任請求に係る役員である株主を除く。**発行済株式数**から、自己株式、当該解任請求に係る役員である株主の有する株式を除く。

▶7　責任を負う役員等である株主を除く。

▶8　当該議題・議案につき議決権行使不可の株主を除く。

▶9　取締役会設置会社以外の会社では、保有議決権数に関する要件は不要（単独株主権）。

05 ☐☐☐　株式会社は、**株主名簿を本店及び支店に備え置か**なければならない。

➡ 1 **3** 「備置き」
本店のみでよい　×

06 ☐☐☐　株式会社は、取締役会の**決議があった日から5年間、取締役会議事録**の写しをその**支店**に備え置かなければならない。

➡ 1 **3** 「備置き」
本店のみ、会議日から10年間　×

07 ☐☐☐　**株主**及び**会社債権者**は、株式会社の**営業時間内であればいつでも**、当該株式会社に対し、**株主名簿及び株主総会議事録**の閲覧を請求することができる。

➡ 1 **3** 「閲覧等」
備置期間に注意　○

08 ☐☐☐　**親会社の株主**は、その権利を行使するため必要があるときは、株式会社の株主名簿及び取締役会議事録の閲覧を請求することができるが、そのためには**裁判所の許可**を得なければならない。

➡ 1 **3** 「閲覧等」
親会社株主は必ず裁判所の許可必要　○

09 ☐☐☐　監査役の監査の範囲を会計に関するものに限定する旨の定款の定めがある株式会社の株主は、**その権利を行使するため必要があるとき**は、当該株式会社の**営業時間内はいつでも**、取締役会議事録の閲覧を請求することができるが、当該会社の**債権者**は、**役員の責任を追及するため必要があるとき**に、**裁判所の許可**を得て、当該請求をすることができる。

➡ 1 **3** ▶10
cf. 株主による株主総会議事録の閲覧請求には「権利行使のため必要があるとき」の要件は不要　○

10 ☐☐☐　発行済株式の総数が1000株の会社において、**1株の株式のみを有する株主**は、株式会社の営業時間内はいつでも、**会計帳簿**の閲覧等を請求することができる。

➡ 1 **2**、**3** ▶11
少数株主権である　×

❸ 株主名簿、各種議事録及び計算書類等の閲覧請求等の比較

		株主名簿	株主総会議事録	取締役会議事録	監査役会議事録	計算書類等	会計帳簿
備置き	本店	期間なし	会議日から10年間			5年間	10年間
	支店	―	5年間	―		3年間	
閲覧等	株主	会社の営業時間内はいつでも		権利行使のため必要があるとき ＋ 裁判所の許可 ▶10		会社の営業時間内はいつでも	少数株主権 ▶11
	債権者			役員等の責任追及のため必要があるとき ＋ 裁判所の許可			―
	親会社株主	権利行使のため必要があるとき ＋ 裁判所の許可					

▶10 「監査役設置会社、監査等委員会設置会社又は指名委員会等設置会社」以外の株式会社では、権利行使のため必要があるときに、当該株式会社の営業時間内であればいつでも可能である（会371Ⅱ、Ⅲ）。

▶11 総株主の議決権又は発行済株式数の100分の3以上の株主は、当該株式会社の営業時間内であればいつでも可能である（会433Ⅰ）。

01 □□□　複数の取締役が任務を怠ったときの会社に対する損害賠償責任は、当該複数の取締役が**連帯して負担**する。

➡1**1**　○
複数の役員等が責任を負う場合はすべて連帯債務

02 □□□　取締役が第三者のために株式会社と取引をしたことによって当該株式会社に損害が生じた場合において、当該取締役が**任務を怠らなかったことを証明**したときは、当該取締役は、当該株式会社に対し、これによって生じた損害を賠償する責任を負わない。

➡1**2**「責任の内容」　○
cf. 自己のために会社と直接取引をした取締役又は執行役は無過失責任

03 □□□　役員及び会計監査人の任務懈怠による株式会社に対する損害賠償責任は、当該役員及び会計監査人が職務を行うにつき**善意でかつ重過失がない**ときは、一定の額を限度として、株主総会の**普通決議**によって免除することができる。

➡1**2** ▶2　×
「株主総会決議によって行う免除」
特別決議

04 □□□　会計監査人設置会社は、**定款の定めがなくても**、会計監査人との間で、当該会計監査人が任務を怠ったときに負うべき**責任を限定する契約を締結**することができる。

➡1**2** ▶2　×
「定款の定めによる責任限定契約」
定款の定め必要

05 □□□　監査等委員会設置会社において、**監査等委員でない取締役**が自己のために株式会社と取引をし、当該取引により株式会社に損害が生じた場合において、当該取締役が当該取引について**監査等委員会の承認**を受けたときは、当該取締役は、その任務を怠ったものと**推定されない**。

➡1**2**「任務懈怠の推定」　○

06 □□□　**監査役の監査の範囲を会計に関するものに限定**している取締役会設置会社は、**役員等の任務懈怠に基づく損害賠償責任を取締役会の決議により免除できる旨**を定款に定めることができない。

➡1**2** ▶3　○
当該会社は会社法上の監査役設置会社ではない（会2⑨）

監査等委員会設置会社において、**監査等委員でない取締役**がその利益相反取引につき**監査等委員会の承認**を受けたときは、任務を怠ったものと推定されません（会423Ⅳ）。監査等委員会はその委員の過半数が社外取締役であり、社外取締役には業務執行者から独立した立場で、利益相反取引を監督する機能が期待できるからです。

1 会社に対する責任

1 総　論

　役員等（取締役、会計参与、監査役、執行役又は会計監査人）が株式会社又は第三者に生じた損害を賠償する責任を負う場合において、他の役員等も当該損害を賠償する責任を負うときは、これらの者は、**連帯債務者**とする（会430）。

2 任務懈怠に関する責任 （会423条～428条）

	一般的な任務懈怠	任務懈怠の推定 💬
場　面	役員等がその任務を怠ったとき	利益相反取引によって会社に損害が生じたとき →　利益相反取引をした取締役又は執行役は、**承認があっても任務を怠ったものと推定される** ▶1
責任の内容	《役員等》 会社に対し、これによって生じた損害を賠償する責任（過失責任）	
	—	自己のために利益相反の**直接取引**をした取締役・執行役は、無過失責任
免　除	あ　り（総株主の同意による免除）	
一部免除 ▶2	あ　り	原則：あ　り 例外：自己のために利益相反の**直接取引**をした取締役・執行役は、なし

▶1　①会社が当該取引をすることを決定した取締役又は執行役、②当該取引に関する取締役会の承認の決議に賛成した取締役も、任務懈怠の推定を受ける（会423Ⅲ②、③）。

▶2　【役員等の責任の一部免除のまとめ】

	株主総会決議によって行う免除（事後的な責任軽減）	定款規定による免除 ▶3	定款の定めによる責任限定契約
対象となる役員等	すべての役員等	すべての役員等	非業務執行取締役、監査役、会計参与、会計監査人
要　件	①　職務を行うにつき善意でかつ重大な過失がないこと		
	②　株主総会の特別決議	②　定　款 ③　取締役の過半数 　（取締役会決議）	②　定　款 ③　責任限定契約

▶3　当該定款規定を設けられるのは、監査役設置会社（取締役が2名以上ある場合に限る）、監査等委員会設置会社又は指名委員会等設置会社に限られる（会426）。

07 □□□　株主の権利の行使に関して財産上の利益を**供与した取締役**は、**その職務を行うことについて注意を怠らなかったことを証明した**ときは、供与した利益の価額に相当する額を支払う義務を株式会社に対して負わない。

→ **1 3** 「責任の内容」　✕
利益供与をした取締役は無過失責任

08 □□□　株式会社が株主の権利の行使に関して財産上の利益を供与した場合、当該利益供与を受けた株主は、**受けた利益を会社に返還することを要する**。

→ **1 3** 「責任の内容」　○
善意・悪意を問わず返還義務あり

09 □□□　募集株式の発行において、株式引受人が取締役と通じて**著しく不公正な払込金額**で募集株式を引き受けた場合、当該**引受人**は当該払込金額と当該募集株式の公正な価額との**差額に相当する金額を支払う義務**を負う。

→ **1 4 ⓐ** 「責任の内容」　○

10 □□□　募集株式の引受人の給付した**現物出資財産**の価額が募集事項として定められた価額に**著しく不足**する場合には、取締役会に議案を提案した取締役は、裁判所の選任した**検査役の調査を経た**ときであっても、会社に対し、その不足額を支払う義務を負う。

→ **1 4 ⓐ** 「責任の内容」「例外①」　✕

11 □□□　**募集株式の引受人**は、払込みを仮装した場合には、株式会社に対し、払込みを仮装した払込金額の全額を支払う義務を負うが、これに**関与した取締役**は、仮装された払込金額の全額を支払う義務を負わない。

→ **1 4 ⓑ** ▶4　✕

12 □□□　募集株式の引受人が、その払込金額に相当する現物出資財産の給付を仮装した場合において、当該給付を仮装した現物出資財産の給付をする前に、**善意かつ無重過失の第三者**に当該募集株式を**譲渡**したときは、当該第三者は、当該募集株式についての株主の権利を行使することができる。

→ **1 4 ⓑ** 「権利行使」　○

募集株式の発行で払込みが仮装されると、本来出資されるべき財産が拠出されていないにもかかわらず、出資があったものとして募集株式が発行されるため、既存株主の持つ株式の1株当たりの経済的価値が低下し、既存株主の利益が害されることになります。そこで、払込みを仮装した募集株式の引受人は、払込みを仮装した払込金額の全額を支払う義務を負うとしているのです。

3 利益供与に関する責任 (会120条)

場　面	株式会社は、何人に対しても、株主（当該株式会社に係る適格旧株主）の権利の行使に関し、財産上の利益を供与してはならない	
責任の内容	《利益供与をした取締役・執行役》 供与した利益の価額に相当する額について会社に対し支払う義務（無過失責任） 《利益供与に関与した取締役・執行役》 供与した利益の価額に相当する額について会社に対し支払う義務（過失責任）	《利益供与を受けた者》 受けた利益を当該会社又はその子会社に返還する義務 　＊　善意・悪意は関係ない
免　除	あ　り（総株主の同意による免除）	な　し

4 募集株式の発行に関する責任

ⓐ 著しく不公正な払込金額・現物出資財産等の価額てん補責任 (会212条、213条)

	著しく不公正な払込金額	現物出資財産等の価額てん補責任
場　面	株式引受人が取締役等と通じて著しく不公正な払込金額で募集株式を引き受けた場合	給付した現物出資財産の価額が募集事項として定められた価額に著しく不足する場合
責任の内容	《株式引受人》 払込金額と公正な価額との差額を支払う義務	《株式引受人：不足額を支払う義務》 《関与した取締役等》 　原則：引受人と同じ範囲で価額てん補責任 　例外：①　検査役の調査を受けた場合 　　　　②　無過失を証明した場合 《現物出資の価額の相当性について証明した者》 　引受人と同じ範囲で価額てん補責任（過失責任）
免　除	な　し	

ⓑ 出資の履行を仮装した募集株式の引受人・取締役等の責任
（会213条の2 ～ 213条の3） ▶4

場面	払込みを仮装	払込みを仮装した払込金額の全額の支払義務を負う
	給付を仮装	①　給付を仮装した現物出資財産の給付義務　又は ②　株式会社が給付に代えて現物出資財産の価額に相当する金銭の支払を請求した場合には、当該金銭の全額の支払義務
免　除		総株主の同意が必要
権利行使		支払・給付義務の履行後でなければ、行使不可 　＊　当該募集株式を譲り受けた者は、悪意・重過失の場合を除き、行使可

▶4　出資の履行の仮装に関与した取締役・執行役も同様の責任を負う（会213の3Ⅰ）。
　＊　出資の履行を仮装した取締役等以外の取締役等がその職務を行うについて注意を怠らなかったことを証明した場合には、義務を負わない（会213の3Ⅰ但）。

13 ☐☐☐ 株式会社が財源規制に違反して剰余金の配当をした場合、当該行為に関する職務を行った業務執行者は、**その職務を行うについて注意を怠らなかったことを証明**したときであっても、当該株式会社に対し、当該剰余金の交付を受けた者が交付を受けた金銭等の帳簿価額に相当する金銭を支払う義務を負う。

➡1**5**「責任の内容」 ✕
過失責任

14 ☐☐☐ 株式会社が財源規制に違反して剰余金の配当をした場合において、業務執行者が当該株式会社に対し違法配当額の**支払義務を履行**したときは、当該業務執行者は、剰余金の配当により株主に対して交付した金銭等の帳簿価額の総額が効力発生日における分配可能額を超えることにつき**株主**に対しても、求償することができない。

➡1**5**「責任の内容」 ✕
*

15 ☐☐☐ 株式会社が株主に対して行った剰余金の配当が財源規制に違反した場合、業務執行者は当該配当額を支払う義務を負うが、**総株主の同意**により当該責任の**全部を免除**することができる。

➡1**5**「免除」* ✕
分配可能額を超える
部分は免除不可

16 ☐☐☐ 募集設立の手続において、会社の成立時における現物出資財産の価額が定款に記載された価額に著しく不足する場合、**現物出資をした発起人**は、**当該現物出資財産につき検査役の調査を受けたときであっても**、不足額を支払う責任を負う。

➡3「責任を負う者
（設立の場合）」 ◯
なお、価額てん補責
任、任務懈怠責任は
総株主の同意により
免除可（会55）

17 ☐☐☐ **発起設立**の手続において、会社の成立時における現物出資財産の価額が定款に記載された価額に著しく不足する場合であっても、**現物出資をした発起人以外の発起人**は、**その職務を行うについて注意を怠らなかったことを証明**すれば責任を免れる。

➡3「責任を負う者
（設立の場合）」▶5 ◯
cf. 募集設立

18 ☐☐☐ 株式会社の設立の手続の中で、発起人がその職務を行うにつき悪意又は重過失があったことにより**第三者**に対して損害を生じさせた場合でも、**総株主の同意**により、当該損害を賠償する責任を**免除**することができる。

➡2「免除」、3「第 ✕
三者に対する責任」
参照
第三者に対する責任
は免除不可

5 剰余金の配当に関する責任──財源規制違反 （会462条、463条）

場　面	株主に交付する金銭等の帳簿価額の総額が剰余金配当の効力発生日における分配可能額を超え、かつ剰余金の配当に関する事項を定めた決議の日の分配可能額を超えた場合
責任の内容	《株　主》 会社に対し、交付を受けた金銭等の帳簿価額に相当する金銭を支払う義務を負う 　＊　株主の善意・悪意は問わない 　＊　会社債権者は、直接株主に対し金銭の支払を請求することもできる（自己の債権額の範囲内に限る） 《業務執行者、配当の決定に関与した取締役》 配当額（＝株主が交付を受けた金銭等の帳簿価額に相当する金銭）を支払う義務を負う（**過失責任**） 　＊　善意の株主に対して、求償権の制限がある（会463 Ⅰ）
免　除	業務執行者等につき、あり （総株主の同意による免除） 　＊　分配可能額を超える部分については免除不可

2 第三者に対する責任 （会429条）

場　面	役員等（取締役、会計参与、監査役、執行役又は会計監査人）が職務を行うについて悪意又は**重過失**があること
責任の内容	当該役員等：これにより第三者に生じた損害を賠償する責任
免　除	な　し

3 設立に関する責任 （会52条～55条）

	責任を負う者（募集株式）	責任を負う者（設立の場合）
現物出資財産等の価額てん補責任	株式引受人	現物出資した発起人 （常に責任を負う）
	関与した取締役等	その他の発起人・設立時取締役 ▶5、6
任務懈怠責任 第三者に対する責任	取締役、会計参与、監査役、執行役、会計監査人	発起人、設立時取締役、設立時監査役

▶5　発起設立の場合のみ、**無過失の証明による免責**がある（会52 Ⅱ②、103 Ⅰ参照）。

▶6　発起設立・募集設立を問わず、**検査役の調査による免責**がある（会52 Ⅱ①、103 Ⅰ）。

募集設立の場合は、発起人・設立時取締役に**無過失責任**が課せられます。募集設立においては一般投資家の存在が考えられるところ、株式引受人間の公平を図る必要性が高くなるからです。

01 □□□　株式会社の設立の無効は、株式会社の成立後 **6 か月以内**に訴えをもってのみ主張することができる。

➡ **1**「提訴期間」
設立に関する訴えは
2 年以内　　✕

02 □□□　株式会社の設立の無効の訴えに係る請求を**棄却する**判決が確定したときは、第三者に対してもその効力を有する。

➡ **1**「認容判決の効力」参照
対世効があるのは、
認容判決（会838）　✕

03 □□□　**設立時発行株式に関する事項について、発起人全員の同意がない**ことは、株式会社の設立無効の原因となる。

➡ **1** ▶ **2**③　　〇

04 □□□　**発起人のうち、設立時発行株式を引き受けていない者がいる**ことは、株式会社の設立無効の原因となる。

➡ **1** ▶ **2**⑦　　〇

	設立無効の訴え （会 828 Ⅰ①）	持分会社の設立取消しの訴え（会 832）	
提訴期間	成立の日から（＝設立登記の日から）**2 年以内**（会 828 Ⅰ①、832）		
原告適格	**株式会社** → **株主等** **持分会社** → **社員等** （会 828 Ⅱ①）▶1	社 員 （会 832 ①）	債権者 （会 832 ②）
内容・原因	**株式会社** → 客観的無効原因の み▶2 **持分会社** → 主観的無効原因も 含まれる▶3	社員 → 民法等の規定 により設立に係 わる意思表示を 取り消せるとき	債権者 → 社員が当該債権 者を害することを 知って持分会社を 設立したとき
被告適格	設立する会社 （会 834 ①）	会 社 （会 834 ⑱）	会社及び社員 （会 834 ⑲）
認容判決 の効力	**対世効**（会 838） **将来効**（会 839）		
原告敗訴 の場合	悪意・重過失あれば会社に対し連帯して損害賠償責任（会 846）		

第 1 編　会社法特有の商事手続

▶1　株主等とは、株主、取締役又は清算人を指す（監査役設置会社にあっては監査役も、指名委員会等設置会社においては執行役も含む）。社員等とは、社員又は清算人を指す。

▶2　**《株式会社の設立において客観的無効原因になるもの》**
　① 定款の絶対的記載事項が欠けていたり、その記載が違法
　② 公証人による定款の認証がない
　③ 株式発行事項について発起人全員の同意がない
　④ 創立総会が適法に開催されない
　⑤ 設立の登記が無効
　⑥ 出資された財産の額が「設立に際して出資される財産の価額又はその最低額」（会27 ④）に満たない
　⑦ 1 株も引き受けていない発起人がいる

▶3　主観的無効原因とは、設立に参加した個々の社員の設立行為に無効原因があることをいう。

会社の設立の無効は、**訴えをもってのみ**主張することができます。会社の成立が当然に無効になると第三者に影響を与えることを考慮して、法的安定性を重視しているのです。

05 □□□　株主は、募集に係る株式の発行がそれを差し止める旨の**仮処分命令に違反**してされた場合には、当該仮処分命令に違反することを無効原因として、新株発行の無効の訴えを提起することはできない。

➡ **2**「内容・原因」②　✕

06 □□□　**新株発行不存在確認の訴え**は、会社法上の公開会社では株式の発行の効力が生じた日から6か月以内に、会社法上の公開会社でない会社では1年以内に、提訴しなければならない。

➡ **2**「提訴期間」　✕
期間の制限なし
cf. 無効の訴え

07 □□□　新株発行の無効の訴えは形成訴訟であるから、その請求を認容する確定判決は第三者に対してもその効力を生じるが、株主総会の決議の無効の確認の訴えは確認訴訟であるから、その請求を**認容**する確定判決は**第三者に対してその効力を生じない**。

➡ **2**「認容判決の効力」　✕
会社の組織に関する訴えの認容判決は、すべて対世効あり（会838）

08 □□□　金銭のみを出資の目的とする新株発行の無効の訴えに係る請求を**認容する判決が確定**したときは、当該株式会社は、判決確定時における当該株式に係る株主に対して、**払込みを受けた金額**を支払わなければならない。

➡ **2**「認容判決の効力」参照　○
会840条1項前段

2 瑕疵ある募集株式の発行等

ランク **B**

	新株発行の無効の訴え（会828Ⅰ②）	新株発行等の不存在確認の訴え（会829）
内容・原因	① 新株発行事項の通知・公告を欠いており、かつ差止事由[4]がある場合（最判平9.1.28） ② 新株発行差止の**仮処分に違反して**発行された場合（最判平5.12.16）	新株発行の実体が存在しない場合など
提訴期間	効力発生日から**公開会社**では**6か月**、**非公開会社**では**1年**以内（会828Ⅰ②）	制限なし
原告適格	株主等（会828Ⅱ②）	確認の利益を有する者
被告適格	株式会社（会834②）	株式会社（会834⑬）
認容判決の効力	**対世効**（会838）・**将来効**（会839） 株式会社の当該株式の株主に対する金銭支払義務（会840）	対世効（会838） 初めから不存在
原告敗訴の場合	悪意・重過失あれば原告に損害賠償責任（会846）	

▶4　募集株式の発行等の手続に瑕疵があり株主が不利益を受けるおそれがあるときは、株主は、募集株式の発行等の効力が発生する前の事前的な救済手段として、募集株式の発行等をやめることの請求（**差止請求**）をすることができる（会210）。
　💡この差止請求の機会が奪われた場合若しくは差止めの仮処分がされたにもかかわらず発行された場合に無効原因となる。

非公開会社における提訴期間は**1年間**に延長されていることに注意しましょう。仮に違法に株主総会を開くことなく募集株式が発行された場合、株主には、その事実を知る機会がほとんどありません。そのため、募集株式の発行があったことを知った時には提訴期間が過ぎてしまった、ということがないように、特に持株比率維持の利益保護の要請が強く働く非公開会社では、提訴期間を1年に延長しているのです。なお、**1年**というのは定時株主総会が年1回開催されることを踏まえたものです。

09 ☐☐☐ 株主総会の決議について**特別の利害関係を有する者が議決権を行使**した場合には、株主は、株主総会の決議の方法が著しく不公正であることを理由として、訴えをもって株主総会の決議の取消しを請求することができる。

➡3「内容・原因」　✕
特別の利害関係を有する者も議決権を行使できる。その結果著しく不当な決議がされたときは、取消原因となる。

10 ☐☐☐ 持分会社の設立の取消しを認容する確定判決には遡及効がないが、株主総会の**決議の取消し**を認容する確定判決には**遡及効がある**。

➡3「認容判決の効力」　◯

11 ☐☐☐ 株主は、**他の株主に対する株主総会の招集手続の瑕疵**を理由として、株主総会の決議の取消しの訴えを提起することはできない。

➡3 ▶6　✕

12 ☐☐☐ 株主は、株主総会の決議の取消しの訴えを提起した場合において、当該株主総会の決議の日から**3か月が経過**したときは、**新たな取消事由を追加主張**することはできない。

➡3 ▶7　◯

13 ☐☐☐ 監査役設置会社の株主が、会社のために代表取締役に対してその責任を追及する訴えを提起するには、当該株主は、訴え提起の**6か月前**から引き続き株式を有している者でなければならない。

➡4「原告適格」　✕
非公開会社であれば保有期間はない

14 ☐☐☐ 株主総会において決議をすることができる事項の全部につき**議決権を行使することができない株主**は、取締役の責任追及の訴えを提起することができない。

➡4「原告適格」＊　✕

15 ☐☐☐ 株主が株式会社に対し責任追及等の訴えの提起を請求した日から**60日を経過しない場合**でも、その期間の経過により株式会社に**回復することができない損害が生ずるおそれ**があるときは、当該株主は、株式会社のために責任追及等の訴えを提起することができる。

➡4「備考」💡　◯

株主総会決議取消しの訴えの提訴権者には、現在の株主等だけでなく、**決議の取消しによって株主等の地位を取り戻す者**も含まれることに注意しましょう。例えば、全部取得条項付種類株式の取得によって株主の地位を失った者についても、全部取得条項付種類株式の取得にかかる株主総会の決議の効力を争うために、株主総会決議取消しの訴えを提起することができます。

3 株主総会決議に関する訴え (会830条、831条)

	取消しの訴え	無効確認の訴え	不存在確認の訴え
内容・原因	① 招集の手続又は決議の方法が法令若しくは定款に違反し又は著しく不公正 ▶5、6 ② 決議の内容が定款違反 ③ 特別の利害関係を有する者が議決権を行使したことにより著しく不当な決議がされた	決議の**内容**が**法令**に違反すること	決議が存在しないこと ① 決議が物理的に存在しない場合 ② 法的に株主総会等の決議として評価されるものが存在しない場合
提訴期間	決議の日から**3か月以内** ▶7	確認の利益がある限り、いつでも	
原告適格	株主等、取消しにより株主・取締役等になる者 💬	確認の利益がある者	
被告適格	会　社 (会834 ⑰)	会　社 (会834 ⑯)	
認容判決の効力	対世効 (会838) 遡及効 (会839 参照)	対世効 (会838) もともと無効又は不存在	
原告敗訴の場合	悪意・重過失あれば原告に損害賠償責任 (会846)		

▶5　違反する事実が、❶重大でなく、かつ❷決議に影響を及ぼさないものであると認めるときは、裁判所は請求棄却可能 (会831Ⅱ)。

▶6　株主は、自己に対する株主総会招集手続に瑕疵がなくとも、**他の株主に対する招集手続に瑕疵のある場合**には、決議取消しの訴えを提起し得る (最判昭42.9.28)。

▶7　提訴期間内に提起された取消しの訴えにおいて、期間経過後に**新たな取消事由を追加主張**することはできない (最判昭51.12.24)。

4 責任追及等に関する訴え

	責任追及等の訴え (会847)
内容・原因	① 役員の責任追及　　② 利益供与を受けた者に対する利益返還請求 ③ 不公正価格で株式・新株予約権を引き受けた者に対する差額支払請求
原告適格	公開会社　：6か月前 (定款で軽減可) から株式を有する株主 非公開会社：株　主 　＊　単元未満株主 (定款で排除可)、議決権制限株式を有する株主も含む
被告適格	役員等 (発起人・清算人等も含む)
判決の効力	確定判決の効力は、勝訴又は敗訴にかかわらず、**会社に及ぶ** (民訴115Ⅰ②)
原告敗訴の場合	悪意がある場合のみ原告に損害賠償責任 (会852Ⅱ)
備　考	株主は、まず会社に対して訴えを提起するよう請求 (会847Ⅰ) 　→　請求の日から**60日以内**に訴えが提起されない場合、株主は自ら訴えの提起が可能 (会847Ⅲ) 💡ただし、この期間の経過により会社に**回復することができない損害**が生じるおそれがある場合には、直ちに訴えの提起可 (会847Ⅴ)。

第5章 補 遺

1 創立総会 （会73条1項〜3項）

	原則型	特定の決議① [▶1]	特定の決議② [▶2]
定足数	な し	な し	な し
議決権数	行使可能議決権の過半数 ＋ 出席した当該設立時株主の議決権の3分の2以上	議決権行使可能株主の半数以上（頭数） ＋ 当該設立時株主の議決権の3分の2以上	設立時株主全員の同意

[▶1]　全部の株式を譲渡制限株式とする場合。
[▶2]　全部の株式を取得条項付株式とする場合。

2 株主総会 （会309条1項〜4項）

1 決議の種類

	普通決議	特別決議	3項特殊決議	4項特殊決議
定足数	行使可能議決権の過半数	行使可能議決権の過半数	な し	な し
厳格・緩和	自　由 [▶3]	定款で3分の1まで軽減可		
議決権数	出席株主の議決権の過半数	出席株主の議決権の3分の2以上	議決権行使可能株主の半数以上（頭数） ＋ 当該株主の議決権の3分の2以上	総株主の半数以上（頭数） ＋ 総株主の議決権の4分の3以上
厳格・緩和	定款で引上げ可 [▶3]	定款で引上げ可	頭数・議決権数両者とも定款で引上げ可	頭数・議決権数両者とも定款で引上げ可

[▶3]　取締役・監査役・会計参与の選任決議、取締役・会計参与の解任決議（会341）については、別段の定めに制限あり。
　　→　**定足数の軽減**：行使可能議決権の3分の1まで可。**議決権数**：引上げのみ可。

2 普通決議・特別決議が必要となる場合

	普通決議	特別決議
株式	・自己株式の取得（特定の株主からの取得を除く） ・譲渡制限株式の譲渡の承認 ▶4 <div align="right">等</div>	・特定の株主との合意による自己株式取得 ・譲渡等承認請求に係る指定買取人の指定 ▶4又は譲渡制限株式の買取り ・全部取得条項付種類株式の取得 <div align="right">等</div>
計算	・定時株主総会における欠損の額を超えない資本金の額の減少 ・剰余金の配当（金銭分配請求権を与えない現物配当を除く） ・準備金・剰余金の額の減少 <div align="right">等</div>	・資本金の額の減少（定時株主総会で欠損の額を超えない場合、株式の発行と同時に減少する場合の特例を除く） ・金銭分配請求権を与えない現物配当の決定 <div align="right">等</div>
その他	・競業取引等の承認 ▶4<div align="right">等</div>	・役員等の損害賠償責任等の一部免除 等

▶4　取締役会設置会社においては、取締役会の決議による（会 139 Ⅰ、140 Ⅴ、365 Ⅰ）。

3 3項特殊決議・4項特殊決議・総株主の同意が必要となる場合

3項特殊決議 ▶5	4項特殊決議	総株主の同意
①　全部の株式の内容として譲渡制限規定を設ける定款変更 ②　合併により消滅する株式会社又は株式交換をする株式会社が公開会社で、かつ、合併等の対価が譲渡制限株式等である場合の承認 ③　合併又は株式移転をする株式会社が公開会社で、かつ、合併等の対価が譲渡制限株式等である場合の承認	非公開会社が行う会社法105条1項各号の権利についての属人的な定めに関する定款変更（当該定めを**廃止する場合を除く**）	・全部の株式の内容として取得条項付株式の定めを設け、又は当該事項についての定款変更（当該定めを**廃止する場合を除く**） ・組織変更の承認 ・吸収合併又は株式交換において対価が持分等の場合の消滅株式会社等の承認 ▶5 ・新設合併において設立会社が持分会社である場合の消滅株式会社の承認 ・役員等の責任の全部免除 <div align="right">等</div>

▶5　種類株式発行会社の場合を除く（会 309 Ⅲ柱括、783 Ⅱ）。

> 3項特殊決議の要件は特別決議と似ていますが、「……の株主が出席」といった定足数の要件がなく、**賛成する株主の頭数**が問題となることに注意しましょう。4項特殊決議も同様の仕組みとなっています。

		募集株式を報酬等とする場合 ▶6	募集新株予約権等を報酬等とする場合 ▶6
取締役等の報酬等とする場合の募集事項	意義	上場会社が、定款又は株主総会の決議（報酬委員会の決定）により、募集株式を取締役等の報酬等と定めた場合に、当該募集株式の発行等をする際の募集事項 →　下記①②を定めることを要しない →　下記❶❷を定めなければならない	上場会社が、定款又は株主総会の決議（報酬委員会の決定）により、募集新株予約権又は募集新株予約権の払込金額とする金銭を取締役等の報酬等と定めた場合に、当該募集新株予約権を発行する際の新株予約権の内容 →　下記①を定めることを要しない →　下記❶❷を定めなければならない
	不要	①　払込金額又はその算定方法 ②　払込期日（期間）	①　出資財産の価額又はその算定方法
	定める事項	❶　取締役（執行役）の報酬等として募集株式の発行等をするものであり、募集株式と引換えにする金銭の払込み又は財産の給付を要しない旨 ❷　割当日 →　割当日に募集株式の引受人は株主となる	❶　取締役（執行役）の報酬等として又は取締役の報酬等をもってする払込みと引換えに新株予約権を発行するものであり、新株予約権の行使に際してする金銭の払込み又は財産の給付を要しない旨 ▶7 ❷　定款又は株主総会の決議（報酬委員会の決定）による報酬等の定めに係る取締役（取締役であった者を含む）以外の者は、新株予約権を行使することができない旨 ▶7
決議機関		取締役会	

▶6　取締役（執行役）の報酬等として、ⓐ募集株式、ⓑ募集株式の払込金額とする金銭、ⓒ募集新株予約権、ⓓ募集新株予約権の払込金額とする金銭を交付する場合、一定の事項（ex. 取締役の報酬等とする募集株式や募集新株予約権の数の上限）を定款又は株主総会の決議（指名委員会等設置会社の場合、報酬委員会の決定）によって定めなければならない（会 361 Ⅰ③〜⑤、409 Ⅲ）。

▶7　❶❷は、新株予約権に関する登記事項とされている（会 911 Ⅲ⑫ハ）。

4 事業譲渡等と吸収分割の比較 ランク B

		事業譲渡等	吸収分割
共通点	契約の承認の手続	株主総会の特別決議 (会 467 I 、795 I 、309 II ⑪) ▶8	
	反対株主の保護制度	株式買取請求権あり (会 469、797) ▶9	
相違点	法 的 性 質	取引法上の契約	組織法上の特別の契約
	契約の内容	法定されていない	法定されている (会 758)
	財産の移転の範囲・手続	契約で定めた範囲の財産が、譲渡会社から譲受会社に個別に移転する (個々の財産の移転手続が必要)	契約で定めた範囲の分割会社の財産が、承継会社に包括移転する (会 759 I) (個々の財産の移転手続は不要)
	債務の移転	譲渡会社の債務を譲受会社に移転するには、債務引受けの手続を要する	契約で定めた範囲の分割会社の債務が、包括移転する
	債権者保護手続	な し	あ り (会 799)
	無効の主張	一般原則による	吸収分割の無効の訴えによる (会 828 I ⑨)

▶8 《事業譲渡の譲渡会社において決議が不要となる場合》
　① 事業の重要な一部の譲渡において、譲渡する事業の価額がその会社の総資産額の５分の１を超えないときは譲渡会社の株主総会の決議を要しない（簡易事業譲渡　会 468 II）。
　② 譲受会社が特別支配会社（株式会社の総株主の議決権の 10 分の９以上を有している会社）である場合は、譲渡会社の株主総会の決議を要しない（略式事業譲渡　会 468 I）。

▶9 《事業譲渡の譲渡会社の株主に株式買取請求権が認められない場合》
　① 事業の全部を譲渡する場合において、事業譲渡を承認する特別決議と同時に解散の特別決議がされたとき（会 469 I①）。
　② 簡易事業譲渡により株主総会の決議が不要である場合（会 469 I②）。

事業の全部の譲渡に伴い、解散決議があった場合は、株主は清算手続により投下資本を回収すべきであるため、株式買取請求権は認められないのです。

Q 株主総会の決議要件の具体例を教えてください。

A 実際に次の事例で検討していきましょう。Aが200株、Bが180株、Cが100株、Dが40株、Eが20株を保有している非取締役会設置会社である株式会社で、株主総会が開かれました。議決権を行使できない株主はおらず、株主総会には株主の全員が出席しているものとします（囲：定足数　囲：可決要件）。

【議題】株式の併合：特別決議

200株	180株	100株	40株	20株
A	B	C	D	E
賛成	賛成	反対	反対	反対

囲 議決権の過半数（271個）を有する株主の出席
→○（全員出席）
囲 出席株主の議決権（540個）の3分の2（360個以上）
→○（380個）

可 決！

【議題】譲渡制限規定設定：特殊決議

200株	180株	100株	40株	20株
A	B	C	D	E
賛成	賛成	反対	反対	反対

囲 なし
→○
囲 株主の半数以上で（3名）、かつ、その株主の議決権の3分の2以上（360個）
→×（380個の賛成があるが、2名の賛成しかない）

否 決！

【議題】属人的定め：特殊決議

200株	180株	100株	40株	20株
A	B	C	D	E
賛成	賛成	反対	反対	賛成

囲 なし
→○
囲 総株主の半数以上で（3名）、かつ、その株主の議決権の4分の3以上（405個）
→×（3名の賛成があるが、400個の賛成しかない）

否 決！

第2編

商　法

●体系MAP

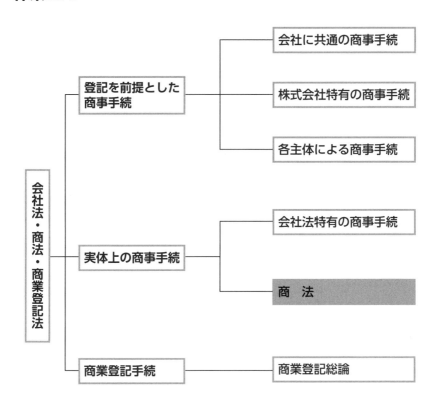

01 □□□　（①店舗を構えて、自己の果樹園で栽培した果実を販売すること、②石灰石を発掘して、これを販売すること、③客の依頼を受けて出張して撮影すること、④自宅の一室に将棋盤などを備えて将棋場とし、入場者から席料を徴収すること、⑤自己資金による金銭の貸付をすること）を**業としている者**は、商人である。

➡1 **1**「擬制商人」　①
　1 **2 ⓑ**【営業的商　②
行為の具体例】①～　③
③　　　　　　　　　④

02 □□□　**バス運送事業**を営む市町村は、商人ではない。

➡1 **1** ▶1　　　×

03 □□□　**信用金庫は**、営業的商行為として銀行取引を営業としてする者であるから、商人である

➡1 **1** ▶2　　　×

04 □□□　商人でない者が、他者に譲渡して利益を得る意思をもって（①自動車、②別荘地）を有償で取得する行為は、商行為である。

➡1 **2 ⓐ**【絶対的商　①
行為の類型】①　　②

05 □□□　もっぱら**賃金を得る目的**で、継続してダイレクトメールの宛名書きの**作業に従事する者**は、商人である。

➡1 **2 ⓑ**　　　×
商行為に当たらない
→商人ではない

06 □□□　**結婚の媒介**を引き受ける行為は、**営業としてする**ときは、商行為となる。

➡1 **2 ⓑ**【営業的商　○
行為の具体例】④

商行為は、その性質により、絶対的商行為・営業的商行為・附属的商行為の3つに分けられます。**絶対的商行為**は、客観的な営利的性格を有することから、1回限りで行われた場合でも商行為となるのに対し、**営業的商行為**は、営業として、営利の目的をもって反復継続して行われるときに商行為となります。また、**附属的商行為**とは、商人がその営業のためにする行為をいいます。

1 ：商 人

1 商人の分類

固有の商人	自己の名をもって、商行為をすることを業とする者（商4Ⅰ▶1、2）
擬制商人	① 店舗等の設備によって**原始取得された物**（ex.農産物、水産物）を販売することを業とする者（商4Ⅱ） ② 鉱業を営む者（商4Ⅱ）

▶1　①「商行為」とは、**絶対的商行為**（商501）と**営業的商行為**（商502）をいい、②「業とする」とは、営利の目的をもって同種の行為を反復継続して行うことをいう。
　　→　バス事業を行う公法人も、営利性があるので商人である。
▶2　会社は商人であるが（会5）、**信用金庫**はその行う業務が営利を目的とするものではないから、**商人には当たらない**（最判昭63.10.18）。

2 商行為 💬

ⓐ 絶対的商行為

　1回限り行われた場合でも、商行為とされるもの（商501）。

【絶対的商行為の類型】

① **投機購買とその実行行為**（安く買って高く売る）、② **投機売却とその実行行為**（高く売った後に安く買い入れる）、③ **取引所**においてする取引、④ **手形その他の商業証券**に関する行為

💡 「投機購買とその実行行為」の客体は、**動産・不動産・有価証券**であるが、「投機売却とその実行行為」の客体は、**動産・有価証券**であり、**不動産は含まれない**。

ⓑ 営業的商行為

　営利の目的をもって**反復継続して**行うときに**のみ**、商行為とされるもの（商502柱本）。ただし、もっぱら**賃金を得る目的で物を製造**し、又は労務に服する行為は**除く**（商502柱但）。

【営業的商行為の具体例】

① 出版、印刷又は撮影に関する行為（商502⑥）
　　ex. 他人の依頼に応じて出張撮影する
② 客の来集を目的とする場屋における取引（商502⑦）
　　＊　ホテル、映画館、パチンコ店等がこれに当たるが、理髪店はこれに当たらない（大判昭12.11.26）
③ 両替その他の銀行取引（商502⑧）
　　＊「銀行取引」とは、資金を取得する"受信行為"と、貸し付ける"与信行為"の双方を行う取引をいう
　　　→　与信行為のみを行う貸金業や質屋営業は、「銀行取引」に当たらない（最判昭44.5.2）
④ 仲立ち又は取次ぎに関する行為（商502⑪）
　　＊　仲立ちの例：結婚の媒介、不動産仲介　　　取次ぎの例：問屋

07 □□□　（①商人が従業員を雇い入れる行為、②出版業の開業準備のためにする印刷機の購入）は、**商行為**である。

→ 1 2C【関連事項】　①
　②

08 □□□　個人商人は、会社から営業とともに商号を譲り受けたときは、商号中に「**会社**」の文字を使用することができる。

→ 2 1「例外」①　×

09 □□□　個人商人は、（①1個の営業について数個の商号を、②数個の営業を行っているときは、その営業ごとに異なる商号を）用いることはできない。

→ 2 1 ▶3　①

10 □□□　商号の登記をしていない商人でも、不正の目的をもって当該**商人の営業と誤認させるような商号使用者**に対して、これによって営業上の利益を侵害されるおそれがある場合には、当該使用の差止めを請求することができる。

→ 2 1 ▶4　○

11　個人商人であるAが、自己の商号を使用して営業することを個人商人であるBに許諾している。以下の問いに答えよ。

　1 □□□　Cが**過失**によりAを営業主であると誤認してBと取引をしたときは、AはCに対し、当該取引から生じた債務について弁済する責任を負わない。

1 － ×
→ 2 2「要件」③参照
軽過失の場合にはAは責任を負う

　2 □□□　CがAを営業主であると誤認してBと取引をしたことにより、**Aが**Cに対し、当該取引から生じた債務について弁済する責任を負うときは、**Bは**その弁済の責任を負わない。

2 － ×
→ 2 2「効果」
AとBは連帯責任を負う

　3 □□□　Bが営業のために自動車を運転中に誤って**C を負傷**させた。この場合、その自動車にAの商号が記載されていたために、CがAを営業主であると誤認したとしても、AはCに対し、当該事故により発生した損害賠償債務を弁済する責任を負わない。

3 － ○
→ 2 2「関連判例」
③

12 □□□　営業につき商人からその商号の使用を許された者が、**取引の外形をもつ不法行為**をした場合、当該商人は、当該商人が営業主であると誤認した被害者に対し、損害賠償債務を弁済する責任を負う。

→ 2 2「関連判例」　○
①

名板貸人の責任の趣旨は、名板貸人が営業主体であるかのような外観を信頼して取引した第三者を保護し、取引の安全を図る点にあるため、名板貸人が連帯責任を負うのは、**取引によって生じた債務**に限られます。この観点から2 2「関連判例」を押さえるとよいでしょう。

ⓒ 附属的商行為

　商人がその営業のためにする補助的行為（ex. 営業資金に充てるための借入れ）（商503Ⅰ）。

【関連事項】

　営業の開始前の**開業準備行為**によって営利目的が明らかになれば、商人資格を取得する。

　💡当該商人が営業の開始前に営業資金の借入れや使用人の雇入れをすることは、**附属的商行為**（商503）に当たり、商法が適用される。

｜2｜ 商　号

❶ 商号の選定

原　則	営業の実態にかかわらず、自由に定めることができる（商号選定自由の原則▶3） 　＊　個人商人は商号の登記をするかしないかが自由（商11Ⅱ）
例　外	①　会社でない者は、その名称又は商号中に、会社であると誤認されるおそれのある文字を用いてはならない（会7） ②　何人も、**不正の目的**をもって、他の商人であると誤認させるおそれのある名称又は商号を使用してはならない（商12Ⅰ▶4）

▶3　個人商人は、同一営業については、1個の商号のみを使用することができる。また、数個の営業を行っているときは、その営業ごとに異なる商号を用いることができる。

▶4　営業上の利益を侵害され、又は**侵害されるおそれがある**商人は、その名称又は商号の使用者に対して、その侵害の**停止**又は**予防**を請求することができる（商12Ⅱ）。

❷ 名板貸

　名板貸とは、自己の商号を使用して営業を行うことを他人に許諾することをいう。

要　件	①　名板借人が、名板貸人の商号を使用して、取引をしたこと ②　名板貸人が、自己の商号を使用して営業を行うことを名板借人に許諾したこと ③　取引の相手方が、名板貸人が営業主・事業主ではないことについて、**善意・無重過失**であること（最判昭41.1.27）
効　果	当該取引によって生じた債務につき、名板貸人は名板借人と連帯責任を負う（商14）
関連判例	①　詐欺的取引のような取引行為の外形を持つ不法行為（**取引的不法行為**）による損害賠償債務について、名板貸人は責任を負う（最判昭58.1.25） ②　取引によって直接生じた債務だけでなく、契約解除による原状回復義務・手付金返還義務についても、名板貸人は責任を負う（最判昭30.9.9） ③　交通事故等の**事実行為**である不法行為によって負担した損害賠償債務について、名板貸人は責任を負わない（最判昭52.12.23）

13 □□□ 商人の商号は、**営業とともにする**場合又は**営業を廃止**する場合に限り、譲渡することができる。 ➡ 2 **3** ○

14 □□□ 営業を譲渡した商人が同一の営業を行わない旨の**特約をした場合**には、その特約は、その営業を譲渡した日から（① 20 年、② 30 年）の期間内に限り、その効力を有する。 ➡ 3 **1**「例外①」 ②

15 □□□ 営業譲渡がされた場合において、**譲受人が譲渡人の商号を続用**するときは、譲渡される営業により生じた債務については、譲受人が債務の弁済の責任を負い、譲渡人は債務を免れる。 ➡ 3 **2ⓐ**「原則」 両者が責任を負う ✕

16 □□□ 営業譲渡がされ、譲受人が譲渡人の商号を続用する場合において、営業譲渡後遅滞なく、**譲受人が、譲渡人の債務を弁済する責任を負わない旨を登記した**ときは、譲受人は当該債務を弁済する責任を免れる。 ➡ 3 **2ⓐ**「例外」① ○

17 □□□ 営業を譲り受けた商人が営業を譲渡した商人の**商号を引き続き使用**する場合であっても、（①譲渡人、②譲受人、③譲渡人及び譲受人）が、遅滞なく、譲受人が譲渡人の債務を弁済する責任を負わない旨を第三者に対して**通知**したときは、譲受人は、譲渡人の営業によって生じた当該第三者に対する債務を弁済する責任を負わない。 ➡ 3 **2ⓐ**「例外」② ③ 譲渡人及び譲受人からの通知が必要

18 □□□ 営業譲渡がされた場合において、譲受人が譲渡人の商号を続用しないときでも、譲受人が**譲渡される営業により生じた債務を引き受けた旨の広告**をしたときは、譲渡人も弁済の責任を負う。 ➡ 3 **2ⓑ**「例外」 ○

競業避止義務の範囲はややこしいので下の図で説明します（特約で期間を 30 年とした場合を想定）。特約がある場合は義務を負う期間を 20 年から 30 年以内に伸長できるだけでなく、全国の**どの場所でも同一の営業を行うことができなくなる**ことに注意しましょう。

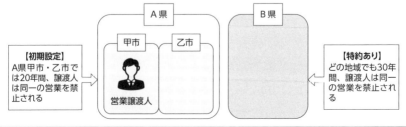

🔢 商号の譲渡

商号は、①営業と共に譲渡する場合又は②営業を廃止する場合に限り、譲渡することができる(商 15 Ⅰ)。そして、商号の譲渡は、**登記をしなければ第三者に対抗できない**(商 15 Ⅱ)。

3 ┃ 商人の営業譲渡

🔢 当事者間の効果（競業避止義務）

原　則	営業を譲渡した商人は、同一の市区町村の区域内及びこれに隣接する市区町村の区域内においては、営業譲渡の日から **20 年間**は、同一の営業を行うことができない（商 16 Ⅰ）
例外①	譲渡人が同一の営業を行わない旨の特約は、営業譲渡の日から **30 年**の期間内に限り、その効力を有する（商 16 Ⅱ） ＊　当該特約をした場合には、**全国のどの場所でも同一の営業を行うことができない** 💬
例外②	不正の競争の目的をもって譲渡人が同一の営業を行うことは、**地域や期間を問わず認められない**（商 16 Ⅲ）

🔢 譲渡人の営業上の債権者に対する効果

ⓐ 譲受人が譲渡人の商号を引き続き使用する場合

原　則	譲渡人の営業上の債務につき、**譲渡人及び譲受人が弁済する責任を負う**（商 17 Ⅰ）
例　外	次のいずれかの場合には、譲受人は弁済する責任を負わない（商 17 Ⅱ） ①　**譲受人**が、譲渡人の債務を弁済する責任を負わない旨を**登記**した場合 ②　**譲受人及び譲渡人**から債権者に対して、譲渡人が譲渡人の債務を弁済する責任を負わない旨の**通知**をした場合

ⓑ 譲受人が譲渡人の商号を引き続き使用しない場合

原　則	譲渡人の営業上の債務につき、**譲渡人のみが弁済する責任を負う**
例　外	**譲受人**が、譲渡人の営業によって生じた債務を引き受ける旨の**広告をしたとき** →　**譲受人も譲渡人の営業上の債務につき弁済する責任を負う**（商 18 Ⅰ）

ⓒ 譲渡人の責任の消滅

譲渡人の責任は、営業を譲渡した日（上記ⓐの場合）又は 18 条 1 項の広告があった日（上記ⓑ「例外」の場合）から **2 年以内**に、請求又は請求の予告をしない債権者に対しては、その期間を経過した時に消滅する（商 17 Ⅲ、18 Ⅱ）。

19 □□□　支配人は、商人に代わってその営業に関する**裁判上の行為をする権限**を有する。

→ 4 **1**　　　　　○

20 □□□　支配人は、（①使用人、②他の支配人）を**解任**することができる。

→ 4 **1**　　　　　①

21 □□□　**支配人の代理権の範囲**を特定の相手方との取引に制限することはできるが、この制限は、**登記**をしなければ、第三者に対抗することはできない。

→ 4 **2**「権限」「制限」　　　　×
代理権の制限の登記はできない

22 □□□　**未成年者**も、支配人となることができる。

→ 4 **2** ▶5　　　　　○

23 □□□　支配人は、**商人の許可**がなければ、（①自ら営業をすることが、②他の使用人となることが）できない。

→ 4 **3**②　　　　　①
　　　　　　②

24 □□□　支配人が商人の許可を受けずに自己又は第三者のためにその**商人の営業の部類に属する取引**をしたときは、当該取引によって自己又は第三者が得た利益の額は、商人に生じた損害の額と**推定**される。

→ 4 **3** 🗨　　　　　○

25　商人が、使用人であって支配人でない者に**支配人の肩書**を付与した。

　　1 □□□　この場合、その者が支配人であると**善意**かつ無重過失で信頼して契約を締結した第三者に対しては、当該商人は、契約の無効を主張することができない。

→ 4 **4**「効果」　　1 − ○

　　2 □□□　この場合でも、当該商人がその者について支配人に選任した旨の**登記をしない限り**、当該使用人が表見支配人に当たることはない。

→ 4 **4**　　2 − ×
登記がなくても表見支配人となり得る

26 □□□　商人が、営業所の**主任者であることを示す名称を付した使用人**が、その営業所の営業に関して行った一切の（①裁判外、②裁判上、③裁判上又は裁判外）の行為の効果は、相手方が悪意又は重過失の場合を除き、当該商人に帰属する。

→ 4 **4**「効果」　　　　①

支配人が**競業避止義務に違反**した場合、雇主は支配人に対して損害賠償請求をすることができますが、雇主が、支配人の競業避止義務違反によりいくらの損害が生じたのかを立証するのは困難です。そこで、競業避止義務違反があった場合、その行為によって**支配人又は第三者が得た利益の額**が雇主に生じた損害の額と**推定**するとして（商23Ⅱ、会12Ⅱ）、立証の負担を軽減しています（損害額の推定）。

4 支配人

ランク B

1 意　義

　商人に代わってその営業に関する一切の裁判上又は裁判外の行為をする権限（包括的代理権）を有する商業使用人をいう（商21Ⅰ）。

→　支配人は、他の使用人を選任・解任することができる（商21Ⅱ）。ただし、他の支配人の選任・解任はすることができない（商21Ⅱ　反対解釈）。

2 支配人の選任及び終任等

選　任		商人が選任する（商20 ▶5）
権限	内　容	営業に関して（営業所が複数あるときは営業所ごとに）、包括的代理権を有する
	制　限	支配人の代理権について制限を加えても、これを善意の第三者に対抗することができない（商21Ⅲ） ＊　当該制限を登記することもできない
終　任		①　任意代理権の消滅事由（民111、653）が生じた場合 ②　商人の営業廃止、支配人の置かれた営業所の廃止

▶5　自然人でなければならないが、行為能力者である必要はない（民102参照）。

3 支配人の義務

①　競業避止義務（商23Ⅰ②）
②　精力分散防止義務
・支配人は、商人の許可を受けなければ、自ら営業を行うことができない（商23Ⅰ①）
・支配人は、商人の許可を受けなければ、他の商人又は会社若しくは外国会社の使用人となることができない（商23Ⅰ③）
・支配人は、商人の許可を受けなければ、会社の取締役、執行役又は業務を執行する社員となることができない（商23Ⅰ④）

4 表見支配人

要　件	①　商人が、営業所の営業の主任者であることを示す名称を使用人に付したこと ②　相手方が、悪意でないこと（＝善意・無重過失であること）
効　果	表見支配人は、当該営業所の営業に関し一切の裁判外の行為をする権限を有するものとみなされる（商24本） →　商人は、その使用人の取引行為により生じた債務を負担する

27 □□□　**代理人が本人のためにすることを示さないで法律行為をした場合**であっても、**当該法律行為が当該代理人にとって商行為となるとき**は、当該法律行為は、本人に対してその効力を生ずる。

→ 5 **1**「顕名」「原則」　×
本問は代理人にとって商行為となるにすぎないため

28 □□□　商行為の代理においては、代理人が本人のためにすることを示さなくても、本人に対して効力を生じるが、相手方が、代理人自身のためにするものと**過失なく信じて**取引をしたときは、相手方は、**代理人に対しても**履行の請求をすることができる。

→ 5 **1**「顕名」「例外」　○

29 □□□　**数人の者がそのうちいずれの者のためにも商行為とならない行為によって債務を負担した場合**であっても、当該行為が債権者のために商行為となるときは、その債務は、当該数人の者が連帯して負担する。

→ 5 **2**「多数当事者間」　×
その行為が債権者のために商行為であるのみでは足りない

30 □□□　**商行為によって生じた債権を担保するために質権を設定**する契約においては、質権者に弁済として質物の所有権を取得させることを約することができる。

→ 5 **2**「流質契約の許容」　○

31 □□□　会社がその事業のために保証をしたときは、主たる債務者が商人ではなくても、当該保証は、当然に連帯保証となるが、商人でない者が**銀行から借り入れた債務**について、商人でない者が**保証**したときは、当該保証は、連帯保証とはならない。

→ 5 **2** ▶6　×
どちらも当然に連帯保証となる

5 商行為総則

1 代理に関する規定

顕名	原則	本人のために商行為となる行為をする代理人は、顕名をしなくても、その行為の効力は、本人に対して生じる（商504本） ＊ 商法504条の「商行為」とは、本人のために商行為となる行為をいい（最判昭51. 2.26）代理人にとって商行為となるにすぎない場合は本人に対して効力を生じない。
	例外	相手方が、代理人が本人のためにすることについて善意・無過失であるとき → 相手方は、その選択により、本人又は代理人に対して履行の請求をすることができる（商504但 最大判昭43. 4.24）
本人死亡		商行為の委任による代理権は、本人の死亡によっては消滅しない（商506）

2 当事者が商人であるかどうかに関係なく適用される規定

債務者間の連帯	多数当事者間	数人の者がその1人又は全員のために商行為となる行為によって債務を負担したとき → その債務は連帯債務となる（商511Ⅰ ▶6）
	保証人間	保証人がいる場合において、債務が主たる債務者の商行為によって生じたものであるとき、又は保証が商行為▶6であるとき → その債務は連帯保証債務となる（商511Ⅱ）
流質契約の許容		商行為によって生じた債権を担保するために質権を設定する契約において、質権者に弁済として質物の所有権を取得させることができる（商515）

▶6 511条1項は、**債権者にとってのみ商行為である場合には適用されない**（大判明 45. 2.29）のに対し、同条2項の「保証が商行為であるとき」には、保証人にとって商行為である場合のみならず、**債権者にとってのみ商行為である場合も含む**（大判昭 14.12.27）。

511条1項（❶❷）と同条2項（❸）の適用場面には違いがあるので、下図で整理して押さえておきましょう。

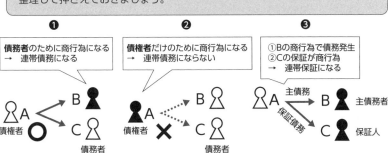

❶	❷	❸
債務者のために商行為になる → 連帯債務になる	**債権者**だけのために商行為になる → 連帯債務にならない	①Bの商行為で債務発生 ②Cの保証が商行為 → 連帯保証になる

32 □□□　商人が、**平常取引をする者**からその**営業の部類に属する契約**の申込みを受けた場合において、遅滞なく、契約の申込みに対する諾否の通知をしないときは、その申込みを（①拒絶、②承諾）したものとみなされる。　→ 5 **3** 「諾否の通知」　②

33 □□□　商人がその**営業の範囲内**において他人のために金銭の立替えをしたときは、当該商人は、当該他人に対して**立替日以後の利息**を請求することができる。　→ 5 **3** 「立替金の利息請求権」　○

34 □□□　**商人間**において、**金銭の消費貸借**をしたときは、利息についての**約定がなくても**、貸主は、当然に利息を請求することができる。　→ 5 **4** 「利息請求権」　○

35 □□□　**商人間**において、当事者の（①一方、②双方）にとって商行為となる行為によって生じた債権が弁済期にあるときは、債権者は、債権の弁済を受けるまで、債権者が占有する債務者所有の物又は有価証券を**留置**することができる。　→ 5 **4** 「留置権」　②

36 □□□　商人間の売買において、その売買の性質により、**一定の期間内に履行をしなければ契約をした目的を達することができない**場合、当事者の一方が履行をしないでその時期を経過したときは、相手方は、直ちにその履行の請求をした場合を除き、相当期間を定めた履行の催告をすることなく、直ちにその契約の解除をすることが**できる**。　→ 5 **4** 解除したものとみなされる　×

3 当事者の一方が商人である場合に適用される規定

諾否の通知	商人が平常取引をする者からその営業の部類に属する契約の申込みを受けたときは、遅滞なく、諾否の通知を発しなければならない（商509Ⅰ） → それを怠ったときは、承諾が擬制される（商509Ⅱ）
報酬請求権	商人がその営業の範囲内において他人のために行為をしたとき → 約定がなくても、相当な報酬の請求が可能（商512）
立替金の 利息請求権	商人がその営業の範囲内において他人のために金銭の立替えをしたとき → 約定がなくても、その立替日以後の法定利息の請求が可能（商513Ⅱ）

4 当事者の双方が商人である場合に適用される規定 💬

利息請求権	商人間において金銭の消費貸借をしたとき → 約定がなくても、貸主は法定利息の請求が可能（商513Ⅰ）
留 置 権	商人間において、その双方のために商行為となる行為によって生じた債権が弁済期にあるとき → 債権者は、弁済を受けるまで、その債務者との間の商行為によって自己の占有に属した債務者の所有する物・有価証券を留置できる（商521本 ▶7）

▶7　民法上の留置権と異なり、被担保債権と目的物との間の牽連関係は不要である。

商人間の売買においては、商事売買の規定が適用されます。次の2点を押さえておきましょう。
① 商人間の売買において、買主がその目的物の受領を拒み、又はこれを受領することができないときは、売主は、その物を供託し、又は相当の期間を定めて催告をした後に競売に付することができる（商524Ⅰ）。
② 商人間の売買において、売買の性質又は当事者の意思表示により、特定の日時又は一定の期間内に履行をしなければ契約をした目的を達することができない場合（ex. クリスマス商品の売買）において、当事者の一方が履行をしないでその時期を経過したときは、相手方は、直ちにその履行の請求をしたときを除き、契約の解除をしたものとみなされる（商525）。

37 □□□ 商人ではない一般人を相手にホテル等を斡旋し、**宿泊契約の締結を媒介**する業者は、商事仲立人である。 　➡6❶「意義」＊ ホテルにとって商行為 ○

38 □□□ **問屋**は、委託者のためにした物品の販売に関し、支払を受けることができるが、**商事仲立人**は、媒介した商行為に関し、当事者のために支払を受けることはできない。 　➡6❶「取引契約の当事者」 ○

39 □□□ **商事仲立人**は、媒介する商行為が成立した場合には、各当事者の氏名又は商号、行為の年月日及び契約の要領を記載した書面を作成し、署名し、又は記名押印した後に、その書面を委託者に交付する義務を負うが、**問屋**は、委託者のためにした売買契約が成立した場合でも、そのような義務は負わない。 　➡6❶「仲介者の義務」「仲立人」②参照 ○

40 □□□ **問屋**は、委託者のためにした売買について、相手方がその債務を履行しない場合には、その履行をする責任を負うが、**商事仲立人**は、媒介した商行為について、当事者の一方の氏名又は商号を相手方に示さなかったときを除き、そのような責任を負わない。 　➡6❶「仲介者の履行担保責任」 ○

41 □□□ **問屋**は、委託者のためにする売買契約が成立する前であっても、委託者に報酬を請求することができ、**商事仲立人**も、媒介する商行為が成立する前に、当事者に報酬を請求することができる。 　➡6❶「報酬請求権」 報酬は後払 ✕

42 □□□ **旅館の主人**は、客から寄託を受けた高価品でない物品を滅失した場合でも、その滅失が**不可抗力**によって生じたことを証明したときは、損害賠償の責任を免れることができる。 　➡6❷「寄託」「あり」「例外」 ○

43 □□□ **高価品**については、客がその種類及び価額を**通知して寄託**したのでなければ、場屋営業者は、その物品の滅失によって生じた損害を賠償する責任を負わない。 　➡6❷「高価品の特則」 ○

44 □□□ 場屋営業者が、客の携帯品について損害賠償の**責任を負わないことを告示**したとしても、その責任を免れることはできない。 　➡6❷▶8 ○

例えば、豪雨による裏山の土砂崩れによって、旅館の駐車場に止めていた車が壊れてしまった。このとき、土砂崩れが予想できたが、土嚢を積むなどの予防策をとってもなお土砂崩れを防ぐことができなかった場合に初めて**不可抗力**といえ、責任を免れることができます。

6 商行為各則

1 仲立営業・問屋営業

第2編　商法

	仲立人	問 屋
意 義	他人間の**商行為の媒介**をすることを業とする者 (商543) ＊ いずれか一方にとって商行為であればよい	自己の名をもって他人のために**物品の販売・買入れ**をすることを業とする者 (商551)
取引契約の当事者	委託者及び相手方 → 原則として仲立人に当事者のための給付を受ける**権限なし** (商544本)	問屋及び相手方 → 問屋に当事者のための給付を受ける権限あり (商552 I)
仲介者の義務	① 善管注意義務 (民656・644) ② 結約書の作成・交付義務 (商546) ③ 当事者氏名黙秘義務 (商548) など	① 善管注意義務 (商552 II、民644) ② 通知義務 (商557) など
仲介者の履行担保責任	原則：なし 例外：当事者の一方の氏名・商号を相手方に示さなかったとき (商549)	原則：あり (商553本) 例外：別段の意思表示・慣習があるとき (商553但)
報酬請求権	・結約書の交付手続終了後 (商550 I) ・当事者双方が平分して負担する (商550 II)	・後払 (商552 II、民648 II) ・委託者が負担する (商552 II、民648)

2 場屋営業者の寄託 ▶8

寄託	あり	原則：預かった物品の滅失又は損傷につき、場屋営業者は損害賠償責任を負う (商596 I) 例外：滅失又は損傷が**不可抗力**によって生じたことを証明した場合 → 場屋営業者は損害賠償責任を負わない (商596 I) 💬
	なし	原則：客が携帯して場屋に入った物品が滅失又は損傷しても、場屋営業者は損害賠償責任を負わない (商596 II) 例外：滅失又は損傷が場屋営業者又は使用人の**不注意**によって生じた場合 → 場屋営業者は損害賠償責任を負う (商596 II)
高価品の特則		寄託にあたりその種類及び価額について場屋営業者に**通知**しなかった場合 → これらの物品が滅失・損傷しても、損害賠償の請求不可 (商597)

▶8 場屋営業者が責任を負わない旨を告示しただけでは、商法 596 条 1 項、2 項の責任は軽減されない。

Q 商行為の知識が民法の知識とごっちゃになってしまいます。どのように整理すればよいでしょうか？

A 商取引は、営利性、安全性、簡易迅速性、自由性等の特質を有するので、行為に関する商法上の特則が「商行為」として設けられています。すなわち、本章で学習する商行為は、商取引の特質を考慮して、民法の特則として設けられた規定です。特に重要なものを民法の知識との比較の形式でまとめましたので、この表を活用して知識を押さえるようにするとよいでしょう。

【商行為の営利性から生じる特則】

	商　法	民　法
報酬請求権	報酬の合意がなくても相当な報酬を請求できる	特約がなければ報酬は請求できない
利息請求権	《商人間の金銭消費貸借》利息の約定がなくても法定利息を請求できる	利息の約定がなければ利息は請求できない
寄託の責任	無償でも善管注意義務	有償　→　善管注意義務 無償　→　自己の財産と同一の注意義務

【商取引の円滑の要請から生じる特則】

	商　法	民　法
代理権消滅事由	本人の死亡によって消滅しない	本人の死亡によって消滅する
多数債務者の連帯	《数人の者が商行為となる行為で債務を負担》連帯債務	別段の意思表示がなければ分割債務
保証人の連帯	《主債務者の商行為で債務が発生・保証が商行為》連帯保証	別段の意思がなければ連帯保証にならない
流質契約	できる	できない
留置権	・債務者の所有する物又は有価証券に限定 ・牽連関係は不要	・目的物は限られない ・牽連関係が必要

【商取引の迅速の要請から生じる特則】

	商　法	民　法
代理の顕名	顕名をしなくても本人に効力を生じる 　＊　相手方が善意無過失なら代理人に対して履行請求可	顕名をしなければ本人に効力を生じない
申込みに対する承諾	《商人が平常取引先から営業部類の契約の申込みを受けたとき》 諾否の通知を怠れば、申込みを承諾したものとみなす	諾否の通知義務はなく、承諾をしない限り契約は成立しない

第Ⅲ部
商業登記手続

第1編

商業登記総論

●体系MAP

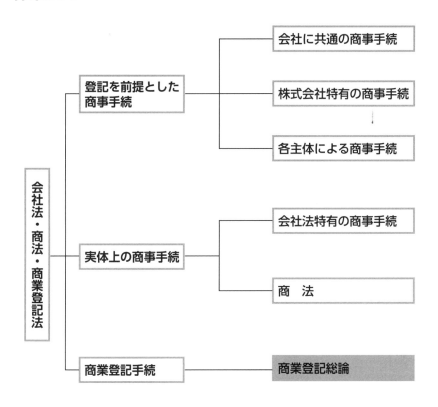

01 □□□　株式会社において取締役が就任したが、その**登記をしていない**場合には、当該株式会社は、**善意の第三者**に対抗することができない。

➡**1**「一般的効力」「登記の前」　○

02 □□□　株式会社において商号を変更したが、その登記をしていない場合には、善意の**第三者**は、当該株式会社に対して、商号を変更したことを主張することができない。

➡**1**「一般的効力」「登記の前」　×

03 □□□　登記すべき事項は、**登記の後**であっても、**正当の事由**によってこれを知らない第三者には対抗することができない。

➡**1**「一般的効力」「登記の後」　○

04 □□□　株式会社は、**本店の所在地及び支店の所在地**において設立の登記をすることによって成立する。

➡**1**「特殊的効力」「形成力」①　×

05 □□□　合同会社が合名会社となる持分会社の**種類の変更**は、合同会社の**解散の登記**及び合名会社の**設立の登記**をすることによって、**その効力を生ずる**。

➡**1**「特殊的効力」「形成力」② cf.　×

06 □□□　商人が**商号を譲渡**した場合において、その登記がないときは、当該商人は、**悪意の第三者**に対しても、商号譲渡の事実を対抗することができない。

➡**1**「特殊的効力」「対抗力」①　○

07 □□□　合名会社を退社した社員は、本店の所在地における**退社の登記の前**に生じた会社の債務について責任を負うが、当該退社の**登記後5年以内**に請求又は請求の予告をしない会社の債権者に対しては責任を免れる。

➡**1**「特殊的効力」「免責的効力」①　×

言い方を換えれば、登記をしなければ、善意の第三者だけでなく、**悪意の第三者にも**対抗できない場合にする登記の効力が対抗力です。なお、吸収合併消滅会社の**吸収合併による解散**に関しても、吸収合併の登記の後でなければ、（善意・悪意を問わず）第三者に対抗することができません（会752Ⅱ）。吸収合併の効力発生日後であっても合併の登記前では消滅会社の代表者が依然として消滅会社の代表権を持っているような外観となるところ、取引の安全を図るために登記を対抗要件としているのです。

1 商業登記の効力

【商業登記の効力（一般的効力・特殊的効力）】

一般的効力 （商9Ⅰ、会908Ⅰ）	登記の前	商人又は会社は、**善意の第三者**には対抗できない → 悪意の第三者には対抗できる → 第三者の側から、登記すべき事項を主張することはできる
	登記の後	商人又は会社は、善意の第三者にも**対抗できる** ただし、第三者が「**正当な事由**」によって善意の場合、対抗できない → 「正当な事由」＝客観的事情（交通遮断、登記簿滅失） 　　　　　　　　　≠主観的事情（病気、長期旅行）
特殊的効力	形成力	登記によって新たな法律事実又は法律関係が創設される場合の効力
		① 会社設立登記（会49、579） 会社は、**本店の所在地**において**設立の登記**をすることによって成立する → 支店の所在地でも、本店の所在地の設立の登記が基準となる ② 特例有限会社の商号変更による通常株式会社への移行（整備45、46） 特例有限会社が商号変更により株式会社に移行する場合、特例有限会社の解散登記及び株式会社の設立登記をすることにより、その効力を生ずる cf. 持分会社の種類変更は、登記が効力要件ではない（会638、640）
	対抗力	第三者に対して登記した事項を対抗することができる効力 💬
		① **商号の譲渡の登記**（商15Ⅱ） 商号の譲渡は、登記をしなければ、第三者に対抗することができない → 登記がなければ、悪意の第三者にも対抗できない ② 持分会社における退社社員の登記（会612Ⅰ） 持分会社を退社した社員は、退社の登記の前に生じた持分会社の債務について、弁済する責任を負う → 退社の登記後の債務については、責任を負わない
	補完的効力	登記により一定の法律関係の瑕疵が治癒される効力
		《株式引受人の引受けの取消しの制限（会51）》 発起人は、株式会社の成立（設立登記）後は、錯誤・詐欺・強迫を理由として設立時発行株式の引受けの取消しをすることができない
	免責的効力	登記により一定の責任が免除される効力
		① 退社した持分会社の社員の責任免除（**退社登記後2年**、会612Ⅱ） ② 解散した持分会社の社員の責任免除（**解散登記後5年**、会673Ⅰ）

01 □□□ **電子情報処理組織を使用する方法**によって株式会
† 社の設立の登記の申請をする場合であっても、書面によっ
て作成した**代理人の権限を証する書面**を登記所に送付す
るときは、株式会社の設立時代表取締役は、その**印鑑を
登記所に提出**しなければならない。

➡**1**「印鑑の提出が
必要となる場合」② ○

02 □□□ 代表取締役がA及びBである株式会社において、**A
† 及びBが同一の印鑑**を登記所に提出することはできない。

➡**1** ▶1「代表者が
複数」i ○

03 □□□ 株式会社の代表取締役が退任し、新たな代表取締
† 役が就任した場合において、退任した代表取締役が登記
所に提出した印鑑と**同一の印鑑を新たな代表取締役が用
いる**ときは、当該印鑑を明らかにした書面の提出を省略
することができる。

➡**1** ▶1「再提出の
要否」i ×

04 □□□ 株式会社の**代表取締役が印鑑を提出**する場合は、
† **提出に係る印鑑**についての、市区町村長の作成した証明書
で、作成後3か月以内のものを添付しなければならない。

➡**2**「印鑑提出者」「個
人商人又は会社代表
者」□□
提出に係る印鑑につ
いての印鑑証明書を
添付するのではない ×

05 □□□ 合同会社を**代表する社員が法人**である場合におけ
† るその職務を行うべき者であって当該法人の代表者でな
い者がその就任に伴い印鑑を明らかにした書面を提出す
るときは、当該書面には、当該書面に押印された印鑑につ
いて**当該法人の代表者が当該職務を行うべき者の印鑑に
相違ないことを保証した書面**を添付しなければならない。

➡**2**「印鑑提出者」「会
社代表者の職務執行
者」「職務執行者が法
人代表者以外の者で
ある場合」② ○

06 □□□ 株式会社の**支配人**がその**印鑑を登記所に提出**しよ
† うとする場合において、当該会社の代表者がその**印鑑を
登記所に提出していない**ときは、印鑑を明らかにした書
面には、当該会社の代表者が支配人の印鑑に相違ないこ
とを**保証した書面**に押した印鑑につき**市区町村長の作成
した印鑑証明書**を添付しなければならない。

➡**2**「支配人」▶4 ○

問04で問題となる印鑑は、代
表取締役の本人確認のための
ものです。したがって、提出に係
る印鑑ではなく、印鑑届出書に
押印した印鑑に係る市区町村長
の作成した印鑑証明書を添付し
なければなりません。

印鑑届書
甲株式会社
㊞ 代表取締役
甲野一郎
届出印
印
実印

印鑑証明書
○○県
○○市…
甲野一郎
㊞ 実印

「印鑑届書を出して
いるのが本人」
ということを立証

1 印鑑の提出

ランク B

印鑑を提出できる者	①個人商人、②法定代理人（申請人が制限行為能力者の場合）、③会社代表者▶1、④会社代表者の職務代行者、⑤支配人、⑥印鑑を提出した管財人・保全管理人
印鑑の提出が必要となる場合	①　書面による登記の申請をする場合 ②　オンラインによる登記の申請において、書面によって作成した代理人の権限を証する書面を登記所に提出する場合 →　印鑑の提出が必要（商登規 35 の 2 Ⅱ、令 3. 1.29 民商 10 通）

▶1　【会社代表者が印鑑を提出する場合の注意点】

代表者が複数	ⅰ　同一印鑑の提出は不可　　ⅱ　1人提出すれば足りる
再提出の要否	ⅰ　代表者交代の場合は再提出 ⅱ　代表者再任の場合は再提出不要 ⅲ　権利義務者の場合は再提出不要

2 印鑑届書の添付書面 （商登規9条5項）

ランク B

印鑑提出者		添付書面▶2
個人商人又は会社代表者 (自然人である場合)		市区町村長作成の印鑑証明書 💬
会社代表者（法人である場合）の職務執行者	職務執行者が法人代表者である場合	登記所作成の法人代表者の資格証明書▶3
	職務執行者が法人代表者以外の者である場合	①　登記所作成の法人代表者の資格証明書 ②　法人代表者作成の保証書▶4
支配人		商人作成の保証書▶4

▶2　印鑑証明書及び法人代表者の資格証明書については、作成後3か月以内のものに限る。また、法人代表者の資格証明書については、①印鑑を提出する登記所の管轄区域内に法人の主たる事務所（会社の場合、本店）がある場合又は②印鑑届出書に法人の会社法人等番号を記載した場合、不要である。

▶3　法人代表者が登記所に印鑑を提出していない場合、併せて、印鑑届出書に押印した法人代表者の印鑑についての市区町村長作成の印鑑証明書が必要となる。

▶4　法人代表者又は商人が登記所に印鑑を提出していない場合、併せて、保証書に押印した法人代表者又は商人の印鑑についての市区町村長作成の印鑑証明書が必要となる。

07 □□□　株式会社の代表取締役は、登記所に印鑑を提出し
†　　　ている場合において、離婚により**その氏に変更**が生じた
　　　ときは、**代表取締役の氏名の変更の登記**の申請と同時に、
　　　印鑑届出事項の変更の届出をしなければならない。

➡**3**　　　　　　×

08 □□□　印鑑を提出した代表取締役が**印鑑の廃止の届出**を
†　　　しようとする場合において、登記所に**提出した印鑑及び**
　　　印鑑カードを紛失しているときは、印鑑の廃止の届出に
　　　係る書面には、代表取締役の印鑑につき市区町村長の作
　　　成した**印鑑証明書**を添付しなければならない。

➡**4**　　　　　　○

09 □□□　**代表取締役の職務執行が停止**された場合において、
†　　　職務代行者が選任されているときは、当該代表取締役は
　　　登記所に印鑑を提出していても印鑑証明書の交付を受け
　　　ることができないが、**職務代行者**は登記所に印鑑を提出
　　　して印鑑証明書の交付を受けることができる。

➡**5**「不可」①
「可」②　　　　○

10 □□□　**登記記録上存続期間が満了**している会社の代表取
†　　　締役は登記所に印鑑を提出していても**印鑑証明書の交付**
　　　を受けることができない。

➡**5**「不可」①　　○

3 被証明事項の変更

　印鑑に係る記録の記録事項のうち登記事項であるもの（商号等）につき、変更・更正登記を申請する場合

　→　被証明事項の変更の届出は不要（登記官が変更事項を記録する。商登規9の2Ⅱ）。

4 届出印鑑の廃止

　印鑑提出者が届出印を廃止する場合には、①廃止届書に**廃止する印鑑**を**押印**するか、②**印鑑カード**を**提示**することにより本人確認を行う（商登規9Ⅷ）。

　→　①②のいずれもできない場合は、これに代えて、市区町村長作成の**印鑑証明書**を添付することができる（平10. 5. 1民四876通）。

5 印鑑証明書の交付請求の可否

可	① 権利義務を承継している代表者（登研166）
	② 代表取締役の職務代行者（昭40.3.16民甲581回）
	③ 破産会社の破産手続開始決定当時の代表者（平23. 4. 1民商816回）
不可	① 存続期間が満了している会社の代表者（昭40. 3.16民甲581回）
	② 職務執行停止の代表者（昭40. 3.16民甲581回）

例えば、印鑑を提出している代表取締役の甲野一郎の氏名が婚姻により乙野一郎に変更された場合、代表取締役の氏名の変更の登記をする際に、登記官の職権によって、印鑑に関する被証明事項として記録されている代表取締役の氏名が乙野一郎に変更されます。

01 □□□　種類株主総会の議事録及び株主総会の議事録及び株主の氏名又は名称、住所及び議決権数等を証する書面（以下、「株主リスト」という。）を添付書面とする登記を申請する場合、当該株主リストには、**株式の種類及び種類ごとの数**を記載することを要する。

➡**1**「内容」　　　○

02 □□□　**同一の株主総会**で商号の変更及び目的の変更の決議が適法になされた後、それらの登記を同一の申請書で申請する場合、株主リストに記載すべき**内容が同一**であるときは、その旨の注記がされた株主リスト**1通**を添付すれば足りる。

➡**1**「通数」　　　○

03 □□□　会社法上の公開会社でない株式会社において、第三者割当ての方法により募集株式の発行を行う場合において、募集事項の決定を取締役会に委任するときは、当該募集株式の発行による変更の登記の申請書には、募集事項の決定を取締役会に委任する旨の決議をした株主総会の議事録に係る株主リストを添付しなければならない。

➡**2**③　　　○

04 □□□　会社法上の公開会社が、第三者割当ての方法により募集株式の発行を行うにあたり、募集事項を取締役会の決議で決定した場合において、当該決定の日と払込期日との間に2週間の期間がないことが添付書面から明らかであるときは、募集株式の発行による変更の登記の申請書には、通知又は公告の期間の短縮に関する**株主全員の同意書**に係る**株主リスト**を添付しなければならない。

➡**2**④参照　　　○

05 □□□　会計監査人の退任すべき定時株主総会において別段の決議がされなかったことにより、当該**会計監査人が再任されたものとみなされた**場合における重任の登記の申請書には、定時株主総会の議事録に係る**株主リスト**を添付しなければならない。

➡**2❷**　　　✕

06 □□□　取締役選解任権付株式を有する種類株主を構成員とする種類株主総会の決議により選任された取締役を、当該種類株主総会で解任した場合において、当該解任の登記の申請をするときは、**選任時の種類株主総会の議事録**に係る**株主リスト**を添付しなければならない。

➡**2❺**　　　✕

1 概　要

意義	登記すべき事項につき株主全員の同意、種類株主全員の同意、株主総会の決議又は種類株主総会の決議を要する場合には、登記の申請書には、🖊️ 株主リスト を添付しなければならない（商登規61Ⅱ、Ⅲ）💬	
内容	**(種類) 株主全員の同意を要する場合**	**(種類) 株主総会の決議を要する場合** ▶1
	① 各株主の氏名又は名称及び住所 ② 各株主の有する株式の数（種類株式発行会社は、種類株式の種類及び数） ③ 議決権の数	① 各株主の氏名又は名称及び住所 ② 各株主の有する株式の数（種類株式発行会社は、**種類株式の種類及び数**） ③ 議決権の数 ④ 各株主の有する議決権数の割合
様式	代表取締役が作成した証明書等（平28.6.23民商99通）	
通数	同一の登記申請において、株主総会の決議等を要する複数の登記すべき事項について申請する場合、登記すべき事項ごとに 🖊️ 株主リスト を添付する必要があるが、複数の株主リストに記載すべき内容が一致するときは、その旨の注記がされた 🖊️ 株主リスト 1通を添付すれば足りる（平28.6.23民商98通）	

▶1　議決権の数が上位の者から数えて10位までの株主又はその割合が3分の2に達するまでの株主のうち、いずれか少ない人数のほうの株主について記載する。

2 添付の要否

添付必要	添付不要
① 株式会社が持分会社に組織変更した場合の設立の登記の際に添付する総株主の同意書 ② 非取締役会設置会社の定款又は株主総会で選定した代表取締役の辞任の登記 ③ 募集株式の発行における募集事項の決定を取締役会に委任する株主総会の決議に係る議事録 ④ 株主割当てによる募集株式の発行における、通知期間の短縮に係る総株主の同意書（＝募集株式の発行の期間短縮に関する総株主の同意書） ⑤ 清算結了の登記における決算報告の承認に関する株主総会議事録	❶ 任期満了退任を証する定時株主総会議事録 ❷ 会計監査人のみなし**再任**の登記 ❸ 会計監査人を再任しない旨の別段の決議がされたことに係る株主総会議事録 ❹ 特例有限会社における監査役設置会社の定めの廃止による監査役の退任の登記 ❺ 種類株主総会決議により選任された取締役等の解任の登記の際に添付する**選任時**の議事録 ❻ 取得請求権付株式の取得と引換えにする新株予約権の発行に係る新株予約権の具体的内容を定めた株主総会の議事録（定款に要綱のみが定められ、株式を初めて発行する時までに株主総会の決議でその内容を定めた場合） ❼ 募集新株予約権の行使の際に**資本金として計上しない額を定めていた**場合、当該額を定めた募集事項の決議に係る株主総会の議事録

🖊️ 総株主の同意書 、🖊️ 種類株主全員の同意書 、🖊️ 株主総会議事録 、🖊️ 種類株主総会議事録 が登記の添付書面となる場合は、原則として、🖊️ 株主リスト の添付も必要になります。これらの添付書面が本書内で出てきた場合、原則として株主リストも併せて添付すると理解しておきましょう。

01 □□□　株式移転による設立の登記の登録免許税の額は、本店所在地においては**資本金の額の 1000 分の 7**（これによって計算した額が 15 万円に満たないときは、**申請件数 1 件につき 15 万円**）である。

➡**2**「設立」イ
通常設立と同じ
○

02 □□□　**取締役会設置会社の定め**及び**監査役会設置会社の定め**を設定した場合の変更の登記を同一の申請書で申請するときの本店所在地における登録免許税の額は、**申請件数 1 件につき 6 万円**である。

➡**2**「機関設置」ワ
いずれもワ区分であるため、3 万円である
×

03 □□□　**監査役設置会社**が、**監査役会設置会社の定め**を設定し、社外監査役を選任した場合の、**監査役会設置会社の定めの設定による変更の登記と社外監査役選任の登記を申請した場合**の登録免許税の額は、**資本金の額が 2 億円**である場合には、**6 万円**である。

➡**2**「機関設置」「役員責任」
区分が異なるため、ワ区分＋カ区分＝
6 万円である
○

04 □□□　支店を 3 箇所（①**設置**、②**移転**、③**廃止**）した場合の本店所在地においてする変更の登記の登録免許税の額は、**18 万円**である。

➡**2**「本店・支店・支配人」①
設置・移転→課税標準は支店の数
廃止→課税標準は申請件数
設置：18 万円
移転：9 万円
廃止：3 万円

05 □□□　支配人 A を**解任**し、支配人 B を**選任**した場合の変更の登記の登録免許税の額は、**3 万円**である。

➡**2**「支配人選任・支配人代理権消滅」
課税根拠は同一であるが、選任と代理権消滅は各別に課税され、6 万円となる
×

商業登記における登録免許税の計算は、択一式試験においては、重要分野ではありません。記述式試験では毎年問われているので、知識整理に活用してください。定額課税においては、1 件につきなのか 1 箇所につきなのか、注意が必要です。

❶ 登録免許税の通則

① 課税標準は、「定額課税」と「定率課税」がある。

② 課税根拠が異なるものは合算する（登免税 18）。

③ 課税標準 1,000 円未満、税額 100 円未満は切り捨てる（国税通則 118 Ⅰ、119 Ⅰ）。

❷ 具体例（本店所在地分）💬

登記の種類		登録免許税の額（課税根拠）▶1	区分	備考欄（注意点）
設立	通常設立・株式移転	資本金の額の 1000 分の 7（15 万円に満たないときは申請件数 1 件につき 15 万円）	イ	株式移転による設立は、通常設立と同じ課税根拠
	組織変更・新設合併	資本金の額の 1000 分の 1.5（財務省令で定めるものを超える資本金の額に対応する部分については 1000 分の 7）	ホ	登録免許税法施行規則 12 条参照
	合名・合資会社	申請件数 1 件につき 6 万円	ロ	課税標準は「申請件数」
	合同会社	資本金の額の 1000 分の 7（6 万円に満たないときは、申請件数 1 件につき 6 万円）	ハ	6 万円未満の税額になることはあり得ない
募集	募集株式発行	増加した資本金の額の 1000 分の 7（3 万円に満たないときは、申請件数 1 件につき 3 万円）	ニ	例えば、課税標準金額 400 万円の場合、税額は 2 万 8000 円ではなく 3 万円
	募集新株予約権発行	申請件数 1 件につき 9 万円	ヌ	金銭の払込みをした場合も資本金の額は増加せず
無償割当て	株式無償割当て	申請件数 1 件につき 3 万円	ツ	資本金の額は増加せず
	新株予約権無償割当て	申請件数 1 件につき 9 万円	ヌ	新株予約権発行と同じ
機関設置	取締役会・監査役会・委員会等	申請件数 1 件につき 3 万円	ワ	「○○会」設置会社の登記はワ区分
	監査役・会計参与・会計監査人	申請件数 1 件につき 3 万円	ツ	「○○会」以外の機関設置の登記はツ区分
役員責任	責任免除・制限	申請件数 1 件につき 3 万円	ツ	役員の区分ではない
	社外取締役・社外監査役の旨会計限定の定めがある旨	申請件数 1 件につき 3 万円（資本金の額が 1 億円以下の会社については 1 万円）	カ	役員の区分である
本店・支店・支配人	支店設置	支店の数 1 箇所につき 6 万円	ル	支店の数が問題となる
	本店・支店移転	本店・支店の数 1 箇所につき 3 万円	ヲ	本店・支店の数が問題となる
	支店廃止	申請件数 1 件につき 3 万円	ツ	登記事項の変更の区分支店数は問題とならない
	支配人選任・支配人代理権消滅	申請件数 1 件につき 3 万円	ヨ	支配人選任＋代理権消滅の場合、6 万円（昭 42.7.22 民甲 2121 通）
	支配人を置いた営業所移転	申請件数 1 件につき 3 万円	ツ	営業所の数は問題とならない

▶1 登免税別表第 1.24.(1)

01 □□□ 代表取締役の氏名の更正の登記の申請書には、当該代表取締役の氏名について**錯誤があったことを証する書面**を添付しなければならない。

➡ 1「添付書面」ⅱ ✕
氏名・住所の更正では、錯誤を証する書面は不要

02 □□□ 取締役4名及び監査役2名が選任されたことが記載されている株主総会の議事録を添付して取締役4名の就任による変更の登記のみが申請され、当該変更の登記がされているときは、当該株式会社は、監査役2名の就任につき遺漏による**登記の更正**を申請することができる。
†

➡ 1「事例」❶ ✕
この場合、登記の更正ではなく、就任登記を申請する

03 □□□ 監査役の**令和3年6月11日**就任による変更の登記が**同月18日付けで申請**され、当該変更の登記がされている場合には、実際の就任日が**同月19日**であったときであっても、当該株式会社は、同日を当該監査役の就任日とする錯誤による**更正の登記**を申請することができない。
†

➡ 1「事例」❷ ○
この場合、6月18日には登記事項は不存在であるため、同日付けの変更登記を抹消し、更に同月19日就任による監査役の変更登記を申請する

04 □□□ **吸収合併が無効**である場合には、吸収合併存続会社は、吸収合併による変更の登記の**抹消**を申請することはできない。

➡ 1「事例」❹ ○

05 □□□ 募集株式の発行による変更の登記において、**資本金の額を誤って少なく登記**した場合には、当該登記を是正するには、当該登記後に更に資本金の額の変更の登記がされているときを除き、**資本金の額の登記の抹消の登記**の申請と併せて、**資本金の額の増加による変更の登記**を申請しなければならない。

➡ 1「更正・抹消の可否」💬 ○

06 □□□ 登記の更正を申請する場合には、**その登記により抹消する記号が記録された登記事項**があるときであっても、当該株式会社は、その**登記の回復を申請することを要しない**。
†

➡ 1「注意」 ○
抹消された登記事項は、登記官の職権により回復される

要件	更正	以下の①②の双方に該当する場合 ① 登記に錯誤又は遺漏があること ② 更正前後の登記に同一性が見られること
	抹消	以下の①〜⑤のいずれかに該当する場合 ① 管轄外の登記所に登記がされた場合 ② 登記事項以外について登記がされた場合 ③ 既に登記されている事項について登記がされた場合 ④ 相互に矛盾する登記の申請が同時にされた場合 ⑤ 登記事項につき無効原因がある場合 　＊　ただし、訴えをもってのみ無効を主張できるときを除く

第1編 商業登記総論

添付書面	錯誤・遺漏・無効原因があることを証する書面 →　以下の場合は添付不要 (商登132Ⅱ、商登規98) 　ⅰ　登記申請書・添付書面から明らかな場合 　ⅱ　**氏名・住所の更正の場合** 　ⅲ　上記の登記の抹消①〜④に該当する場合

更正・抹消の可否	事 例	更正・抹消登記申請の可否
	❶ 取締役と監査役を同時に選任したが、取締役のみの登記を申請した場合	更正× (監査役の就任の登記を申請)
	❷ 4/1 取締役就任の登記が 4/2 にされたが、実際は 4/3 に就任していた場合	更正× (登記の抹消＋就任の登記を申請)
	❸ 資本金の額の減少の登記をしたが、実際は債権者保護手続が完了していない場合 💬	更正× (裁判所書記官が登記を嘱託)
	❹ 吸収合併が無効である場合	抹消× (裁判所書記官が登記を嘱託)

注意	更正・抹消の申請の際に、抹消された事項の回復の登記申請は不要 (登記官の職権により回復されるため〔商登規99Ⅰ、100Ⅰ〕)

資本金の額の登記の更正の可否に関する先例として、次の2点を更に押さえましょう。
① 募集株式の発行による変更の登記において**資本金の額を誤って多く登記**した場合には、錯誤による登記後に更に資本金の額の変更の登記がされているときを除き、**資本金の額の登記の更正の登記**を申請することができる (平 19.12. 3民商 2585 回)。
② 募集株式の発行による変更の登記において**資本金の額を誤って少なく登記**した場合には、錯誤による登記後に更に資本金の額の変更の登記がされているときを除き、**資本金の額の登記の抹消の登記及び資本金の額の増加の登記**を申請しなければならない (平 19. 12. 3 民商 2583 回)。
ざっくりいえば、減額更正は可、増額更正は不可ということです。

1 商業登記の申請人

ランク B

原則として、登記を申請する会社代表者・個人商人が申請人となる。

	申請すべき登記	申 請 人
会社	① 合併による解散登記	存続会社・設立会社の代表者（商登82 I 等）
	② 組織変更・特例有限会社の商号変更・持分会社の種類変更による解散登記	組織変更・特例有限会社の商号変更・持分会社の種類変更により設立する会社の代表者
	③ 会社分割・株式交換・株式移転による変更登記（分割会社・完全子会社の登記）	当事会社である各会社の代表者（＝原則） ＊ 承継会社・設立会社の代表者は分割会社・完全子会社の登記を申請不可
	④ 破産手続開始の決定を受けた会社の本店移転等の登記	破産手続開始の決定を受けた会社の既存の代表取締役（昭56.6.22民四4194回）
	⑤ 更生会社の登記	管財人又は代表取締役
	⑥ 外国会社の登記	日本における代表者（商登128）
	⑦ 裁判所が選任した清算人の就任登記	代表清算人（＝原則） ＊ 裁判所書記官の嘱託ではない
	⑧ 会社継続の登記	新たな代表者（＝原則）＊ 代表清算人は申請不可
	⑨ 会社が役員退任登記を申請しない場合	登記を命じる確定判決を得た当該役員（昭30.6.15民甲1249回）
	⑩ 会社が商号変更・本店移転等をしたが登記をしない場合	当該会社と同一商号・同一本店となる商号変更・本店移転等をしようとする会社の代表者（商登33 I）
個人商人	⑪ 商号譲渡・営業譲渡の免責の登記	譲受人（商登30 I、31 I）＊ 共同申請ではない
	未成年者 ⑫ 許可の取消・制限	法定代理人（商登36 II）
	⑬ 死亡	法定代理人（商登36 III）
	⑭ 成年に達した場合	登記官の職権（商登36 IV）
	後見人 ⑮ 成年に達した場合	未成年者だった者（商登41 II前）＊ 職権では不可
	⑯ 後見開始の審判取消	被後見人だった者（商登41 II後）
	⑰ 後見人の退任	新後見人（商登41 III）
	⑱ 支配人の登記	個人商人（＝原則）＊ 支配人は申請不可

解任の場合における登記期間の起算日が解任告知の日とされていないのは、解任対象者に告知がされなければ解任の効力が生じないとすると、解任対象者が行方不明である場合等において、解任の効力が生じないという不都合が生じるからです。

ランク **B**

会社の登記事項に変更が生じたときは、2週間以内に変更の登記を申請しなければならない（会915 I等）。

変更事由		起　算　日
株式会社の設立 （㊱会社を除く）	発起設立	①設立時取締役等の調査終了日、又は　②発起人の定めた日のうち、いずれか遅い日
	募集設立	会社法911条2項により定められる日 ＊　創立総会終結日の場合が多い
株式併合／株券発行の定め廃止 ／株式譲渡制限の規定設定		株主総会決議で定めた効力発生日（会180 II②等） ＊　株券提供公告・株券廃止公告の終了日ではない
株式の消却		株式失効手続終了日（商事法務№1740） ＊　決議日ではない
募集株式 の発行	払込期日を定めた	当該期日
	払込期間を定めた	当該期間の末日でも可（会915 II） ＊　効力発生は払込み・給付の日
取得請求権付株式の取得と引換えにする株式・新株予約権発行		毎月末日でも可（会915 III） ＊　原則は、効力発生日
新株予約権の行使		
取得条項付株式・新株予約権の取得と引換えにする株式・新株予約権発行（一部取得の場合）		①取得事由発生日、又は　②一部取得の旨の通知・公告から2週間経過した日のうち、いずれか遅い日（会170 I等）
取締役の 退任	辞　任	辞任届が会社に到達した日（昭54.12.8民四6104回）
	解　任	解任決議の日（登研351）　＊　解任告知日ではない
	欠格（有罪判決）	判決確定日（昭57.7.20民四4455通）
	権利義務の解消	権利義務解消の日 ＊　任期満了日・辞任日ではない
唯一の代表者の死亡による退任		後任者就任の日
資本金の額の減少	株式会社	決議・決定で定めた効力発生日（会447 I③）
	合同会社	債権者保護手続の終了日（会627 VI）
法定清算人の就任		解散の日（会928 I）
本店移転／支店の設置・移転・ 廃止		現実の設置・移転・廃止の日 （決議日が後の場合、決議日）
組織変更／吸収型組織再編		契約等で定めた効力発生日（会920等）
新設型組織再編		会社法922条1項等で定められる日 ＊　登記が効力要件

第1編　商業登記総論

ランク B

個人商人	効力発生後遅滞なく（商10） ＊ 商号新設の登記はいつでも可
支配人の選任	定めなし（商22参照） cf. 会社の支配人も同様（会918参照）
持分会社の設立	定めなし（会912〜914）
外国会社 （登記事項が外国で発生）	通知が日本における代表者に到達した日から3週間以内（会933 Ⅳ、Ⅴ）
更正・抹消	定めなし（商登132、134参照） ＊ 錯誤・遺漏を知った日ではない

所有と経営が一致する持分会社では、定款を作成すれば社員と機関が確定するところ、設立手続に関する規定が存在せず、設立手続の終了時が観念できません。そのため、**登記期間の定めはない**とされています。

4 定 款

1 原 則

定款の定めがなければ登記すべき事項につき無効又は取消しの原因が存することとなる場合に添付しなければならない（商登規61Ⅰ）。

2 具体例（添付の要否）

登記の種類 ▶1			要否	備考欄（根拠等）
設立の登記	通常の設立		○	商登47Ⅱ①
	組織再編による設立		○	商登81②等
	持分会社の設立		○	商登94①等
	特例有限会社の商号変更・持分会社の種類変更による設立		○	商登105Ⅰ①等
株式に関する登記	全部の株式・種類株式の内容の変更		×	下記▶2参照
	株主名簿管理人の設置		○	会123、商登64
	株式無償割当て（法定の決議機関以外で決定する場合）		○	会186Ⅲ但
	公開会社でない会社が募集株式・募集新株予約権の発行を取締役会で決定した場合	第三者割当て	×	下記▶3参照
		株主割当て	○	会202Ⅲ②、241Ⅲ②
	取得請求権付株式・取得条項付株式の取得と引換えにする新株予約権の発行（初めて新株予約権を発行する場合）		○	平18.3.31民商782通
役員等に関する登記	役員の任期につき別段の定めがある場合の任期満了退任		○	下記▶4参照
	代表取締役の就任（株主総会で代表取締役を選定）	取締役会設置会社	○	会295Ⅱ
		取締役会設置会社でない会社	×	会349Ⅲ
	補欠監査役が前任者の任期満了時に退任する場合		○	会336Ⅲ ▶4
	会計限定監査役の定め廃止により監査役が退任する場合		×	会336Ⅳ③ ▶2
	各種設置会社の定めの設定・廃止		×	下記▶2参照
解散	存続期間の満了により解散した場合の登記		×	登記記録から明らか
	初めてする清算人の就任の登記		○	商登73Ⅰ
その他	定款変更（商号・目的・公告方法・発行可能株式総数・株券を発行する旨の定め等）の登記		×	下記▶2参照
	書面決議による取締役会議事録を添付して申請する登記		○	会370
	書面決議による株主総会議事録を添付して申請する登記		×	会319

▶1 特に記載のない場合には、株式会社の登記について記載するものとする。

▶2 定款ではなく、株主総会議事録等 を添付する（商登46）。

▶3 定款規定ではなく、株主総会決議によって取締役会に委任できる（会200Ⅰ、239Ⅰ）。

▶4 ただし、株主総会決議によって任期を短縮した場合又は定時株主総会議事録に任期満了する旨の記載がある場合は、定款は添付不要（昭53.9.18民四5003回）。

5 各種議事録

1 株式に関する決議書面等

	原　則		例　外	
	取締役会設置	非取締役会設置	取締役会設置	非取締役会設置
株式分割	取締役会議事録	株主総会議事録	定款＋株主総会議事録	な　し
株式併合	株主総会議事録		な　し	
株式無償割当て	取締役会議事録	株主総会議事録	定款＋定款に規定した決議書面等	
株式消却	取締役会議事録	取締役の決定書（株主総会議事録）	定款＋株主総会議事録	な　し
単元株式数（設定・増加）	株主総会議事録		株式分割と同時に、変更後の議決権数が減少しないように設定・増加する場合（会191）	
			取締役会議事録	取締役の決定書
発行可能株式総数	株主総会議事録		株式分割と同時に分割割合の範囲内で増加変更する場合（会184Ⅱ）cf. 現に2以上の種類の株式を発行している会社は不可	
			取締役会議事録	取締役の決定書

2 吸収型組織再編の承認決議書面等　　※簡易・略式組織再編は除く

				消滅株式会社等			存続株式会社等
				合　併	株式交換	分　割	
単一株式	原　則			株主総会議事録（特別）			株主総会議事録（特別）
	例外	対価	譲渡制限株式	株主総会議事録（公開は特殊）			
			持　分	総株主の同意書			
種類株式	株主総会			株主総会議事録（特別）			
	種類株主	対価	譲渡制限株式	種類株主総会議事録（特殊）▶5		不　要	種類株主総会議事録（特別）▶6
			持　分	種類株主全員の同意書			―
	会322Ⅰの場合			種類株主総会議事録（特別）▶7			

▶5　割当てを受ける株式が譲渡制限株式の場合は不要。
▶6　会199条4項の定めがある場合は不要。
▶7　会322条2項の定めがある場合は不要。

6 債権者保護手続を行ったことを証する書面　^{ランク}B

1 具体的内容 （商登70条等）

① 官報によって公告をしたことを証する書面
② 債権者に対して催告をしたことを証する書面
　＊ 定款規定の公告方法（官報以外）による公告をした場合、当該公告をしたことを証する書面
③ 異議を述べた債権者に対して弁済・担保提供・信託をしたことを証する書面
　＊ 債権者を害するおそれがない場合、債権者を害するおそれがないことを証する書面

2 催告をしたことを証する書面の添付を省略できない場合

　官報によって公告をしたことを証する書面＋定款規定の公告方法による公告をしたことを証する書面を添付した場合、以下の①～③を除き、催告をしたことを証する書面の添付を省略できる。

💡次の①～③の場合には、登記の申請書に、催告をしたことを証する書面を常に添付する。

　① 合名会社又は合資会社が組織変更する場合 （会781Ⅱ・779Ⅲ）
　② 吸収合併消滅会社又は新設合併消滅会社が合名会社又は合資会社であり、吸収合併存続会社又は新設合併設立会社が株式会社又は合同会社である場合の、消滅会社における債権者保護手続 （会793Ⅱ・789Ⅲ）
　③ 会社分割の分割会社において、不法行為によって発生した当該分割会社の債務の債権者がいる場合 （会789Ⅲ括、810Ⅲ括）

3 知識整理

登記の種類		添付	手続対象者（＝異議を述べることができる債権者）	催告省略
資本金の額の減少		○	すべての債権者（会 449 I）	○
組織変更		○	すべての債権者（会 779 I 等）	△ cf.**2** ①
合併	消滅会社	○	すべての債権者（会 789 I ①等）	△ cf.**2** ②
	存続会社	○	すべての債権者（会 799 I ①等）	○
会社分割	分割会社	△	分割後、分割会社に対して債務の履行を請求することができない分割会社の債権者（会 789 I ②等）▶8	△ cf.**2** ③
	承継会社	○	すべての債権者（会 799 I ②等）	○
株式交換	子 会 社	△	株式交換契約新株予約権が新株予約権付社債に付されたものである場合の当該新株予約権付の社債権者（会 789 I ③）	○
	親 会 社	△	下記①又は②の場合、すべての債権者（会 799 I ③等） ①　株式交換対価が完全親株式会社の株式等のみでない場合 ②　株式交換契約新株予約権が新株予約権付社債権に付された新株予約権である場合	○
株式移転（子会社）		△	株式移転計画新株予約権が新株予約権付社債に付されたものである場合の当該新株予約権付の社債権者（会 810 I ③）	○
準備金の額の減少による資本組入れ		×	すべての債権者（会 449 I）▶9	○
商号変更・種類変更		×	―	

▶8　会社法 758 条 8 号、760 条 7 号、763 条 1 項 12 号、765 条 1 項 8 号の定めがある場合、全債権者が異議申述可（会 789 I ②、810 I ②）。

▶9　減少する準備金の額の全部を資本金とする場合を除く。

7 資本金の額の計上に関する証明書 ランク B

1 原 則

株式会社又は合同会社の「設立の登記又は資本金の額の増加若しくは減少による変更の登記の申請書」に添付しなければならない（商登規61 IX）。

2 具体例（添付の要否）

	登記の種類	資本金の増減	添付要否	根拠等
設立	株式会社・合同会社	○	○	金銭出資のみの場合は不要（平 19. 1.17 民商 91 通）
	合名会社・合資会社	○	×	資本金の額は登記事項ではないから（会 912、913 参照）
募集	募集株式の発行	○	○	金銭出資のみの場合も必要
	募集新株予約権の発行	×	×	∵ 資本金の額が増加しない
無償割当て	株式無償割当て	×	×	∵ 資本金の額が増加しない
	新株予約権無償割当て	×	×	
資本組入れ	準備金の資本組入れ	○	×	減少に係る剰余金・準備金の額の存在に関する証明書（商登69）を添付すれば足りるから添付不要
	剰余金の資本組入れ（株式会社）	○	×	
	資本剰余金の資本組入れ（合同会社）	○	○	平 18. 3.31 民商 782 通
減資	資本金の額の減少（株式会社）	○	×	株式会社の場合、減少する資本金の額が効力発生日の資本金の額を超えないことは、登記記録から明らかだから添付不要
	資本金の額の減少（合同会社）	○	○	
取得と引換えの発行	取得条項付株式・取得請求権付株式・全部取得条項付種類株式の取得と引換えにする株式の発行（株式取得＋株式発行）	×	×	∵ 資本金の額が増加しない
	取得条項付株式・取得請求権付株式・全部取得条項付種類株式の取得と引換えにする新株予約権の発行（株式取得＋予約権発行）	×	×	
	取得条項付新株予約権の取得と引換えにする新株予約権の発行（予約権取得＋予約権発行）	×	×	
	取得条項付新株予約権の取得と引換えにする株式の発行（予約権取得＋株式発行）	○	○	∵ 資本金の額が増加する（会計規 18）
その他	持分会社の種類変更(合同会社に変更)	×	○	平 18. 3.31 民商 782 通
	特例有限会社の商号変更	×	×	

よくある質問 Q&A ── 商業登記総論

Q 印鑑カードとは何でしょうか？

A 印鑑カードとは、その所持人が印鑑の提出者であることを証明するカードをいいます。印鑑提出者は、印鑑カードの交付を請求することができます（作成は任意 商登規9の4 I）。なお、印鑑証明書の交付の請求の申請をする場合には、印鑑カードを提示しなければなりません（商登規22 II）。

Q p272の問05と問06では、なぜ株主リストの添付が不要とされているのでしょうか？

A 登記申請にあたって株主総会議事録の添付を要する場合であっても、当該決議が、直接登記すべき事項につき決議するものではなく、**登記すべき事項との関係が間接的なものにとどまる場合**や、登記官において、**その決議の有効性を審査する必要性が低い場合**には、株主リストの添付が不要となります（登研832）。
問05では、会計監査人の自動再任による重任の登記で株主総会議事録の添付を要するのは、定時株主総会で別段の決議がなかったことを立証するためであって、その株主総会で会計監査人の再任の決議をしているわけではなく、その決議の成立を立証する必要性に乏しいため、株主リストの添付が不要となります。
また、問06では、種類株主総会で選任された取締役を種類株主総会の決議で解任した場合の、取締役の退任による変更の登記で選任時の種類株主総会議事録の添付を要するのは、解任権の所在を立証する趣旨であり、その選任時の種類株主総会で直接退任の決議をしているわけではないところ、その決議の成立を立証する必要に乏しいため、株主リストの添付が不要となります。

Q 議決権を行使できない株主なども、株主リストに記載しなければならないのでしょうか?

A 株主総会議事録 の添付が必要となる場合に 株主リスト の添付を要求する趣旨は、登記官が株主リストを通して適法に株主総会決議が成立していることを確認することによって、株主総会議事録の偽造を防止し、商業登記の真実性を高めることにあります。よって、自己株式等で**議決権を行使できない株主**は、決議の成立には無関係であるため、株主リストへの記載が不要です。なお、**株主総会に欠席した株主や議決権を行使しなかった株主**については、決議の成立に関係があるため、株主リストへの記載が必要です。

【株主リストへの記載の要否】　　　　　　　　　　　　　　　　○：必要　×：不要

議決権を行使できない株主	株主総会に欠席した株主	議決権を行使しなかった株主
×	○	○